GREGOR SIEBÖCK

DER WELTENWANDERER GREGOR SIEBÖCK

Global Change – Zu Fuß um die halbe Welt

JAPAN

GREGOR SIEBÖCK

DER WELTENWANDERER GREGOR SIEBÖCK

Global Change – Zu Fuß um die halbe Welt

Tyrolia-Verlag · Innsbruck-Wien

Dieses Buch ist meinen Eltern gewidmet.
Ihr Bangen und ihre guten Wünsche haben mich
auf all meinen Abenteuern begleitet.

INHALT

VORWORT

Irgendwie landen sie immer bei mir: die ein wenig Seltsamen, die nicht so leicht Einordenbaren, die Man-weiß-nicht-so-Rechten. Das mag daran liegen, dass ich als Redakteur für das Wochend-Magazin der Oberösterreichischen Nachrichten und als Betriebsrat eh für fast alles zuständig bin. Deshalb passiert es regelmäßig, dass die Damen am Empfangstresen ihre ganz speziellen „Kunden“ zum Buttinger schicken: „Gehen s’ ganz hinauf, in den dritten Stock, ganz nach hinten und dann ganz nach links. Sie können das Zimmer nicht übersehen!“ Über meinem Büro hängen zwei dekorative Schilder aus dem alten, geschleiften Linzer Unfallkrankenhaus. „Chefärztliche Station“ steht drauf und „Einzeltherapie“.

Es wunderte mich kein bisschen, als Ende Juni 2003 plötzlich ein Rucksack in meiner Tür stand. Ein riesiger Rucksack. Er hatte sich ein Bürschlein umgeschnallt, das sich als Gregor Sieböck vorstellte. Der Rucksack wollte mit ihm bis nach Tokio gehen. Ich lehnte mich weit in meinen Drehstuhl zurück, faltete die Hände über dem Bauch und bereitete mich geistig auf ein langes, kompliziertes Anamnese-Gespräch vor.

Pilgerweg, Santiago del weiß-Gott-wo, Blue Planet Footprint Campaign, Umweltprobleme, erschöpfte Ökosysteme, Ökostrom-Modelle, Ressourcenschonung, Save Tibet ...

Mir schwirrte der Kopf. Dennoch hatte es der quirlige Schmalhans geschafft, eine Saite zum Klingen zu bringen, die Journalisten immer seltener hören: die Stimme des Authentischen, Ehrlichen und Geraden ... so kakophon sie auch anfänglich daherkam. Da wollte doch einer tatsächlich zu Fuß um die Welt gehen, um Muliplikatoren, Radio- und Fernsehmenschen, ignoranten Schreibknechten wie mir, ordentlich das Karma zu wuchten. Der Mann war gut. So gut, dass er mich aus dem Sessel zwang und in den Linzer Landhauspark hinein zum Foto-Shooting. Er leierte mir gleich eine ganze Seite Reportage aus dem Kreuz ... und noch eine... und über die Jahre noch eine ... und noch eine ... und ...

Gregor Sieböck hat mich durch sein Vorbild tief bewegt und verändert. Ich freue mich jedes Mal wie ein südpatagonischer Schneekönig, wenn er seinen Rucksack in meiner Schreibstube parkt, mir von seinen Erlebnissen erzählt – und dabei so optimistisch lacht, als hätte er die Welt schon fertig gerettet.

Aus tiefstem Herzen wünsche ich Dir, wandernder Bär, all good medicine.
Klaus Buttinger, Redakteur Oberösterreichische Nachrichten

Gregor Sieböck unterwegs in Norwegen

DER TRAUM VON EINEM ANDEREN LEBEN

In zwanzig Jahren wirst du eher darüber enttäuscht sein, was du nicht gemacht hast, als was du gemacht hast. Hole den Anker ein und segle hinaus aus dem sicheren Hafen. Erforsche, träume, entdecke.
(Mark Twain)

Der Zug hält. Eilig öffne ich die Tür und stelle die große Tasche auf den Bahnsteig. Dann hüpfe ich wieder in den Wagon hinein, hole den schweren Koffer mit den Projektoren heraus, schließlich den Rucksack und zu guter Letzt die Sackkarre, mit der ich die ganze Ausrüstung transportiere. Geschafft! Doch der Zug wartet noch im Bahnhof. Ich hätte mich also nicht so beeilen müssen. Gemächlich packe ich die ganze Ausrüstung auf den Wagen und gehe los. Ein Bahnbediensteter kommt mir entgegen und fragt, wohin ich unterwegs bin. „Zum Diavortrag", gebe ich ihm zur Antwort, „ich erzähle heute Abend in Ebensee Geschichten über meine dreijährige Wanderung um die Welt. Und schöne Bilder gibt's auch dazu." Kurzes Zögern bei dem Bahnbediensteten, und dann meint er: „Ach, bist du etwa derjenige, der drei Jahre *nichts* gemacht hat?" „Nichts gemacht?" Plötzlich muss ich laut lachen und frage ihn, wie er das denn meint. „Nun", gibt er zur Antwort, „ich habe da in der Zeitung von einem Vagabunden gelesen, der drei Jahre um die Welt gelaufen ist, einfach so, ohne zu arbeiten, er hat einfach nichts gemacht. Bist du das etwa?" Der Mann lässt sich die Sonne ins Gesicht scheinen und ich frage ihn scherzhaft: „Und du, was machst du gerade, auch nichts, oder? Was ist schon ‚nichts'?" Seine Antwort kommt prompt: „Ich warte." Da musste ich nun erst recht lachen.
Er wartete also. Wie lange müssen wir noch warten, um endlich festzustellen, dass unser Leben aufgrund des Wartens an uns vorbeigeht? Dieser Augenblick kommt schließlich nie wieder. Erinnerungen werden wach an meine Wande-

rung durch Kalifornien, wo immer wieder diese Fragen kamen: „Was machst du denn da? Du gehst? Warum? Kannst du dir nicht eine anständige Arbeit suchen?“ Aber was ist schon eine anständige Arbeit? Den ganzen Tag vor dem Computer zu sitzen und ihn mit Informationen zu füttern? Waren durch halb Europa zu karren? Eine Straße bauen? Mache ich etwa nur dann etwas Anständiges, wenn ich damit viel Geld verdienen kann, oder gibt es noch mehr im Leben als wirtschaftlich erfolgreich zu sein? Versperrt uns vielleicht gerade diese Geschäftigkeit den Weg zu einem erfüllten Leben? Es waren genau diese Fragen, die mich beschäftigten, bevor ich zu meiner großen Wanderung aufbrach, und auf dem Bahnsteig in Ebensee kamen sie mir wieder in den Sinn. Da der Zug, auf den der Bahnbedienstete gewartet hatte, nun einfuhr, blieb jedoch keine Zeit mehr für ein weiteres Gespräch. So nahm ich meine Karre, ging damit zum Vortrag und erzählte meine Geschichte.

Bevor ich zur großen Reise aufbrach, arbeitete ich als Wissenschaftsassistent an der Universität Lund in Schweden und verfasste Studien über eine nachhaltige Energieversorgung. Ich reiste von einer Konferenz zur anderen, führte Interviews, saß stundenlang vor dem Computer, um Daten einzugeben, und präsentierte dann meine Erkenntnisse. Ein kleiner Kreis von Interessierten hörte mir gespannt zu, aber ich hatte irgendwie das Gefühl, dass diese durchaus wichtigen Ergebnisse meiner Arbeit völlig spurlos an der Welt vorbeigingen. Aber die Zeit drängte, denn in den Zeitungen las ich von der drohenden Umweltkrise, von der Verschmutzung und Überfischung unserer Meere, vom steigenden Auto- und LKW-Verkehr, von der Zerstörung der Urwälder. Und immer wieder war die einzige Antwort der Wirtschaftstreibenden: „Wir brauchen noch mehr Wirtschaftswachstum, sodass wir uns irgendwann einmal ein umweltbewusstes Leben leisten könnten.“ Irgendwann? Kaum einer wagte, den Status quo zu hinterfragen. Es war aber gerade dieses ständige Wirtschaftswachstum, das uns immer weiter an den Abgrund trieb, und nun wurde auch noch mehr davon gefordert! Einstein hatte es ja bereits vor Jahrzehnten wunderbar auf den Punkt gebracht: „Wir können ein Problem nicht mit dem gleichen Bewusstsein beseitigen, das in der Vergangenheit genau dieses Problem verursacht hat.“ Wollen wir neue Wege beschreiten, so erfordert dies zuerst ein anderes Denken.

Ich suchte nach Lösungsansätzen, um den Herausforderungen unserer Zeit begegnen zu können, und dabei wurde mir klar, dass ein verantwortungsvolles Leben zuerst bei mir selbst beginnen musste. Aber wie? Ich wollte die Welt

erwandern und unterwegs Sozial- und Umwelt-Initiativen besuchen, die einen alternativen Weg skizzierten. Es sollten Ideen sein, die von mir und allen anderen, welche diesen Weg gehen wollten, leicht verwirklicht werden könnten. Damit wollte ich versuchen, die weit verbreitete Ausrede zu entkräften, dass es für Veränderungen am notwendigen Wissen oder Geld fehle oder dass es dafür schlichtweg zu früh sei. Das war also mein Plan. Nun galt es nur noch eine geeignete Wanderroute zu finden. Ich hatte mich zwar schon entschieden, zu Hause loszuwandern, aber mein Ziel war noch unklar. Im *National Geographic* las ich, dass Tokio mit seinem Umland die größte Stadt der Welt sei, und somit war die Entscheidung gefallen: Ich wollte nach Japan wandern, denn diesen Gegensatz zwischen der Kleinstadt Bad Ischl und der Metropole Tokio fand ich spannend. Jetzt war nur noch die Frage der Richtung zu klären: Sollte mein Weg über die Seidenstraße oder Amerika führen? All jene, denen ich erzählte, ich würde nach Japan wandern, dachten sogleich an den Weg über Asien, denn Japan lag für uns Europäer nun einmal im Osten. Mit meiner Wanderung wollte ich jedoch auch ganz neue Wege aufzeigen, bestehende Gedankenmodelle bewusst in Frage stellen, und daher wählte ich den Weg nach Westen. Weil die Erde rund ist, kann Japan für uns Europäer genauso im Westen liegen. Der Weg nach Westen hatte auch den Vorteil, dass ich durch Lateinamerika und die USA wandern und dabei Unterschiede und Gemeinsamkeiten zwischen Süd und Nord erleben konnte. Die Entscheidung war gefallen: zu Fuß von Österreich nach Japan! Als ich meinem Zahnarzt von der Wanderung erzählte, meinte er spontan: „Bis Ebensee zwoa Stund und daun ziagt sie's a bisserl!" Ebensee ist der Nachbarort von Bad Ischl, und was den Weg danach anbelangte, so war er wirklich weit.
Was sollte das nützen, wenn ich alleine um die Welt wanderte? Würde es mir als Einzelnem überhaupt gelingen, eine Veränderung herbeizuführen? Diese Zweifel kamen mir immer wieder in den Sinn. Als ich mit meinem Onkel Christoph durch das Salzkammergut wanderte, fragte ich ihn um seinen Rat. Wir spazierten gerade an einem versteckten Gebirgssee vorbei, da hob er, ohne viel zu sagen, einen Stein auf und warf ihn in den See. „Was siehst du?", wollte er wissen. „Einen Stein, der ins Wasser fällt und Wellen schlägt", gab ich zur Antwort. „Genau das ist es. Der Stein fällt ins Wasser und verbreitet Wellen. Sie strömen vom Zentrum aus und erreichen schließlich den ganzen See, bis zum Rand. Weiter von dort entfernt, wo der Stein ins Wasser gefallen ist, sind die Wellen nicht mehr so stark, aber du siehst und spürst sie immer

noch. Genauso wird es mit deiner Wanderung und Umweltkampagne sein. Du wirst gehen und alleine deswegen setzt du ein Zeichen, das bis in den letzten Winkel der Welt und des Universums strömt. Mach dir also nie Sorgen, dass dein Handeln keinen Sinn hätte, es hat viel mehr Bedeutung, als dir im Augenblick bewusst sein mag.“ Meine Zweifel waren ausgeräumt!

Ich suchte mir eine detaillierte Wanderroute aus, kontaktierte Freunde auf der ganzen Welt, studierte Karten und schrieb Briefe an Zeitungen und Radiostationen, um entlang des Weges die Botschaft von einem bewussten Leben, einem Leben, das nicht nur von wirtschaftlichen Interessen geprägt war, zu verbreiten – doch niemand glaubte, dass dieses Unterfangen gelingen würde. „Du bist ja völlig verrückt. Das schaffst du nie, Tausende Kilometer zu Fuß zu gehen, um die halbe Welt. Schau, du hast doch eine gute Arbeit, die Sicherheit eines geregelten Lebens, das kannst du ja nicht einfach aufgeben. Überleg es dir doch noch einmal. So eine Wanderung kannst du doch auch später noch machen. Schaffe dir erst einmal ein Haus, arbeite ein paar Jahre, heirate. Und wenn du dann immer noch gehen willst, dann kannst du ja losziehen.“ Das waren einige der „guten“ Ratschläge und diese hörte ich fast jeden Tag, sobald ich von meinen Plänen erzählte. Wenn ich dann trotzdem daran festhielt und die anderen merkten, dass ich es ernst meinte mit meiner Wanderung, kam immer wieder dieselbe Frage: „Aber ein Handy nimmst du schon mit, damit du anrufen kannst, wenn dir etwas passiert?“ Ich wollte hingegen auf dieses verzichten, da es einerseits auf weiten Teilen der Strecken sowieso keinen Empfang geben würde oder sich dieser, wie in Lateinamerika, nur auf die größeren Städte beschränkte, wo ich aber jederzeit aus einer Telefonzelle anrufen konnte. Andererseits wollte ich lernen, Eigenverantwortung für mein Handeln zu übernehmen. Anstatt in Notsituationen zu kommen, wo ich auf äußere Hilfe angewiesen war, wollte ich versuchen, meinem inneren Gefühl zu folgen, und lernen, Gefahren abzuschätzen.

Die Menschen äußerten mir gegenüber auch ihre eigenen Zukunftsängste: „Wie viele Beitragsjahre du doch wegen deiner Wanderung für die Pension verlierst! Du kannst nicht einfach gehen, du musst arbeiten, Pensionsjahre ansparen und an deine Zukunft denken.“ Versuchte ich einmal, jemanden anzuregen, auch aufzubrechen, die eigene Bestimmung zu leben, dann bekam ich nicht selten zur Antwort: „Ich kann nicht einfach etwas Neues beginnen. Wenn ich in Pension gehe, wird das möglich sein, aber jetzt geht es noch nicht.“ Viele warten mit Veränderungen oder damit, ihre Träume zu leben,

auf die Pension, doch wer sagt uns, dass wir diese überhaupt erleben? Aus diesem Grund nahm ich den Job bei der Weltbank, den ich bereits in Aussicht hatte, nicht an und begab mich stattdessen auf Wanderschaft.
Mut ist unumgänglich, wenn wir die eigene Bestimmung leben wollen: Mut, das einfache Leben zu wagen, Mut, „nein" zu sagen, Mut, dem Herzen zu folgen, Mut, nicht mehr auf den „magischen Augenblick" zu warten. Denn vielleicht würde dieser nie kommen, wenn ich nur darauf wartete, dass sich in meinem Umfeld etwas änderte. Die folgenden Worte von Lothar Zenetti ermunterten mich, mutig zu sein:

Mut!
Was keiner wagt, das sollt ihr wagen
was keiner sagt, das sagt heraus
was keiner denkt, das wagt zu denken
was keiner anfängt, das führt aus
wenn keiner ja sagt, sollt ihr's wagen
wenn keiner nein sagt, sagt doch nein
wenn alle zweifeln, wagt zu glauben
wenn alle mittun, steht allein
wo alle loben, habt Bedenken
wo alle spotten, spottet nicht
wo alle geizen, wagt zu schenken
wo alles dunkel ist, macht Licht

Zum Glück gab es auch viele Freunde, die mich anregten, meinen Weg zu gehen. Auf einer Dienstreise in den USA traf ich Silent Wind. Er war Indianer, und bei einer Busfahrt nach Washington DC erzählte er mir von dem alten Wissen seines Stammes: „Die vier Winde", sagte er, „haben alle eine große Bedeutung. Es macht einen Unterschied, in welche Richtung du gehst. Wenn du nach Osten unterwegs bist, so ist dies die Himmelsrichtung des Neubeginns, denn dort geht die Sonne auf, der Weg nach Westen ist der Weg der Klarheit, der Weg nach Süden ist der Weg der Veränderung und der Weg nach Norden ist der Weg der Reflexion, der Tiefe, und du wirst lernen mutig zu sein. Denke daran, wenn du um die Erde gehst, und möge dich der Geist des Adlers immer begleiten." Ich bat ihn noch, ob er mir einen Indianernamen für meinen Weg geben könne. Er müsse erst mit einem Ältesten darüber reden, aber er mache das gerne. Wochen später bekam ich dann einen Brief von Silent Wind, in dem er schrieb: „Du sollst als ‚bear who walks with a message' oder als ‚walking bear' durch die Welt ziehen." So wurde ich zum „wandernden Bären".

Bevor wir uns verabschiedeten, meinte Silent Wind noch, dass es wichtig sei, Mutter Erde immer zu danken: „Ihre Geschenke sind nicht selbstverständlich, und wir sollen ihr danken für all die Nahrung, die sie uns schenkt, für die Sonne, den Wind und den Regen. Gehe mit dieser Dankbarkeit durch das Leben, dann wird deine Wanderung ein Weg der Freude werden. Vergiss auch nicht, so sanft wie möglich aufzutreten, und wo du auch hinkommst, so wenig Spuren wie möglich zu hinterlassen, sodass auch die Generationen, die nach dir kommen, noch ein erfülltes Leben haben können." Zum Abschied umarmten wir uns und dann spazierte ich alleine durch die Straßen von Washington, auf dem Weg zur Weltbank. Was für ein Kontrast! Aber vielleicht waren es gerade diese Gegensätze im Leben, die mir halfen, meinen Weg zu finden. Da war auch noch Satish Kumar, der in den 1960er-Jahren um die Welt gewandert war, um eine Kampagne gegen Atombombentests zu machen. Er schrieb mir in einem Brief: „Mache es. Die Wanderung wird dein Leben verändern. Was für eine wunderbare Idee." Ich hielt den Brief in den Händen und wusste, dass er recht hatte. Einige Tage später ging ich zu meinem Chef und kündigte.

Zu Fuß durch Europa von Österreich nach Portugal

Ich wanderte im Salzkammergut los und folgte dem Jakobsweg durch die Alpen bis nach Frankreich. Von dort ging ich weiter über die Pyrenäen in den Norden von Spanien bis nach Santiago de Compostela, dem Ziel der Jakobspilger. Durch Galizien und den Norden von Portugal marschierte ich über Fatima nach Lissabon.

AUF ALTEN PILGERWEGEN DURCH EUROPA

VITA EST PEREGRINATIO – DAS LEBEN IST EINE PILGERWANDERUNG

Wer am wenigsten von der Welt hat, der hat am meisten von ihr.
(Meister Eckhart)

Mein Blick schweifte hinüber zu den Bergen des Salzkammerguts. Inmitten einer blühenden Almwiese spielte mir Hubert von Goisern auf der Ziehharmonika einen Abschiedsjodler. Während ich seinen Klängen lauschte, schwankte ich zwischen Heimatverbundenheit und der Sehnsucht nach der Ferne, freudiger Erwartung auf das Abenteuer und der Ungewissheit, ob ich es je schaffen würde. Die Entscheidung war jedoch längst gefallen: Ich wollte zu Fuß die Welt erkunden und am nächsten Morgen konnte es endlich losgehen!

Der 30. Juni 2003, jener Tag, an dem meine dreijährige Wanderung begann: Mein Freund Stefan Pointner begleitete mich und zusammen wanderten wir an einem sonnigen Sommermorgen den Wolfgangsee entlang. Ich war froh, dass ich die ersten Kilometer nicht alleine gehen musste und ihn an meiner Seite hatte. Zu zweit war doch so manches einfacher. Trotzdem drückte der Rucksack schwer auf meinen Schultern. Ich hatte 28 Kilogramm Gepäck mit dabei, obwohl ich lange versucht hatte, das Gewicht meines Rucksacks zu reduzieren. Irgendwie war es mir aber nicht gelungen. Drei Jahre wollte ich wegbleiben. Was sollte ich da alles mitnehmen? Neben wichtiger Ausrüstung wie Zelt, Schlafsack und Kocher war auch so manch unnötiger Kleinkram dabei, von dem ich erst lernen musste, Abschied zu nehmen. Ich hatte sogar eine Trillerpfeife eingepackt, weil Nordamerika auf meiner Route lag und es dort bekanntlich Bären gab. Freunde hatten mir erklärt, dass es am besten sei, laut in eine Trillerpfeife zu blasen, wenn ein Bär vor einem stand. Also war die Pfeife mit im Gepäck, obwohl es schon lange keine Bären mehr im Salzkammergut gab und Nordamerika noch Tausende Kilometer Fußmarsch entfernt war. Nach zwei Tagen Wanderung war ich jedoch des Rucksackschleppens so leid, dass ich so manch scheinbar wichtiges Utensil zurückließ. Erst durch das Los-

Unterwegs am Ufer des Wolfgangsees

lassen von Gewohntem konnte ich zu neuen Zielen aufbrechen und der Rucksack war in diesem Fall mein bester Lehrmeister. So stellte ich mir immer wieder die Fragen: „Wie viel trage ich in meinem Leben? Was kann ich zurücklassen? Was brauche ich wirklich?" Das gilt nicht nur für den Rucksack, sondern ist auch für den Alltag relevant. Wir alle tragen unseren „Rucksack", doch im Gegensatz zum Wandergepäck ist dieser meistens unsichtbar: Es sind Verhaltensmuster, Gewohnheiten, materielle Dinge, die wir angehäuft haben und die oftmals verhindern, unsere Träume zu leben. Genauso wie beim Wandern geht es auch im Leben immer wieder darum, ganz bewusst einen Blick in den „Rucksack" zu werfen und auszusortieren: Ich wollte leichter werden, um mehr Zeit und Raum für das Wesentliche zu schaffen, denn wie die Tibeter sagen: „Alles Leid kommt von der Anhaftung, alles Glück kommt vom Loslassen."

Zu dieser Leichtigkeit gehörte es für mich auch, dass ich mich vom übertriebenen Sicherheitsdenken unserer Gesellschaft verabschiedete. Immer wieder hörte ich den Einwand, dass es viel zu gefährlich sei, alleine unterwegs zu sein. Was konnte mir schließlich nicht alles passieren? Die Zahl der Überfälle sei

Bereits unterwegs traf ich Paul und Uli. Wir packten den gesamten Rucksack aus, dabei hinterfragten wir den Nutzen jedes Gepäckstücks und überlegten gemeinsam, was ich daheim lassen konnte.

ständig am Steigen, plötzliche Krankheiten könnten mich heimsuchen oder ich würde womöglich irgendwo in der Einöde verdursten. Kurzum, ich sollte auf keinen Fall in die weite Welt hinausziehen, denn ich würde es nicht überleben. Das alles hatte jedoch weniger mit mir als mit gesellschaftlichen Ängsten zu tun, die von den Tageszeitungen und vom Fernsehen geschürt wurden und die Bevölkerung verunsichern. Es ist eben einfach, unsere Gesellschaft mit Angstmacherei und Einschüchterung zu kontrollieren. Aber was ist gefährlicher: jeden Tag auf einer stark befahrenen Straße mit dem Auto in die Arbeit zu fahren oder zu Fuß durch die Welt zu ziehen? Nur weil Ersteres fast alle machen, Letzteres hingegen kaum jemand, heißt es noch lange nicht, dass mein Weg gefährlicher war. Im Gegenteil! Oft fallen mir die Worte von Charlie Chaplin ein: „Das Leben ist wunderschön, wenn du keine Angst davor hast." Ich hatte Vertrauen, dass die Wanderung gut ausgehen würde, und mit jedem Schritt wuchs diese Gewissheit. Dieses Vertrauen war der Schlüssel dazu, wieder wohlbehalten nach Hause zu kommen. Außerdem reifte in mir unterwegs die Erkenntnis, dass ich Sicherheit, wenn überhaupt, nur durch beständiges, spirituelles Wachstum gewinnen konnte.

Während meiner Arbeit hatte ich Geld gespart, und das sollte für die Wanderung reichen. Dabei nützte ich meine Ersparnisse für die Lehrjahre des Wanderns und eben nicht, wie viele meiner Bekannten, um mir ein Auto, einen Fernseher oder andere Konsumgüter zu kaufen. In den drei Jahren, in denen ich schließlich unterwegs war, gab ich insgesamt so viel Geld aus, wie ein billiges Mittelklasseauto gekostet hätte. Wenn ich sehe, wie viele Menschen Autos besitzen, denke ich immer, dass auch sie alle dieses Geld nützen könnten, um ihrer Sehnsucht zu folgen. Viele, denen ich begegnet bin, wären auch gerne auf eine lange Reise gegangen, doch gleichzeitig waren sie nicht bereit, das Altvertraute aufzugeben. Ich wollte hingegen nicht „alles“ haben, sondern entschied mich für das Unterwegs-Sein – verzichtete dafür aber auf anderes. Daher hatte ich auch nie ein Problem, die Wanderung zu finanzieren.

So wanderte ich im Salzkammergut los, mit meinem ersten Wanderziel vor Augen: Ich wollte auf dem alten Jakobsweg nach Santiago de Compostela gehen. Bereits auf dem Jakobsweg durch Österreich erlebte ich den Zauber der Pilgerwanderung. Ich spazierte einen Wildbach entlang und streifte durch ausgedehnte Wälder, als ich mich dazu entschied, an einer Bank eine kurze Rast einzulegen. Dort traf ich ein Ehepaar aus dem Ruhrgebiet. Sie wollten wissen, wohin ich unterwegs war. Ich erzählte von meinem Vorhaben, nach Santiago zu wandern, und zum Schluss drückte mir der Herr einen 10-Euro-Schein in die Hand. „Für ein Bier“, sagte er und lächelte. Ich war verblüfft und freute mich sehr über das unerwartete Geschenk. Als ich im nächsten Ort vorbeikam, kehrte ich in die Bäckerei ein und feierte den schönen Tag.

Immer wieder wurde ich eingeladen. Eines Morgens stand eine Bäuerin, auf deren Hof ich zelten durfte, mit einem Tablett vor meinem Zelt: „Es gibt Frühstück: eine Marmeladesemmel und Tee. Lass es dir schmecken!“ Das war eine wunderbare Überraschung.

Eines frühen Abends wanderte ich durch Wörgl im Tiroler Inntal und fand keinen geeigneten Platz zum Schlafen. Daher entschied ich mich, noch zu den Bauernhöfen oberhalb der Stadt aufzusteigen. Bei einem klopfte ich schließlich an die Tür und fragte, ob ich im Obstgarten mein Zelt aufstellen dürfte. Doch kaum hatte ich dieses ausgepackt, kam auch schon die Bäuerin gelaufen: „Komm doch zu uns ins Haus, wir haben ein Gästezimmer“, rief sie mir zu. Ein herrliches Bett und eine warme Dusche warteten bereits auf mich und bald schlief ich selig ein. Am nächsten Morgen weckte mich der Duft von frisch gebackenem Brot. Lange saßen wir bei Butterbrot und Tee um den Frühstückstisch und tauschten Geschichten aus. Die Bauersleute erzählten mir von dem Lärm der Autobahn, der aus dem Inntal zu ihnen dröhnte. „Auch der Flugverkehr nimmt ständig zu“, meinten sie. „Es ist völlig verrückt, dass die Menschen so viel in der Gegend umherfahren und fliegen, und kaum einer ist sich der Konsequenzen dieses Lebensstils bewusst. Setz dich doch dafür ein, dass die Menschen nicht mehr so viel fliegen.“ „Ich stimme euch zu, aber zuerst muss ich bei mir selber anfangen. Ich nehme auch ab und zu noch das Flugzeug und selbst auf dieser Wanderung werde ich wohl mit dem Flieger

nach Lateinamerika reisen", gab ich ihnen zu bedenken. „Ich werde jedoch eure Anregung ernst nehmen."

„Auf nach Santiago!", riefen sie mir nach, als wir uns verabschiedet hatten, und ich antwortete mit dem alten Pilgergruß: „Ultreja!" Wir winkten uns zu, bis ich hinter der Kurve verschwand.

Die Gastfreundschaft begleitete mich auf meiner ganzen Reise, ob in Tirol, in den Schweizer Bergen, im Baskenland, bei den Gauchos in Patagonien, den Campesinos in den Anden, in den USA, Japan oder Neuseeland. Überall auf der Welt traf ich nette Menschen auf meinem Weg. Gastfreundschaft kennt eben keine Grenzen.

Eine kurze Geschichte von Naomi Shihab Nye, einer amerikanischen Dichterin mit palästinensischen Wurzeln, soll dieses Geschenk der Gastfreundschaft illustrieren:

„Die Araber hatten einen Brauch: ‚Wenn ein Fremder an dein Tor klopft, gib ihm für drei Tage zu essen, bevor du fragst, wer er ist, woher er kommt und wohin er geht. So wird er wieder genug Kräfte haben, um zu antworten – oder bis dahin seid ihr so gute Freunde und es ist dir einerlei.' Lasst uns dorthin zurückkehren. ‚Reis? Pinienkerne? Hier, nehme das rote Brokatpolster. Mein Kind wird deinem Pferd Wasser bringen. Nein, ich war nicht beschäftigt, als du kamst! Ich wollte auch nicht geschäftig sein. Das ist nur die Rüstung, die jeder von uns […] anlegt, um vorzutäuschen, sein Leben mache einen Sinn.' Ich spiele bei diesem Spiel nicht mehr mit. ‚Dein Teller wartet auf dich. Wir werden frische Minzeblätter in deinen Tee geben.'"

Ich bog um die Ecke eines Ladens in Silz in Tirol und stieß fast mit einem Wanderer zusammen, denn er war flotten Schrittes unterwegs. „Wohin gehst du?", fragte ich ihn erstaunt. „Nach Jerusalem, zu Fuß", bekam ich zur Antwort. „Und du?", wollte er von mir wissen. „Nach Tokio, auch zu Fuß." Für einige Sekunden herrschte Skepsis bei uns beiden, da keiner dem anderen so richtig Glauben schenken wollte, aber dann mussten wir beide lachen: Noch so ein „Verrückter"! Martin Vosseler und ich schlossen sogleich Freundschaft. Wir fanden heraus, dass wir beide am selben Tag losgewandert waren, er in Basel, ich in Bad Ischl, er auf dem Weg nach Osten, ich nach Westen, er, um eine Kampagne zur Nutzung der Solarenergie zu machen, ich zur Förderung eines umweltbewussten Lebens auf der Erde.

Wie ich später erfuhr, kam Martin wirklich nach Jerusalem. Von dort reiste er mit Schiff und Zug in seine Heimat zurück. In Basel angekommen, hatte er nicht einmal Zeit, seinen Rucksack auszupacken, denn die Stadtregierung plante den Bau einer Schnellstraße durch ein Vogelschutzgebiet. Spontan nahm er sein Zelt und besetzte als Einziger das Gebiet. Schon bald war er jedoch nicht mehr alleine und ein gewaltloser Widerstand entstand. Es folgten Monate des Verhandelns mit der Stadtverwaltung. Martin ging in einen Hungerstreik und gab unzählige Interviews in den Medien, in denen er erläuterte, warum seiner Meinung nach die Straße nicht gebaut werden sollte – bis sie letzten Endes trotzdem genehmigt wurde. Eine Niederlage? Oder vielleicht doch die Gewissheit, dass viele Menschen die Kampagne und den gewaltfreien Widerstand unterstützt hatten, und die Hoffnung, ein Bewusstsein für den respektvollen Umgang mit unserer Erde geschaffen zu haben?
Nach der Besetzung der Aulandschaft fuhr Martin mit einem Solarboot über den Atlantik. Die Kraft der Sonne, die einen hocheffizienten Motor mit der

Martin kam aus der Schweiz und unternahm eine Pilgerreise ins Heilige Land. Unterwegs wollte er die Menschen anregen, die Kraft der Sonne zur Energieerzeugung zu nützen. „Es hat genug Sonne für alle" war sein Leitspruch und den teilte er mit viel Begeisterung.

Wattleistung eines Bügeleisens antrieb, bewegte einen Katamaran und vier Reisende mit ihrer gesamten Ausrüstung in gerade mal drei Wochen übers Meer. Martin hatte seine Bratsche mitgenommen und sein Freund eine Geige und zusammen mit zwei Musikerinnen von der New Yorker Philharmonie spielten sie bei ihrer Ankunft im Hafen von New York Joseph Haydns *Sonnenaufgangsquartett*. Sie wurden wie Helden empfangen. Viele Menschen, denen er in den USA begegnete, waren froh, einmal eine hoffnungsvolle Geschichte miterleben zu dürfen. Nach einer kurzen Pause setzte Martin die Reise fort und wanderte von Los Angeles nach Boston.

Nach einigen Wandertagen im Inntal führte der Jakobsweg über den Arlberg weiter in Richtung Schweiz. Es war faszinierend, wie weit ich an einem Tag gehen konnte und dabei auch noch so viele Erlebnisse hatte, Neues entdeckte und nette Menschen traf. Abends blickte ich meist dorthin zurück, von wo ich morgens losgewandert war. Eines Nachmittags ging dann aber plötzlich gar nichts mehr. Ich war viel zu schnell und ohne Pause auf der Asphaltstraße vom Arlberg abgestiegen. Auf einer Bank machte ich im Schatten der Obstbäume einen kurzen Mittagsschlaf. Als ich aufwachte und aufstehen wollte, fiel ich jedoch gleich wieder um. Meine Fußsohlen brannten so sehr, dass ich nicht mehr stehen konnte. Irgendwie schaffte ich es trotzdem, weiterzugehen, und humpelte den Weg entlang. Um nicht an die Füße zu denken, sang ich laut: „I wü ham noch Fürstenfeld!" und erwachte erst wieder aus meiner Trance, als jemand neben mir herging. „Wo gehst du hin?", fragte er mich. Völlig geistesabwesend antwortete ich: „Nach Tokio, zu Fuß!" Dabei brauchte ich mit meinen lädierten Fußsohlen eine halbe Minute für zehn Meter Wegstrecke. Er lächelte nur: „Nach Tokio also?! Nicht nach Schlins?" „Nein, nach Japan. Also, eigentlich schon nach Schlins (denn das war ja der nächste Ort am Weg), aber dann eben irgendwann nach Tokio!" Es folgte ein etwas zögerliches „Hmmm!" Monate später bekam ich von ihm eine E-Mail, in der er schrieb: „Damals dachte ich mir: ‚Was ist denn das für ein Kauz?' Du hattest einen riesigen Rucksack, sodass ich von hinten glaubte, es wäre ein Rucksack mit zwei Beinen dran. Tibetische Gebetsfahnen auf dem Rucksack wehten im Wind und du hast auch noch so unglaublich falsch gesungen. Du bist gehumpelt, als ob du es nicht bis zum nächsten Strauch schaffen würdest, aber deine Antwort kam prompt: ‚Ich gehe nach Japan.' – wo das ja noch dazu in der ganz anderen Richtung lag." Er stellte sich trotzdem vor, Konrad war sein Name, er mache gerade mit seiner Frau und seiner Tochter einen Sonntagsspaziergang: „Soll ich etwa deinen Rucksack ein Stück tragen?“, wollte er wissen. „Der sieht so schwer aus. Möchtest du vielleicht auch ein paar Mannerschnitten haben, damit du wieder zu Kräften kommst?“ Konrad schulterte meinen Rucksack. Auf einmal schien ich zu fliegen. Ich werde seine Hilfsbereitschaft nie vergessen! In Vorarlberg kurierte ich dann bei Freunden meine lädierten Füße aus und schließlich wanderte ich mit neuen Kräften weiter in die Schweizer Berge.

Konrad trug meinen Rucksack bis nach Schlins.

Die Übernachtung auf der Alm bei Morgenholz war unvergesslich. Zuerst kochte ich ein gutes Abendessen und dann schlief ich bei Kuhglockengeläute selig ein. Am nächsten Tag querte ich weite Almen und kam bald nach Einsiedeln, einem berühmten Wallfahrtsort am Schweizer Jakobsweg. Ich besuchte die Abendmesse. Als ich im Anschluss daran am Ausgang eine Kerze für meine Freund_innen* und Eltern anzündete, kam ein Schweizer Ehepaar auf mich zu. „Gehst du etwa nach Santiago? Du hast ja einen so großen Rucksack.“ „Ja, das möchte ich gerne, aber der Weg ist noch weit“, antwortete ich. Spontan drückte mir der Herr 45 Schweizer Franken in die Hand und meinte: „Zünde doch bitte für meine Familie eine Kerze in Santiago an und gönne dir unterwegs einmal ein richtig gutes Abendessen.“ Ich konnte es kaum glauben. Die Welt war so unglaublich freundlich!
In der nahen Gastwirtschaft traf ich Gisela, eine Jakobspilgerin aus München, und auch noch zwei Schweizer Pilger. Unter alten Kastanienbäumen tranken wir Einsiedler Dinkelbier und tauschten unsere Erlebnisse aus. Die Schweizer erzählten, sie hätten einmal keinen geeigneten Platz zum Nächtigen ge-

* Mit dieser Schreibweise möchte ich Männer und Frauen gleichermaßen ansprechen und auf das verbindende Element der Beziehung hinweisen.

funden und daher war ihnen nichts anderes übrig geblieben, als ihre Schlafsäcke innerhalb der Friedhofsmauern auszurollen. „Das hatte durchaus Vorteile“, meinten sie, „denn es war ein ruhiger Schlafplatz und außerdem gab es einen Brunnen, um ein Bad zu nehmen und die Wasserflasche aufzufüllen. Nur in der Früh kam der Totengräber vorbei und wir wurden etwas unsanft geweckt.“ Sie gaben noch einige Schwänke aus ihrem Pilgerleben zum Besten. Spätnachts spazierte ich zum Kloster hinüber und schlug neben den Klostermauern mein Nachtquartier auf – allerdings außerhalb der Friedhofsmauer, denn die Geschichte mit dem Totengräber hatte mich doch etwas abgeschreckt. Es wurde trotzdem eine unruhige Nacht, denn ich schlief gleich neben dem Kirchturm mit seinem eindrucksvollen Glockengeläut.

DER WEG IST DAS GLÜCK

Es gibt keinen Weg, der zum Glück führt. Der Weg ist das Glück.

Auf meiner dreijährigen Wanderung habe ich oft an diesen Satz gedacht, den mir Julia, eine Freundin aus dem Wallis, mit auf den Weg gegeben hat. Der Weg ist das Glück, wenngleich dieser oftmals auch beschwerlich war: So erlebte ich in der Schweiz einige starke Sommergewitter. In einer Nacht stürmte es, Blitze schlugen in der Nähe ein und ich machte kaum ein Auge zu. Erschöpft kroch ich am Morgen aus meinem Schlafsack und wanderte am Ufer des Vierwaldstättersees entlang. Der Weg führte weiter über den Brünigpass zum Brienzer See. Als ich aus dem Tal auf die Anhöhe hinaufstieg, zogen schon wieder dunkle Gewitterwolken am Himmel auf. Diesmal wollte ich aber nicht draußen übernachten und flüchtete gerade noch rechtzeitig in ein Ferienhaus. Die Besitzer nahmen mich herzlich auf und nach einem guten Abendessen breitete ich in der Garage mein Nachtquartier aus. Die ganze Nacht über wütete ein starkes Gewitter. Es hagelte, ein paar hundert Meter von der Hütte entfernt rollte sogar ein Kugelblitz den Hang hinunter und am Morgen schlug auch noch ein Blitz direkt neben der Hütte ein. Es folgte ein ohrenbetäubender Donnerschlag. Dabei wurde mir bewusst, wie sehr ich doch auf der Wanderung den Naturgewalten ausgesetzt war.

In einem Vorort von Lausanne zeltete ich auf dem Sportplatz einer großen Schule. In der Früh wachte ich zeitig auf, denn ich wollte das fast vierzig Kilo-

Am Vierwaldstättersee in der Schweiz. Am Ufer des Sees verläuft die breite Autobahn und in der rechten Hälfte des Bildes ist jener Weg zu sehen, auf dem ich gewandert bin. Wie viel Beton brauchen wir, um von einem Ort zum anderen zu gelangen? Wie viel sehen wir von der Welt, wenn wir statt mit dem Auto zu Fuß unterwegs sind?

meter entfernte Nyon erreichen. Im Morgengrauen wanderte ich durch das verschlafene Lausanne und erreichte bald das Ufer des Genfer Sees, doch gerade in diesem Augenblick zog erneut ein starkes Gewitter auf. Ich flüchtete in ein Kaffeehaus und nach einem guten Cappuccino wanderte ich wieder weiter. Es dauerte jedoch nicht lange und das Gewitter kam zurück. Diesmal kehrte ich auf ein Bier ein. Kaum war ich wieder unterwegs, machte das Gewitter noch einmal eine Runde und zog ein drittes Mal über mich hinweg. Ich war auf weiter Flur und es gab weit und breit nichts zum Unterstellen. Oder doch? Hatte da etwa jemand sein Wohnmobil geparkt? Ich begann zu laufen und stellte mich unter das Vordach des kleinen Campingbusses. Uli und Stefanie, die beiden Besitzer, machten gerade eine Kaffeepause und luden mich gleich zu Brötchen und Kaffee ein. Außerdem kochten sie mir ein fantastisches indisches Linsendal, dazu gab es Rotwein und im Anschluss daran noch einen kräftigen Espresso. Das Gewitter hatte mir eine wunderbare Begegnung beschert. Ich

verweilte lange bei den beiden und schon war es sechs Uhr am Abend. Nyon war noch weit, also machte ich mich wieder auf den Weg.
Nach dem Treffen mit Uli und Stefanie „flog“ ich richtiggehend am See entlang. Nach einigen Stunden erreichte ich Nyon, wo gerade das große Paléo-Musikfestival stattfand. Dort hielt ich es jedoch nicht lange aus, denn nach der Einsamkeit auf den Pilgerwegen herrschte mir einfach zu viel Rummel. Wo sollte ich jedoch zu so später Stunde noch einen guten Zeltplatz finden? Auf der Suche nach einem geeigneten Nachtquartier wanderte ich im Dunkeln den Genfer See entlang. Ich kam an hohen Mauern und Zäunen von reichen Grundbesitzern vorbei, aber ich fand keinen Ort zum Schlafen und die Nacht wurde immer länger. Der finstere Ort und die wild gewordenen Hunde hinter der nahe gelegenen Mauer luden nicht gerade ein, länger zu verweilen. Ich sehnte mich nach dem Morgengrauen, doch gerade die letzte Stunde vor Sonnenaufgang schien mir die dunkelste von allen zu sein. Es wurde einfach nicht hell. Die breite Schnellstraße führte nach Genf. Zu dieser Stunde war sie gespenstisch leer. Schließlich wollte ich nicht mehr weitergehen, setzte mich einfach ins Gras und wartete auf die Sonne. Nach einer halben Ewigkeit kam sie endlich. Was für ein Geschenk!
Um halb sechs Uhr in der Früh kam ich nach einer siebzig Kilometer langen Etappe endlich im Genfer Stadtzentrum an. Ich war die ganze Nacht durchgewandert. In der Jugendherberge fiel ich sogleich müde ins Bett, schlief, faulenzte, kochte vier große Mahlzeiten, um meinen Heißhunger zu stillen, und genoss noch einen langen Mittagsschlaf im Park am Ufer des Genfer Sees. So hatte ich meine erste lange Etappe geschafft und war voller Freude. Nie hätte ich gedacht, dass ich einmal mit einem schweren Rucksack siebzig Kilometer an einem Stück wandern könnte, und doch war es mir gelungen. Dabei stellte ich fest, dass die Grenzen wirklich oft nur im Kopf waren. Was war schon unmöglich?

Nach dem Ausruhtag in Genf besuchte ich Julia und Didier im Wallis. Julia und ich hatten uns vor vielen Jahren in Ecuador kennen gelernt, als wir beide bei einem Straßenkinderprojekt mitgearbeitet hatten, und nun luden die beiden mich zum gemeinsamen Wandern in die Walliser Berge ein. Wir zogen hinauf in die hohen Schneeberge, zu den Gletschern und Bergwäldern.

Ankunft in Conques am französischen Jakobsweg

Erst Jahre später fand ich heraus, dass damals unsere Nudeln das Fundament für eine wunderbare Liebesgeschichte waren. Lothar und Christine verliebten sich auf der gemeinsamen Wanderung am Jakobsweg und leben seither zusammen. Ich denke, es waren nicht nur die Nudeln, welche die beiden zusammengebracht haben, aber Spaghetti können durchaus eine verbindende Wirkung haben. Somit haben die beiden Café Cognac auch wieder ihren Sinn gemacht. Während wir nämlich damals in Le Puy in der Bar gesessen waren, hatten wir noch eine 30-km-Etappe für unseren ersten Wandertag geplant. Dann hätte es keine Spaghetti und kein gemeinsames Wandern gegeben, und überhaupt, was wäre da wohl aus der Liebe geworden?
Fast zwei Wochen lang wanderten wir gemeinsam über das magische Hochland des Aubrac. Es war einer der schönsten Abschnitte des ganzen Jakobswegs und wir waren glücklich, dass wir diesen Weg gehen durften. Abends kochten wir, feierten und lachten, bis uns der Bauch wehtat, und kamen uns vor wie die König_innen. Bald waren wir als die „deutschen Barbaren“ bekannt, weil wir so viel und laut lachten. Ein Pilger aus Paris hatte uns einmal

sogar allen Ernstes erklärt, dass Pilger_innen nicht so laut lachen sollen. „Wie schade", dachten wir und lachten ob dieses Vorschlages nur noch mehr.
Irgendwann kam dann doch der Abschied, denn ich wollte längere Etappen gehen. Daher zog ich alleine weiter. Anfangs begleitete mich eine große Einsamkeit, saß ich doch fortan abends alleine bei meinem Abendessen und fragte mich, was um alles in der Welt es bringen sollte, so schnell unterwegs zu sein, wo ich doch auch mit Lothar und Andreas bis Santiago hätte gehen können. Hinzu kam noch der eintönige Weg, der stundenlang zwischen Buchsbaumsträuchern hindurchführte. Er war monoton und endlos. Auch zollte die große Hitze ihren Tribut. Aber auch die Einsamkeit gehört zum Pilgerleben und dafür freute ich mich dann wieder umso mehr über jede Begegnung.
Eines Nachmittags sah ich schon aus der Ferne einen anderen Wanderer, der mir entgegenkam. Er trug auch einen großen Rucksack. Schließlich standen wir einander gegenüber, waren aber vermutlich beide schon zu lange alleine unterwegs, um viel zu reden. „Wo gehst du hin?", wollte er wissen. „Nach Santiago. Und du?" „Ich wandere durch Frankreich und ziehe von einem Ort zum anderen", antwortete er. Er klopfte mir auf die Schultern, gab mir einen festen Händedruck und ging wieder seines Weges. Trotz der flüchtigen Begegnung schwebte noch lange die Freude mit, wieder einmal den Weg mit jemandem geteilt zu haben und nicht ganz alleine zu sein. Für einige Stunden leuchtete selbst der Buchsbaum in einem schönen Licht – ich hatte sein Strahlen vorher gar nicht bemerkt.
In einer Pilgerherberge in Frankreich traf ich ein Ehepaar aus Belgien, das mit seinen beiden Kindern im Alter von sechs und acht Jahren und zwei Eseln unterwegs war. Nachdem sie ihr ganzes Hab und Gut verkauft und ihre Arbeit gekündigt hatten, waren sie zu Fuß losgewandert. Sie waren vorerst einmal nach Santiago unterwegs, wollten aber noch nach Afrika weiterziehen. Die Eltern unterrichteten ihre Kinder unterwegs und machten immer wieder längere Pausen, sodass die Wanderung für sie nicht zu anstrengend wurde. Eile

hatten sie jedenfalls keine und wollten einfach so lange unterwegs sein, wie das Geld reichte. Ihre Geschichte hat mich tief beeindruckt, strahlten sie doch so viel Mut und Lebensfreude aus. Mir erging es ähnlich. In den vergangenen Wochen hatte ich mich in den Weg verliebt wie in ein hübsches Mädchen. Jeden Tag brachte der Weg ein neues Leben, eine neue Geschichte und ich dachte immer wieder an Julias Gedanken: „Es gibt keinen Weg, der zum Glück führt. Der Weg ist das Glück" ... und lächelte.

ÜBER DIE PYRENÄEN BIS ZUM MEER

Du darfst niemals glauben, dass etwas unmöglich ist.
(Matti Wuori)

Maisfelder, so weit das Auge reichte, und die Pyrenäen wollten einfach nicht näher kommen. Müde vom Gehen kam ich an einer Bank vorbei. Auf einem Tisch stand eine Kühltasche mit kaltem Wasser, frischen Erdbeeren, Tomaten und allerlei Köstlichkeiten. „Für die Pilger zur freien Entnahme" war auf einem Schild zu lesen. Gerade als ich den Rucksack abstellte, kam aus der anderen Richtung eine junge Frau. Sie war Schweizerin und auf dem Rückweg von Santiago de Compostela. Das Pilgerleben machte ihr eine so große Freude, dass sie sich entschieden hatte, weiterzuwandern. Nun war sie auf dem Weg von Santiago nach Rom. Daheim hatte sie ihre Arbeit und Wohnung aufgegeben und war ohne Geld auf Pilgerwanderung unterwegs. „Ohne Geld zu gehen, erfordert ganz schön viel Vertrauen in die Mitmenschen und auch die Bereitschaft, mitunter einmal ohne Essen unter

Die junge Frau aus Bern wanderte gänzlich ohne Geld auf alten Pilgerwegen durch Europa.

freiem Himmel zu schlafen", meinte sie, doch vielleicht war sie gerade deswegen so guter Dinge und voll Lebensfreude. In einer Gesellschaft, die fast jede Handlung mit Geld bewertete, war das eine mutige Entscheidung.
Ich durchquerte das wilde Baskenland, vorbei an uralten Häusern, kleinen Dörfern und durch Edelkastanienwälder. Hoch oben auf einem Hügel, unweit der Pyrenäen, am Ende eines steinigen Prozessionsweges, kam ich zur Kapelle von Soyarza und verweilte lange an diesem magischen Ort – „ein Ort, an dem der Weltfrieden zu Hause ist", wie eine Pilgerin vor mir ins Gästebuch geschrieben hatte.
Zusammen mit Jean, einem Pilger aus Paris, wanderte ich von der Kapelle nach Ostabat hinunter. In früheren Zeiten war das ein bedeutender Pilgerort gewesen. In den Hospizen konnten bis zu 5000 Wanderer beherbergt werden, kamen doch unweit von Ostabat drei Jakobswege aus verschiedenen Teilen Frankreichs zusammen. Von all diesen Gebäuden blieb aber nur eine kleine Pilgerherberge übrig – doch diese war sehr schön, gleich neben einem alten Bauernhof, in einer Scheune eingerichtet. Der Bauer lud uns zu einem Schnaps ein und dann statteten wir noch dem nahe gelegenen Dorfgasthaus einen Besuch ab. Dort war das halbe Dorf versammelt. Zuerst wurden wir Auswärtigen etwas verstohlen beobachtet, aber schon nach einer gemeinsamen Runde Rotwein kamen wir ins Gespräch. Die Männer trugen Baskenmützen und erzählten uns, dass sie sich Frankreich nicht zugehörig fühlten. Die französische Regierung habe sie lange als Außenseiter behandelt und versuche immer noch auf subtile Art und Weise, ihre Kultur zu unterwandern. Bis vor einigen Jahren seien Kinder, die in baskische Schulen gingen, nicht vom Schulbus mitgenommen worden und auch ihre Sprache sei den französischen Bürokraten lange Zeit ein Dorn im Auge gewesen. In den Medien wurden sie immerzu als Aufwiegler dargestellt, doch ich erlebte sie als sehr freundliche Menschen. Bis spät in die Nacht erzählten sie noch Geschichten, bis es für uns schließlich an der Zeit war, in die Pilgerherberge zurückzuspazieren.

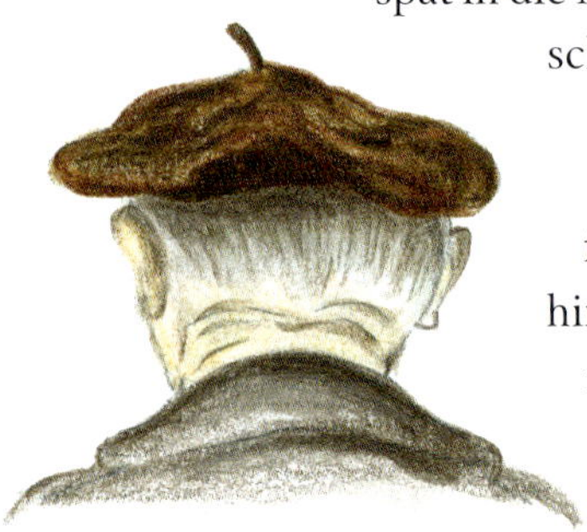

Als ich dort ankam, saß Caro aus Dijon auf den Stufen vor dem Eingang und betrachtete den Sternenhimmel. Sie war bereits seit Le Puy-en-Velay ganz alleine am Jakobsweg unterwegs und hatte dabei fast immer im Zelt übernachtet. In Ostabat schlief sie nun einmal zur Abwechslung in einer Her-

berge. Wir schauten zu den Sternen hinauf, suchten Sternbilder und unterhielten uns bis in die frühen Morgenstunden über unser Leben und die Magie des Pilgerns. Als ich in ihre schönen, tiefgründigen Augen blickte, dachte ich mir, dass es eine Freude wäre, nicht immer nur alleine durch die Welt zu wandern.
Zusammen mit Caro und Jean erreichte ich schließlich Saint-Jean-Pied-de-Port am Fuße der Pyrenäen, dem Ausgangspunkt des spanischen Jakobsweges. Wir feierten die Ankunft mit einem herrlichen Abendessen und fielen dann todmüde ins Bett. An Schlaf war in dieser Nacht jedoch nicht zu denken. Im Stockbett über mir nächtigte ein Brasilianer, der so laut schnarchte, dass sogar das Bett leicht schwankte. Stundenlang wälzte ich mich unter der Bettdecke hin und her, bis ich schließlich meinen Schlafsack nahm und auszog, die Tür hinter mir zumachte und auf dem Gang weiterschlief. Es half jedoch alles nichts, denn das laute, unrhythmische Schnarchen war immer noch zu vernehmen. Also ging ich den fast fünfzig Meter langen Gang hinunter und durch eine weitere Tür in den Aufenthaltsraum. Selbst dort war der Brasilianer noch zu hören, doch nun zum Glück schon bedeutend leiser. Diese Nacht war aber nur ein kleiner Vorgeschmack darauf, was mich in den spanischen Pilgerherbergen erwarten sollte. Es gab bis Santiago kaum eine Herberge ohne Schnarcher. Als ich schließlich Wochen später in Santiago ankam, war ich endgültig immun gegen sie und seither stören sie mich kaum mehr.
In der Früh wachte ich in Saint-Jean-Pied-de-Port von einem ohrenbetäubenden Donnerschlag auf: „Das perfekte Wetter, um den 1300 Meter höher liegenden Pyrenäenpass zu erklimmen“, meinte ein Walliser beim Frühstück in der Herberge ironisch. Es schüttete in Strömen, aber ich wanderte trotzdem los. Weil mein Rucksack so schwer war, schnaufte ich wie eine Lokomotive mit voller Geschwindigkeit auf die Passhöhe hinauf. Auf halber Höhe traf ich einen Bayern. „Was kommt denn da für ein Expresszug daher?“, wollte er wissen. „Und überhaupt, was schleppst du da mit dir herum?“ „Nun, ich war gestern Abend noch im Bioladen von Saint-Jean-Pied-de-Port einkaufen und habe einiges zum Essen dabei. Außerdem bin ich länger unterwegs und so trage ich meine Wohnung für die nächsten drei Jahre mit“, gab ich ihm zur Antwort. „Du bist vielleicht ein schräger Vogel. Wir sind auch schon vor ein paar Wochen in Rothenburg ob der Tauber gestartet und wandern nach Santiago.“ „Bist du etwa Tim?“, fragte ich ihn spontan. „Ja, woher weißt du das?“ „Nun, ich

habe eure Namen immer wieder in den Gästebüchern der Herbergen gelesen. Endlich habe ich euch eingeholt. Spitze! Wo ist denn der Hans?" „Der ist schon weiter vorne, er wollte heute alleine gehen", meinte Tim und so wanderten wir zusammen durch den strömenden Regen weiter und blödelten ab der ersten Minute unserer Begegnung. Das Wasser floss von oben in meine Wanderschuhe hinein und staute sich im Inneren. Wir waren patschnass, doch wir lachten so viel, dass uns der Regen kaum auffiel. Kurz vor Roncesvalles überquerten wir die Grenze nach Spanien, und als wir in dem kleinen Ort ankamen, meinte Tim: „Das ist ja wieder ein Einzug der Gladiolen und Radiatoren", in Anlehnung an den Einmarsch der Gladiatoren. Lachend öffnete ich die Tür zur Pilgerherberge, blieb aber mit offenem Mund stehen: Vor mir erstreckte sich ein riesiger Schlafsaal, an die 150 bis 200 Stockbetten reihten sich aneinander. „Das kann heute Nacht ein beeindruckendes Konzert geben. Die Schnarcherei wird wohl der Hirschbrunft gleich aus allen Ecken und Enden wie ein Röhren zu vernehmen sein", sagte Tim. Recht hatte er, denn gerade als er diese Vermutung aussprach, trat auch schon der Brasilianer vom Vortag über die Türschwelle. Das konnte spannend werden.

Nicht nur wegen der Schnarcher war die Pilgerwanderung durch Spanien ein unvergessliches Erlebnis. Wir kamen an uralten romanischen Kirchen und Klöstern vorbei und die Lichtstimmungen in der Landschaft verzauberten uns täglich aufs Neue. Eines Morgens, kurz nach Pamplona, wuchsen dutzende

Morgenstimmung bei Pamplona

Unweit des Klosters San Juan de Ortega am Rande der spanischen Meseta

Mandelbäume neben dem Jakobsweg. Als ich die erste Mandelschale zu knacken versuchte und scheiterte, bemerkte ich, wie viel Arbeit es war, die Kerne aus den harten Schalen zu lösen. Dafür schmeckte aber die erste Mandel, die ich selber geerntet hatte, einfach himmlisch. Ihr bittersüßer Geschmack schien wie aus einer Zauberwelt zu kommen und ich spürte, dass ich die Geschenke unserer Erde wieder mehr schätzen sollte.
Schließlich erreichte ich das alte Kloster von San Juan de Ortega. Die Herberge war schon voll belegt, aber ich warf trotzdem noch einen Blick hinein. Ein einziger Atemzug reichte: Ein Duft von verschwitzten Socken, Wanderschuhen und Schweiß stieg mir in die Nase. Ich zog das Zelt vor. Außerhalb der Klostermauern stellte ich mein Nachtquartier neben einem Feld auf und verbrachte dort wohl die schönste Nacht auf dem ganzen Jakobsweg: Der Vollmond hüllte die alten Mauern des Klosters und den angrenzenden Wald in ein silbriges Licht und eine frische Brise wehte durch das Zelt. Gerade als ich mich in meinen warmen Schlafsack verkriechen wollte, stimmte ein Waldkauz seinen Abendgesang an. Seine Stimme durchbrach immer wieder die tiefe Stille. Ich schlief glücklich und zufrieden ein.
Am nächsten Tag begann kurz nach Burgos die 250 km lange spanische Meseta, die sich bis nach León erstreckte. Diese ausgedehnte, sehr karge Ebene ist

heiß und trocken, die Wanderwege sind monoton. Einmal führte der Weg sogar 17 Kilometer nur geradeaus. Da die Bäume alle auf der nördlichen Seite des Weges gepflanzt waren, die heiße Nachmittagssonne aber im Süden stand, gab es nicht viel Schatten. Am Vortag hatte ich aufgrund meines abendlichen Heißhungers versehentlich ein bereits seit drei Wochen abgelaufenes Joghurt gegessen, das schon ganz verschimmelt war. Nach der 60 Kilometer langen Tagesetappe war ich so hungrig gewesen, dass ich es erst am Ende des Bechers bemerkt hatte. Nun litt ich an Magenkrämpfen und Fieber, hatte nur wenig Wasser dabei und schlief alsbald erschöpft im Straßengraben ein. Es war schon Abend, als ich mit einem ausgetrockneten Mund aufwachte und die kilometerlange, schnurgerade Straße hinunterblickte. In der Ferne sah ich einen Punkt, der näher kam: ein Wanderer. Was für ein Glück! Ich hatte schon gedacht, es käme niemand mehr vorbei, da es schon spät war. Hatte er vielleicht noch Wasser? Claude kam aus Frankreich, gab mir zu trinken und schenkte mir einen saftigen Apfel. Seine Geschichten trugen mich irgendwie die zehn Kilometer bis zur nächsten Pilgerherberge, wobei ich das letzte Stück fast in Trance marschierte und am Ende meiner Kräfte war. Vor der Herberge sank ich völlig erschöpft in einen Gartenstuhl und umarmte Claude. Ohne ihn hätte ich es nie geschafft. Das war knapp. Die Tränen flossen mir das Gesicht herunter, ich hatte hohes Fieber und mein Herz raste, aber wir waren gut angekommen.

Hitze, Staub und lange Geraden. Ich rollte meinen Schlafsack neben dem Weg aus und schlief ein.

Ich ruhte mich drei Tage in der Herberge aus, bis ich abends im Flur eine laute Stimme hörte: „Die Kerls haben ja die Bäume auf der falschen Seite gepflanzt! Ach, diese Spanier!“ Diese Stimme kannte ich. Er musste es sein, da bestand kein Zweifel. Ich sprang von meinem Bett auf und lief die Stiegen hinunter. Er stand vor mir: Tim aus Bayern, mit dem ich bereits bei strömendem Regen die Py-

Morgenstimmung beim Cruz de Hierro (Eisenkreuz) oberhalb von Rabanal del Camino

renäen überquert hatte. Hans, sein Wanderfreund, war auch dabei. Luc und Mathias aus Luxemburg, Roberto aus Québec und Fabienne aus Berlin, die ich schon bei früheren Etappen kennen gelernt hatte, kamen ebenfalls der Reihe nach an. Was für ein Wiedersehen! Unbeschreiblich! Wir feierten unsere Begegnung und entschieden, die letzten Etappen bis Santiago gemeinsam zu gehen.

Es folgten eintönige Tage durch die Meseta. An einem Wandertag marschierten wir bis auf eine einzige Kurve in Reliegos 27 Kilometer immer nur geradeaus. Der Weg folgte einer schnurgeraden Allee. Die Luxemburger waren an diesem Tag schon früh gestartet. Als wir sie einholten, erzählten sie von einem Kanadier, den sie unterwegs getroffen hatten. Er war ihnen entgegengekommen und wollte wissen, ob sie denn schon wieder aus Santiago zurückkämen? „Nein, nein, wir gehen nach Santiago“, entgegneten sie dem verdutzten Wanderer. Der wiederum war felsenfest davon überzeugt, dass er nach Santiago unterwegs war. Schließlich konnten sie ihn doch mit Hilfe eines Kompasses überzeugen, dass er auf dem Weg nach Frankreich war. So machte er kehrt und wanderte mit ihnen bis zum nächsten Ort, wo sie Rast in einem Café machten. Aber dann sahen sie den Kanadier wieder in die falsche Richtung losstarten. Unverbesserlich.

Ein paar Tage später kamen wir nach León. Wir mieteten uns in einer Pension ein und ich traute meinen Augen nicht, als ich die Tür zum Badezimmer aufmachte: Es gab eine Badewanne! Seit Wochen hatte ich davon geträumt. Fiesta! Ich verbrachte eine Stunde in der Wanne. Seit meiner Wanderung empfinde ich Badewannen mit warmem Wasser als den größten Luxus unserer Welt. Ein Königreich für eine Wanne!

Rabanal del Camino, 28. September 2003

Über das alte Astorga mit seiner eindrucksvollen Kathedrale und ihren bunten Glasfenstern wanderten wir heute bis Rabanal del Camino, einem sympathischen, kleinen Bergdorf in den Montes del Leon. Die Herberge wird von der Confraternity of St. James geführt und ist die schönste auf dem spanischen Weg, in der wir bisher genächtigt haben. Es gibt einen großen Garten und wir wohnen in einem alten Steinhaus, das sehr schön renoviert wurde. Am Abend besuchten wir die Messe mit gregorianischen Chorälen und kochten groß auf. Es gab Bratkartoffeln mit Spiegelei. Roberto meinte, „Wenn ich so nachrechne, dann essen wir sehr viele Eier. Alle Kartoffelomelette und Spiegeleier zusammengezählt, die wir in den letzten Tagen verzehrt haben, machen das wohl an die sechzig Eier pro Woche. Wenn wir das vier Wochen lang durchhalten, so isst jeder von uns 240 Eier auf dem spanischen Jakobsweg. Das ist ja fast unglaublich!" Wir hatten unseren Spaß mit Roberto, als er vor dem Schlafengehen noch verzweifelt seine Stirnlampe im Rucksack suchte, obwohl er sie die ganze Zeit aufgesetzt hatte und diese sogar eingeschaltet war – sonst hätte er ja in der Dunkelheit nichts gesehen –, aber wir wussten nicht, was er suchte. Nach einigen verzweifelten Minuten drehte er sich zu mir um, leuchtete mir in die Augen und fragte: „Gregor, hast du zufälligerweise meine Stirnlampe gesehen?" Ich musste so laut lachen, dass er nur noch mehr verwirrt wurde. „Roberto, schau doch zur Abwechslung einmal in den Spiegel!" Nun lachte der ganze Schlafsaal. Waren es etwa die vielen Eier, die unseren Geist trübten?

Santiago kam immer näher und eines Morgens wollte ich einfach nicht noch länger auf die Kathedrale warten. Genau vor drei Monaten war ich von daheim losmarschiert und Santiago zog mich magisch an! Ich ging 67 Kilometer an diesem Tag und war von halb sieben in der Früh bis zehn Uhr abends unterwegs. Am Ende hörte ich auf meinem Mini-Disc-Player immer wieder Brian Adams *Summer of 69* und *In the name of love* von U2, die mich antrieben – sonst wäre ich wohl nie angekommen. Es schüttete in Strömen. Schließlich bog ich um die Ecke und sah die hell beleuchteten Türme der Kathedrale. Die Scheinwerfer hüllten die Fassade in ein grünes, mystisches Licht: ein unvergesslicher Anblick, bei dem mir die Tränen in die Augen stiegen. Mein Juchitzer hallte durch die nächtlichen Straßen von Santiago und ich umarmte Katia aus der Schweiz, die ich hundert Meter vor der Kathedrale eingeholt hatte. Auch sie kam bereits aus Frankreich zu Fuß. Wir bezogen unser Nachtquartier in der Pilgerherberge und feierten bei einem Glas Bier unsere Ankunft.

Am nächsten Tag kamen meine Pilgerfreunde an und wir besuchten zusammen das Hochamt in der Kathedrale. Der Pfarrer verlas eine lange Liste mit Ländern, aus denen Pilger_innen nach Santiago gekommen waren, und eine Pilgergruppe aus Frankreich hatte eine Spende abgegeben, sodass der große Kessel mit Weihrauch und Myrre befüllt werden konnte. Bald darauf begann das Schauspiel: Drei Mönche zogen den riesigen Weihrauchkessel an einem langen Seil zur Kuppel empor und dann schwang er über unseren Köpfen durch das Kirchenschiff. Der Orgelspieler stimmte ein tosendes Halleluja an und ich hatte das Gefühl, die Kirche würde abheben und wir in ihr, einem Raumschiff gleich, direkt in den Himmel fliegen! Was für ein unbeschreibliches Hochgefühl! Als die Messe vorbei war, fielen wir uns in die Arme, hatten wir doch alle tiefe Freundschaften am Weg geschlossen. Bevor ich auf den Vorplatz der Kathedrale hinaustrat, zündete ich in einem Seitenschiff der Kirche noch eine Kerze an, zum Dank, dass ich diesen Weg gehen und so viele wunderbare Begegnungen erleben durfte. Eine weitere Kerze zündete ich für meine Eltern an, dafür, dass sie meinen Weg immer unterstützt hatten, und schließlich war noch eine dritte Kerze an der Reihe:

Die Kathedrale von Santiago

für die Schweizer Familie aus der Klosterkirche von Einsiedeln. Bewegt stand ich vor den vielen Lichtern.

Jetzt waren nur mehr die letzten Kilometer bis zum Cap Finisterre ausständig. Das Kap lag draußen an der Atlantikküste. Lange Zeit galt es als das Ende der Welt (*finis terrae*) und bereits die keltischen Druiden hatten diesen magischen Ort besucht. Von Santiago waren es nur mehr drei Tage bis zum Meer. Roberto, Hans und ich hatten beschlossen, gemeinsam dorthin zu gehen. Und da viele Pilger in Santiago ihre Wanderung beendeten, freuten wir uns auf den einsamen Weg durch Galizien.

Wir gingen erst um 8 Uhr los und spazierten bei starkem Nebel aus der Herberge hinaus. Der Weg führte an einer Kirche vorbei, während der Nebel die Gemäuer in ein beinahe mystisches Kleid hüllte. Wenige Minuten später drangen schon die ersten zaghaften Sonnenstrahlen durch die Nebeldecke. Wir wanderten frohen Mutes über Wiesen und durch einsame Wälder und kleine Dörfer mit uralten Steinhäusern. Steinmauern säumten die schmalen Feldwege und immer wieder kamen wir an den alten Getreidespeichern vorbei. Die Zeit schien hier stehen geblieben zu sein und der sonst fast überall in Europa so präsente Fortschrittswahnsinn hatte anscheinend von diesem wunderschönen Fleck Erde noch keine Kenntnis genommen. Es war schön zu sehen, dass es diese Orte noch gab.

Einer der für Galizien typischen Getreidespeicher im Morgenlicht

Roberto und ich genossen den Tag in vollen Zügen, zumal außer uns beiden und Hans keine anderen Pilger unterwegs waren: eine wunderbare Abwechslung nach den doch sehr belebten Wegen bis Santiago. Wir ließen uns viel Zeit, machten oft Rast und kamen schließlich in Olveiroa an, wo wir die

Pilgerherberge, die in einem alten Steinhaus untergebracht war, bezogen. Während die Nudeln kochten, gingen Roberto und ich in die nahe gelegene Bar, um zur Feier des Tages eine Flasche Rotwein zu kaufen.

Ein Traum wird wahr. Ich bin jeden einzelnen Schritt bis zum Atlantik gewandert. Zusammen mit Roberto lächle ich in die Kamera, hinter uns leuchtet das Meer.

Hans, Roberto und ich marschierten am nächsten Tag zeitig los. Bei einem riesigen Stahlwerk trennten sich unsere Wege. Hans ging direkt nach Finisterre weiter, während Roberto und ich beschlossen hatten, noch einen Abstecher nach Muxía zu machen, weil wir nicht zu schnell ankommen wollten. Der Abschied fiel schwer, waren wir doch seit Wochen zusammen gewandert. Wir winkten uns noch lange zu, dann verschwand Hans hinter der Kurve und Roberto und ich gingen alleine weiter. Nach einigen Stunden Wanderung schimmerte das Meer durch die Sträucher. Aufgeregt begannen wir zu laufen, kümmerten uns nicht mehr um den Weg und hielten einfach geradeaus auf das Meer zu. Als wir vor den Wogen des Atlantiks standen, ging ein Traum in Erfüllung, war ich doch von der Haustüre in den österreichischen Bergen bis zum Meer zu Fuß gegangen.
Wir wanderten noch hinaus bis zur Wallfahrtskirche auf der Halbinsel. Sie stand auf einem Felsvorsprung und war vom tosenden Meer umgeben. Die Wellen schlugen an die Felsen und der Wind pfiff um das alte Gemäuer. Es war ein mystischer Ort! Als wir hingegen zum Meer hinuntergingen, sahen wir ölverschmierte Felsen: die Überreste der Tankerkatastrophe der *Prestige*, die ein Jahr zuvor mit 77.000 Tonnen Öl auf Grund gelaufen war und die gesamte nordspanische und südwestfranzösische Küste mit Erdöl verseucht hatte. Wir dachten an die schier grenzenlose Profitgier einiger Menschen. Wir brauchen doch gar nicht so viel Geld, um zufrieden und glücklich zu sein. Wa-

Finisterre

rum bloß immer so viel anhäufen? Ist es die spirituelle Leere, die einige verzweifelt füllen wollen? Die Wanderung zeigte mir, wie wenig ich schlussendlich benötigte. Im Gegenteil, je weniger ich zu tragen hatte, umso leichter, schöner und befreiender war das Gehen. Das Wichtigste war es doch, Freund_innen zu haben, die mich verstanden und mit denen ich mein Glück teilen konnte.

Finisterre, *finis terrae*, das Ende der Welt. Wir standen hoch oben auf den Klippen und blickten auf den Atlantik hinaus: Weite, Stille, nur das Meer rauschte und schlug an die Klippen. Möwen umkreisten uns. Das Ende der Welt? Das Ende eines Weges? Mein Blick reichte über die Wogen des Atlantiks, irgendwo dort drüben auf der anderen Seite musste Patagonien sein. Dort würde ich bald weiterwandern.

Meine Wanderschuhe am Kap Finisterre. „Zieh deine Schuhe von deinen Füßen, denn der Ort, wo du stehst, ist heiliger Boden“ (aus dem Buch Exodus 3,5).

Wir bezogen ein Zimmer im Hotel direkt neben dem Leuchtturm, ganz draußen am Kap. Zu meiner großen Freude gab es eine Badewanne. Durch das offene Dachfenster im Badezimmer konnte ich das Meer rauschen hören. Der Wind pfiff mir sanft in die nassen Haare. Dann tauchte ich wieder ganz langsam im warmen Wasser unter.

AUF DER SUCHE NACH DER LANGSAMKEIT

„Glück ist meist dort, wo man es findet, nicht wo man es sucht."
(Karl Lutschitsch)

Meine Mutter war mit dem Zug nach Santiago gereist, denn wir wollten zusammen zum Pilgerort Fatima und nach Lissabon wandern. In den letzten Jahren war ich bestimmten Schrittes meinem Weg gefolgt und nun hatte ich vor, drei Jahre wegzubleiben, aber eine gute Beziehung zu meinen Eltern wollte ich dafür nicht auf das Spiel setzen. Was konnte also Besseres geschehen, als ein Stück des Weges gemeinsam zu gehen und dabei unsere Erfahrungen zu teilen?
Bereits in meiner Kindheit war ich mit meiner Mutter viel zu Fuß unterwegs gewesen. Es begann mit dem Weg in die Volksschule. Ich war der Kleinste in der Klasse und daher nicht so stark wie die anderen. Im Schulbus wurde ich oftmals von den großen Buben verprügelt und entschied mich deshalb, den drei Kilometer langen Weg von zu Hause in die Schule zu Fuß zu gehen, wobei mich meine Mutter dabei oft begleitete. Im Nachhinein bin ich darüber sehr froh, denn das frühe Gehen hat mein Leben tief geprägt. Ich war bei jedem Wetter unterwegs, ob nun die Sonne schien oder ein Schneesturm über die Lande zog, und dabei lernte ich von meiner Kindheit an, nicht aufzugeben.
Von Santiago de Compostela schlugen wir den Jakobsweg nach Süden in Richtung Portugal ein. Bei Tui überquerten wir den Grenzfluss und folgten idyllischen Feld- und Hohlwegen. Wir wanderten durch alte Dörfer und Weingärten mit herbstlich gefärbten Blättern. Malerische Steinmauern säumten unseren Weg. Die Sonne drang anfangs nur zögerlich durch die Nebeldecke und hüllte die Landschaft in ein mystisches Licht. Am Wegesrand fanden wir Parasole und Edelkastanien und einmal lag sogar ein Kürbis mitten auf dem Wanderweg.
Die meisten Portugiesen waren freundlich, aber andere blickten uns verstohlen an, denn es kamen wohl nur selten Wanderer vorbei. Einmal trafen wir in

einem Weingarten drei Frauen und sie fragten nach unserem Weg. „Wir wollen nach Fatima und Lissabon. Ich komme bereits aus Österreich zu Fuß", antwortete ich ihnen. Da bekreuzigten sie sich und murmelten nur ein „Santa Maria Madre de Deus". Sie glaubten mir nicht.

Vor Ponte do Lima zogen wir durch eine unvergleichlich schöne Landschaft. Am Abend überquerten wir die uralte Steinbrücke, welche ins Stadtzentrum mit seinen engen, verwinkelten Straßen führte. Nun hieß es nur noch die Feuerwehr zu finden, denn ein portugiesischer Wanderer hatte uns geraten, doch bei den *Bombeiros Voluntarios*, der Freiwilligen Feuerwehr, zu übernachten. Wir wurden herzlich empfangen und im Festsaal einquartiert, wo wir zwischen alten Feuerwehrautos unsere Kürbis-Schwammerl-Suppe kochten. Dazu gab es köstliche Maroni. Während wir auf der großen Tafel im Festsaal unser Abendessen genossen, das wir zur Gänze am Wegesrand gefunden hatten, schmunzelten wir über das ungewöhnliche Nachtquartier und freuten uns des Lebens.

Die frühen Morgenstunden hinter Ponte do Lima waren wieder unvergleichlich schön. Auf alten Römerwegen, auf denen bereits der berühmte portugiesische Seefahrer Vasco da Gama entlanggeritten war, wanderten wir durch alte Dörfer. Auf unserem Weg begegneten wir einem Ehepaar, das bereits seit 30 Jahren jeden Tag mit einem Ochsengespann nach Ponte do Lima unterwegs war. Viele Bauern und Bäuerinnen gingen auch am Morgen mit ihren Kühen spazieren und trafen sich dann an den Straßenkreuzungen, um Neuigkeiten auszutauschen. Als wir einmal vom Weg abkamen, lief uns ein Schafhirte hinterher und brachte uns wieder auf die richtige Strecke zurück. All diese Begegnungen machten die Pilgerwanderung durch Portugal zu einem unver-

Morgenspaziergang mit Kühen

gesslichen Erlebnis. Wir stellten fest, dass die anderswo so vorherrschende Industrielandwirtschaft hier offensichtlich noch nicht überall Einzug gehalten hatte. Die Portugiesen waren nicht in Eile.

In Porto war der portugiesische Jakobsweg zu Ende und wir mussten unseren eigenen Weg bis Lissabon suchen. Daher wollten wir Wanderkarten kaufen, was aber kein einfaches Unterfangen war. Nur zwei Läden in ganz Portugal verkauften genaues Kartenmaterial – einer davon war zum Glück in Porto, der andere in Lissabon. Trotzdem waren die aktuellsten Detailkarten, die wir erstehen konnten, aus dem Jahre 1973. Das konnte spannend werden! Im Tourismusbüro erkundigten wir uns nach einem Pilgerweg in Richtung Fatima. Die Dame war recht freundlich, doch ihrem Aussehen nach war sie vermutlich noch nie in ihrem Leben auf einem Wanderweg unterwegs gewesen. „Ich schlage euch vor, die Schnellstraße nach Coimbra zu nehmen, dann seid ihr bald in Fatima. Geht immer geradeaus, nur immer der Schnellstraße folgend, ihr könnt sie gar nicht verfehlen!" Auf meinen Einwand hin, dass Schnellstraßen sich zum Wandern nicht unbedingt so gut eigneten, hatte sie keine Antwort mehr parat. „Ich kenne den Weg nach Coimbra nur vom Auto aus", meinte sie nur und somit war das auch geklärt. Es gab einfach keinen Wanderweg, der von Porto weiter in den Süden führte, also mussten wir kleinere Nebenstraßen suchen.

Da wir mit alten Landkarten navigierten, merkte ich so richtig, wie sich dieses Land in den letzten 30 Jahren verändert hatte. In der Zwischenzeit waren viele neue Straßen gebaut worden, und wo auf unseren Karten noch ein großer Wald eingezeichnet war, schnitt eine Autobahn eine breite Schneise durch die Bäume. Zahllose Wiesen mussten Industriegebieten weichen und viele der alten Wege waren mittlerweile völlig von Gestrüpp überwuchert, weil sie schon lange niemand mehr benutzt hatte. Während ich in Portugal unterwegs war und den großen Wandel, der seit den 1970er-Jahren stattgefunden hatte, beobachtete, dachte ich über den Fortschritt nach. Immer wieder höre ich die Aussage, die Wirtschaft müsse zuerst wachsen, bevor wir uns den Schutz der natürlichen Umwelt leisten können. Meiner Meinung nach ist das ein Irrweg, denn die Wirtschaft kann ohne eine intakte Umwelt nicht existieren. Wirtschaft, Umwelt, Soziales und Spiritualität sollten vielmehr gemeinsam betrachtet werden und wechselseitige Verbindungen in die Entscheidungsfindung mit einfließen, da alles zusammen eine Einheit bildet.

Alte Frauen saßen in Portugal immer noch auf der Hausbank, aber 500 Meter von ihnen entfernt rasten die Autos über die neu gebaute Schnellstraße von einem Ort zum anderen. Ich spürte ein starkes Spannungsverhältnis zwischen Tradition und Moderne. Kann es vielleicht sein, dass wir heutzutage viel zu schnell unterwegs sind? Die Indianer Nordamerikas sagen, dass die einzige, dem Menschen angepasste Geschwindigkeit das Gehen sei. Alles andere sei viel zu schnell und die Seele käme mit diesem rasanten Tempo nicht mehr mit. Ansonsten seien wir zwar physisch anwesend, aber geistig nicht an jenem Ort, an dem wir zu sein glaubten. Meine Wanderung erlebte ich deshalb so intensiv, weil die Geschwindigkeit des Gehens langsam genug war, um eins mit der Seele zu sein. Die Geschwindigkeit hatte einen großen Einfluss auf meinen Lebensstil und das Gehetztsein konnte eine spirituelle Leere in mir entstehen lassen, die ich dann anderweitig auszugleichen versuchte. Langsamkeit war somit ein wichtiger Schritt zu einem bewussten Leben! Die Langsamkeit beginnt mit einem bewussten Innehalten in dem „Hamsterrad" von „immer mehr und immer schneller". Stillstand im Hamsterrad. Wo bin ich hingeraten? Wie sehe ich meine Welt? Wer bin ich?
Auf alten, schmalen Wegen wanderten wir entlang von Steinmauern durch uralte Olivenhaine und versteckte Bergdörfer. Die Olivenbäume gaben mir

Der Weg führte durch uralte Olivenhaine. Ein Weg zum Träumen

Hoffnung, zeigten sie mir doch, dass es eine Beständigkeit in dieser Welt gab. Die knorrigen Zeitgenossen säumten die Wege wie die Weisen einer anderen Zeit.

Bald darauf trafen wir eine ganz in Schwarz gekleidete alte Frau. Sie hatte nur mehr vier Zähne, doch sie lächelte über ihr ganzes Gesicht und wünschte uns einen guten Weg nach Fatima. Sie meinte, es kämen hier kaum Fremde vorbei und wenn überhaupt, schon gar nicht zu Fuß. Das sei schon längst vorbei, heute gingen nur mehr die Alten. Sie blickte uns noch lange nach, bis wir hinter der Kurve verschwanden.

Wenig später wurden jedoch die Menschen entlang des Weges immer abweisender. Sie grüßten nicht mehr, liefen sogar davon. Als wir abends Abiul erreichten, bekamen wir weder ein Zimmer noch ein Abendessen im Gasthaus. Nicht einmal unsere Wasserflaschen durften wir anfüllen. Ich werde nie vergessen, wie ich in die Gaststube eintrat und alle Gespräche plötzlich verstummten. Stille! Ich wollte ein Abendessen bestellen, doch die Wirtin meinte, es gebe nichts für uns. Wir sollten verschwinden, Fremde seien in diesem Ort nicht willkommen. Draußen griffen uns dann auch noch die Hunde an. Zum Glück hatten wir unser Zelt dabei und kurz vor Einbruch der Dunkelheit schlugen wir auf einer großen Wiese, etwas abseits von diesem ungastlichen Ort, unser Nachtquartier auf. Wir kochten eine Linsensuppe und schliefen bald ein. Fast die ganze Nacht schüttete es in Strömen und ein Gewitter zog auch noch vorbei. Es schien, als ob sich der Geist des Ortes in dem mächtigen Gewitter über uns entladen würde.

Am nächsten Morgen wanderten wir bei wolkenbruchartigen Regenfällen und im Sturm nach Fatima. Lastautos donnerten an uns vorbei, spritzten uns von oben bis unten an. Wir gingen jedoch, ohne viel nachzudenken, einfach weiter, denn alles andere hätte in dieser Situation auch nicht viel geholfen. Schließlich hatten wir es geschafft: Wir standen auf dem riesigen, leeren Vorplatz der Wallfahrtskirche. Im Pilgerbüro wurden wir freundlich aufgenommen und zogen in die Herberge ein. Die Frau, die dort arbeitete, meinte, wir seien die einzigen Pilger seit langem, die zu Fuß nach Fatima gekommen sind. Wir besuchten auch die Wallfahrtskirche, hatte uns doch die schützende Hand der Madonna sicher bis hierher begleitet.

Von Fatima ging unsere Reise weiter nach Lissabon. Zuerst führte der Weg noch durch kleine Dörfer, über Wiesen und vorbei an üppigen Feldern und Gärten, aber am letzten Wandertag vor Lissabon mussten wir dreißig Kilo-

Lissabons typische Straßenbahnen

meter weit auf einer Schnellstraße ins Stadtzentrum wandern. In der Ferne konnten wir bereits die Silhouette der mächtigen Vasco-da-Gama-Brücke ausmachen, die den Hafen von Lissabon überspannte, doch wir waren noch fast den ganzen Tag, eingezwängt zwischen Autos, LKWs, Beton und Asphalt, unterwegs, um dorthin zu gelangen. Die Straße führte durch Wohnsiedlungen, die von einer Betonwüste umgeben waren, und war immer wieder gesäumt von Einkaufszentren.

Stunden später blickten meine Mutter und ich vom Burgberg auf das zauberhafte Zentrum von Lissabon. Das letzte Stück waren wir auf kopfsteingepflasterten Gassen durch die Altstadt gewandert. An den Fassaden der Häuser wuchsen knorrige Spalierbäume und wir kamen an Weinreben vorbei, die große schmiedeeiserne Tore überwucherten. Immer wieder begegneten wir den klapprigen Straßenbahnen aus einer längst vergangenen Zeit und mieteten uns alsbald in einem Hotel unterhalb der Burg ein. Von unserem Balkon hatten wir einen wundervollen Blick auf die Stadt. Morgens wurden wir von der 12er-Straßenbahn geweckt, die quietschend um die Kurve bog – ein Ereignis, das Bernardo Soares in poetische Worte gefasst hatte: „... das Kreischen der

ersten Elektrischen wie ein Streichholz, das die Dunkelheit der Seele erhellen wird". Und dann konnte wieder ein neuer Tag beginnen.
Auf langen Spaziergängen durch die Stadt, bei einer Tasse Kaffee in den Kaffeehäusern oder bei den Fahrten mit den alten Schrägaufzügen und Straßenbahnen kamen mir immer wieder Erinnerungen an die Wanderung. Ich dachte an die Schweizer Berge, die Pilgerwege durch Frankreich und ich sah Bilder von der Einsamkeit der portugiesischen Landschaft, von den üppigen Gärten und den alten Windmühlen auf den Hügeln. Je näher wir nach Lissabon gekommen waren, desto mehr verfallene Windmühlen hatten wir am Wegesrand gesehen. Bereits Don Quijote hatte gegen sie angekämpft, in der Annahme, es seien Riesen. Er konnte sie zwar nicht besiegen, heute sind sie jedoch nur noch Ruinen. Mit der Zeit brachen sie von selbst zusammen. Könnte das vielleicht ein Symbol für unsere heutige Zeit sein? Auch ich komme mir manchmal wie Don Quijote vor, der vergeblich gegen Windmühlen anrennt. Es sind die „Windmühlen" des brutalen, menschenverachtenden Neoliberalismus, die „Windmühlen" des respektlosen Umgangs mit unserer Erde und den Mitmenschen und die „Windmühlen" des verantwortungslosen Handelns vieler Entscheidungsträger_innen. Diese dominierten für lange Zeit schier uneingeschränkt unsere Erde, aber nun verspüre ich Hoffnung, denn ein mächtiger Wind der Veränderung weht durch Zeit und Raum. Wir erleben gerade einen großen Umbruch und so könnten wir innehalten, über das eigene Leben und die Welt, in der wir leben, nachdenken, um herauszufinden, wie wir uns am besten einbringen können.

Die Torres del Paine

Transpatagonia – zu Fuß durch Patagonien von Ushuaia bis nach San Carlos de Bariloche.

Zuerst durchquerte ich Feuerland und wanderte dann weiter über Punta Arenas und Puerto Natales in den Torres-del-Paine-Nationalpark. Vorbei am Lago Argentino und am Fitz-Roy-Massiv folgte ich schließlich der „Carretera Austral", der Straße im Süden Chiles. Im Norden von Patagonien überquerte ich noch einmal die Anden, um nach Bariloche zu gelangen.

DIE WEITE UND FREIHEIT PATAGONIENS

TIERRA DEL FUEGO – WIND UND ENDLOSE PAMPAS

Wenn du ein Segelschiff bauen willst,
so rufe nicht die Leute zusammen,
dass sie dir Material und Werkzeug bringen mögen,
sondern wecke in ihnen die Sehnsucht nach dem Meer.
(Antoine de Saint-Exupéry)

Patagonien, dieses mystische Land am südlichen Ende Lateinamerikas, strahlte für mich seit meiner Kindheit einen großen Zauber aus. Als ich noch in die Volksschule ging, hatte meine Großtante die Gegend erwandert und uns aus dem fernen Chile eine Postkarte geschickt. Damals lief ich sogleich zum Bücherregal und suchte die Anden im Atlas. Im Lexikon las ich von den großen Schafweiden Argentiniens und den mächtigen Gletschern des patagonischen Eisfeldes. Fortan träumte ich von der Weite der argentinischen Pampas, von den Schneebergen der Anden und von den versteckten Fjorden an der chilenischen Küste.
Nun war es endlich so weit und ich stand am Anfang einer dreitausend Kilometer langen Wanderung durch ganz Patagonien. Das erste Stück durch Tierra del Fuego – Feuerland – und über die Anden wollte mich mein Freund Yuri aus Lettland begleiten. Gemeinsam waren wir mit dem Flugzeug nach Ushuaia, in die südlichste Stadt der Welt, gereist. Eigentlich wollte ich mit dem Frachtschiff von Lissabon nach Südamerika reisen, hatte aber trotz langem Suchen keine geeignete Überfahrt gefunden.
Kaum angekommen, bliesen uns auch schon Wind und Regen ins Gesicht. An unserem ersten Morgen in Patagonien wachten Yuri und ich vom Lärm der Regentropfen auf, die auf das Zelt prasselten, und er meinte nur: „Warten wir doch auf den Sommer“. Dann schauten wir uns an und riefen gleichzeitig: „Es ist ja Sommer!“ Also raus aus dem Zelt! Der Regen ließ zwar bald nach, aber das führte nur dazu, dass wir auf einer Schotterstraße unterwegs waren und al-

le Autos und LKWs, die vorbeifuhren, eine Hunderte Meter lange Staubfahne hinter sich herzogen.

Irgendwo in Feuerland, 12. Jänner 2004

Ich liege im Zelt, in meinem zum Glück warmen Schlafsack, und bin total erschöpft. Yuri und ich sind bei viel Verkehr über dreißig Kilometer die Schotterpiste entlanggewandert und immer wieder regelrecht in der Staubwolke der vorbeifahrenden Autos und LKWs verschwunden. Wir haben auch kaum Wasser gefunden. Einmal filterten wir ein bisschen aus einer Pfütze am Straßenrand. Zu Mittag bin ich neben der Straße in die Wiese gefallen und nach der Misosuppe eingeschlafen. Nun bin ich am Ende meiner Kräfte und frage mich, wie das wohl werden wird in den nächsten Monaten, Tausende Kilometer durch Lateinamerika zu gehen. Aber jetzt werde ich einmal schlafen.

Weiter nördlich hörte die Schotterpiste endlich auf und war nun asphaltiert, doch nun begannen die langen Wandertage durch die patagonische Grassteppe, die Pampas. Der Wind blies uns mit voller Wucht entgegen. Wir waren wie die Radrennfahrer unterwegs und wanderten immer abwechselnd im Windschatten des anderen, um uns wenigstens für einige Augenblicke ausruhen zu können. Trotzdem wirbelte uns der Wind hin und her. Die Pausen verbrachten wir von nun an im Straßengraben, denn das war der einzige Ort, wo es fast windstill war. Wenn wir einmal einen Einheimischen trafen, kam das Gespräch immer wieder auf den Wind. Sie meinten jedoch immer: „Heute habt ihr aber Glück, es bläst fast kein Wind." Wir konnten dann angesichts solcher Aussagen nur müde lächeln, denn der Wind hatte uns vorher meist schon so zermürbt, dass wir nicht einmal mehr die Energie aufbringen konnten zu widersprechen. Nur eins fragten wir uns schon: „Wie musste es erst sein, wenn selbst die Einheimischen einmal zugaben, dass ein ordentlicher Wind wehte?" Ich erlebte das auf meiner Wanderung nur einmal, viel weiter nördlich in El Chaltén am Fuße des Fitz Roy.
Die Strapazen der ersten Wandertage in Patagonien waren ob der faszinierenden Landschaften, in denen wir unterwegs waren, viel leichter zu ertragen. Mein Blick schweifte über das hellgelbe Pampagras, das bis zum Horizont reichte und sich sanft im Wind wiegte. Immer wieder wuchsen Zwergbüsche und knorrige Bäume am Wegesrand. Lange Flechten hingen von den Zweigen und vom Stamm und es war mir, als wanderten wir durch eine

Yuri kocht unser Abendessen in der Weite Feuerlands.

Feenwelt. Das Licht hüllte die Szenerie in leuchtende, klare Farben und die beinahe endlos erscheinende Weite verzauberte mich. Patagonien, das Land meiner Träume, hatte mich nicht enttäuscht!

Beim ersten Fluss, dem Rio Ewan Norte, legten wir eine Großwäsche ein. Die Haare und Wanderausrüstung hatten es dringend nötig, gewaschen zu werden. Dann ging es weiter. Auf einer der ewig langen Geraden sahen wir plötzlich in der Ferne zwei Fußgänger, die näher kamen. Yuri meinte: „Schau, da kommen Wanderer, noch zwei so Verrückte!“ Wir wechselten sogleich auf die andere Straßenseite und waren voller Vorfreude, endlich jemanden zu treffen. Unsere Freude war noch größer, als wir sahen, dass es zwei junge Frauen waren. Doch dann kam die Enttäuschung, denn die beiden wanderten einfach an uns vorbei und wisperten gerade einmal ein leises „Hola“. Sie waren wohl auch schon zu lange in der Einsamkeit unterwegs. Wir lachten, wechselten wieder auf die andere Straßenseite und gingen weiter – kilometerlang geradeaus, durch endlose Pampas.

Wir vertrieben uns die Zeit damit, dass wir abzuschätzen versuchten, wie weit es noch bis zur nächsten Kurve war. Waren es noch drei, fünf oder gar acht Kilometer? An einem Tag wanderten wir 40 Kilometer und es gab gerade einmal vier Kurven. Alle zwei, drei Stunden kamen wir zu einer Kurve und jedes Mal feierten wir! Am Wegesrand gab es auch kaum Wasser, und wenn überhaupt, dann nur abgestandene Tümpel. So mussten wir jeden Schluck, den wir tranken, zuerst filtern. Das Leben war jedoch sehr intensiv und voller Kraft und wurde sehr einfach: wandern, essen, schlafen. Ich lernte die Erholung durch den Schlaf wieder richtig zu schätzen. Der warme Schlafsack wurde zum Himmelbett, nachdem ich draußen im Wind gefröstelt hatte, und ein Butterbrot oder ein warmer Tee bekam ganz neue Werte. Einmal klopften wir an die Tür einer Estancia, wie die Bauernhöfe in Patagonien heißen. Ein Mann öffnete uns. Wir fragten nach Wasser und er lud uns spontan zum Tee ein. Dazu servierte er uns auch noch ein paar Scheiben trockenes Brot. Durch das große Wohnzimmerfenster blickten wir auf die stahlblauen Wogen des Atlantiks. Aus dem Radio ertönte billige Schlagermusik. Selbst über diese waren wir froh und der Tee brachte wieder Leben in uns zurück. Das Leben war so schön und es bestach gerade durch seine Einfachheit.

Im Eilzugtempo erreichten wir San Sebastián, den Ort an der argentinisch-chilenischen Grenze, wo wir endlich unsere Essensration für die nächsten Wandertage aufstocken wollten. In der Einsamkeit von Feuerland waren wir seit Tagen bei keinem Laden mehr vorbeigekommen, doch auch in San Sebastián hatten wir wenig Glück. Es gab einzig eine Tankstelle, wo wir nur Kekse und Müsliriegel kaufen konnten. Daher erwarben wir gleich 30 Stück für die nächsten drei Tage. Er habe noch nie so viele Müsliriegel auf einmal verkauft, meinte der Tank-

Nur vier Kurven an diesem Tag. Yuri lehnt an einem Kilometerschild und macht Pause.

stellenbesitzer, nachdem wir unseren Großeinkauf abgewickelt hatten und seine Bestände leergefegt waren.

Voll bepackt mit Müsliriegeln spazierten wir hinüber zum argentinischen Grenzhäuschen. Die Zöllner wunderten sich über Yuris Nationalität: „Lettland, wo ist das?" Schließlich meinten sie, Yuri käme aus Libyen. Wir lachten und ich sah Yuri schon mit dem Tuch eines Ölscheichs durch die Lande ziehen, doch dann verging uns das Lachen, denn wir erfuhren, dass es noch 16 Kilometer bis zum chilenischen Grenzposten waren. Da hieß es nun schnell zu gehen, sodass wir nicht im Niemandsland unser Zelt aufstellen mussten. Auf dem Weg dorthin rätselten wir, ob die chilenischen Zöllner uns überhaupt erlaubten, das wenige Essen, das wir dabeihatten, einzuführen, denn offiziell war das bei einem Grenzübertritt in Patagonien nicht gestattet. Wir versteckten das bisschen Gemüse, das wir noch hatten, ganz unten in Yuris Rucksack und schafften es doch noch rechtzeitig zur Grenze. „Habt ihr etwas zu verzollen?", wollte die Zöllnerin wissen. „Nein, nicht dass wir wüssten", erwiderten wir. Aber sie begann trotzdem, unsere Rucksäcke genauer unter die Lupe zu nehmen. Wenn sie uns das wenige Essen, wegnahm, würde das unweigerlich eine Fastenkur für die nächsten Tage bedeuten. Bald schon entdeckte sie zu meinem Schrecken die angefangene Packung Misosuppe in meinem Rucksack. „Was ist das?", fragte sie mich. Ich begann ihr sogleich von den wunderbaren Vorzügen der Misosuppe vorzuschwärmen und was für tolles Nahrungsmittel das sei. Ich untermauerte die Geschichte mit köstlichen Rezepten und bald hatte sie den Rucksack ganz vergessen. Das war knapp gewesen! Die Misosuppe hatte uns gerettet.

Trotzdem war unsere Lage alles andere als rosig und wir mussten unser Essen streng rationieren. Es gab für jeden nur drei Müsliriegel pro Tag und ein Riegel hatte gerade einmal 106 Kilokalorien – eine Ziffer, die sich so in mein Gedächtnis eingeprägt hat, dass ich sie wohl ein Leben lang nicht vergessen werde. 106 Kilokalorien waren nämlich angesichts der Anstrengungen unserer Tour völlig lächerlich. Für die Abende hatten wir dann noch zwei Karotten, vier Kartoffeln, ein bisschen Reis und Bohnen und ein winziges Stück chilenische Ambrosoli-Schokolade – und das für die 129 Kilometer lange Wanderung, die noch vor uns lag. Neben dem Zollhaus gab es jedoch ein kleines Restaurant und dort konnten wir uns wenigstens nochmal so richtig satt essen. Wir kosteten uns durch die halbe Speisekarte und traten mit vollen Bäuchen

in den Wind hinaus. Weit kamen wir nicht mehr – gleich neben dem Restauranteingang stellten wir unser Zelt auf.
Am Abend des 20. Jänners feierten wir Yuris Geburtstag, mit Bohnen, Reis und Bier. Letzteres gab es zur Feier des Tages und weil es eben auch mehr Kalorien als Wein hatte. Am nächsten Morgen wartete aber wieder ein mageres Frühstuck auf uns: 1½ Müsliriegel und vier Kekse pro Nase. Dann gingen wir los. Der Wind blies uns fast von der Strecke. Eine Sturmböe erfasste mich und pustete mich in den Straßengraben. Jeder Schritt war eine große Anstrengung und wir träumten vom nächsten Müsliriegel. Yuri gab die Losung aus: „Show me the way to the next müsli-bar.“ Zu guter Letzt ging uns auch noch das Wasser aus, da es weit und breit keinen Bach gab. Dabei wanderten wir immer dem Meer entlang und sahen Wasser in der Ferne, was die Übung nicht unbedingt einfacher machte.
Ein Radfahrer kam uns entgegen und wir fragten ihn, ob es weiter vorne einen Bach gäbe? „Nein“, meinte er, „da seid ihr vorher noch einige Kilometer unterwegs, aber ich kann euch gerne was abgeben.“ Wir wollten aber nicht sein kostbares Wasser trinken und so wanderten wir durstig weiter. Irgendwann würden wir schon zu einem Bach kommen. Der nächste Autofahrer, der uns überholte, hielt jedoch an. Der Radfahrer hatte uns seine Wasserflasche nachgeschickt und auch im Kofferraum des Autos gab es noch einen vollen Wasserkanister. So füllten wir unsere Flaschen auf. Was für ein Glück! Selten habe ich Wasser so genossen. Das war er, der Gott der kleinen Dinge.
Bald stellten wir unser Zelt in einer saftigen Wiese auf und kochten eine Kartoffel-Karotten-Miso-Suppe. Welch ein intensiver Tag! Zuerst hatten wir Hunger und Durst verspürt, schließlich gab es doch noch zu trinken und zu essen. Anstrengende und wunderbare Stunden lagen unmittelbar nebeneinander. Das Abendessen hat mir schon lange nicht mehr so gut geschmeckt. Den ganzen Tag hatten wir davon geträumt.

PATAGONIA MAGICA – MAGISCHES PATAGONIEN

I stood at the still point of the turning world.
(T. S. Eliot)

Nachdem wir Feuerland durchquert hatten, feierten Yuri und ich unsere Ankunft in Punta Arenas mit einem üppigen Picknick aus Käse, Brot, Oliven und Gemüse. Weil dieses unseren Heißhunger aber nicht stillen konnte, kochten wir anschließend ein ausgiebiges indisches Linsendal und zu guter Letzt gingen wir auch noch Pizza essen. Noch nie hatte ich so viel Hunger in meinem Leben gehabt. Fünf Stunden lang taten wir nichts anderes als essen.
Gestärkt ging es nach ein paar Tagen wieder weiter, doch die nächste große Herausforderung stand uns schon bevor. Wir wollten nicht länger auf der Straße gehen und planten daher, einem Wanderweg, der auf der Freizeitkarte des Tourismusbüros eingezeichnet war, in die Wildnis zu folgen. Die Karte war allerdings sehr ungenau, und da es keine topografischen Karten von der Gegend gab, waren wir auf die Auskünfte der Einheimischen angewiesen. Diese hätten jedoch kaum unterschiedlicher ausfallen können: Ein Polizist warnte uns vor riesigen Gletschern, die unseren Weg versperren würden und jegliches Durchkommen unmöglich machten, während der Förster von der lokalen Forstabteilung meinte, dass es einen durchgehenden Radwanderweg gebe, dem wir nur zu folgen brauchten. Trotz der Ungewissheit des Weges wollten wir es versuchen. Vorsichtshalber kauften wir diesmal aber genügend Lebensmittel ein, was aber gar kein so leichtes Unterfangen war. Wir verbrachten beinahe drei Stunden im Laden, bis wir alles im Einkaufswagen hatten, mussten wir doch bei allen Nahrungsmitteln das Verhältnis von Kalorien und Gewicht genau abwägen. Schließlich stapften wir mit insgesamt 19 Kilogramm Essen für die nächsten elf Wandertage aus dem Geschäft und packten alles in unsere Rucksäcke. Diese waren nun beinahe 30 Kilogramm schwer, aber dafür konnte es nun endlich losgehen.
Es war schon spät am Abend, als wir den Laden verlassen hatten, und schon stellte sich die Frage, wo wir übernachten sollten. Wir hatten Glück, denn bald kamen wir an einer Pferderennbahn vorbei. „Die schaut ja nett aus", meinte Yuri. Der Besitzer war einverstanden, dass wir hier unser Zelt aufstellten, und zeigte uns gleich einen feinen Schlafplatz direkt auf der Rennbahn, bat uns aber, am nächsten Morgen nicht allzu spät aufzustehen, denn es gebe ein gro-

Patagonische Impressionen

ßes Rennen. Also campierte ich das erste Mal in meinem Leben auf einer Trabrennbahn.

Mit den ersten Sonnenstrahlen wachten wir auf, doch als wir loswandern wollten, standen wir vor verschlossenen Toren. Auf der Suche nach einem Ausgang trafen wir einen Gaucho, wie die Viehhirten in Südamerika heißen. Er sah uns verdutzt an und fragte, wie wir denn überhaupt hereingekommen seien. Er hatte aber auch keinen Schlüssel für das große Tor und so hüpften wir alle drei über den Zaun. Als wir schließlich draußen waren, wollte er wissen, wohin wir unterwegs waren. „Zum *Seno de la Ultima Esperanza*", gaben wir ihm zur Antwort – zur „Bucht der letzten Hoffnung". „Um Gottes willen", rief er, „mein Sohn hat das auch einmal versucht und ist in diesem sumpfigen Terrain bis zur Brust im Schlamm versunken. Außerdem hat er bei dem Versuch, das Gebiet zu durchqueren, gerade einmal fünf Kilometer am Tag geschafft." „Na das kann ja heiter werden", dachten wir, doch wir wollten es trotzdem immer noch versuchen, schließlich hatten wir auch das Essen schon eingekauft. Also hinein in das Abenteuer!

In Feuerland waren wir bisher immer zwei Stunden gewandert, dann hatten wir fünfzehn Minuten Pause gemacht, um genügend Kraft für die nächsten zwei Stunden zu sammeln. Wir waren der Meinung gewesen, dass wir uns nur, wenn die Etappen genau eingeteilt waren, motivieren konnten, trotz Wind und Wetter nicht aufzugeben. Nun schlug Yuri jedoch spontan vor: „Wie wär's, wenn wir unsere Uhren abnehmen und sie in unsere Rucksäcke stecken?" Ich protestierte sofort lautstark: „Wie wissen wir dann, wann wir Pause machen können? Das geht doch nicht ohne Uhr." Yuri lachte nur und meinte: „Warum so kompliziert? Wir machen einfach Pause, wenn wir wollen, schließlich soll das Gehen ja kein Zwang sein." Ich war immer noch nicht überzeugt, aber Yuri meinte: „Wenn es nicht geht, dann tragen wir morgen die Uhr wieder, aber für heute gehen wir ohne." Recht hatte er! In einer feierlichen Zeremonie verstauten wir sie ganz unten im Rucksack und machten fortan Pause, wann immer wir ein geeignetes Plätzchen zum Ausruhen fanden oder wenn wir müde waren. Die Uhr ging uns schon bald nicht mehr ab. Nur einmal, viel weiter nördlich, holte ich sie wieder hervor: An der chilenischen Küste musste ich einen Fjord mit einem Fährschiff überqueren, und das fuhr nur selten am Tag. Morgens wachte ich auf und schaute auf die Uhr. Es war schon zehn Uhr vormittags und das Schiff fuhr um 13 Uhr. Sogleich lief ich los, ohne Frühstück. Warum musste ich genau an diesem Tag verschlafen, wo ich doch sonst immer so zeitig aufwachte? Ich war wohl eine Stunde gewandert, als ich wieder auf die Uhr blickte: Sie zeigte immer noch zehn Uhr an. Sie war stehen geblieben. Ich lachte, nahm sie ab und habe seither in meinem Leben nie wieder eine Uhr getragen. Heute kann ich nur mehr über mich schmunzeln. Aber wenn einen die Uhr, die für viele den Lebensrhythmus in unserer Zeit vorgibt, beherrscht, dann ist es oft schwer, aus der scheinbaren Abhängigkeit auszubrechen. Ich war selbst mitten in Patagonien anfangs fest davon überzeugt, dass die Uhr zur Planung meines Tagesablaufs unumgänglich war.

Lebe ich, oder werde ich gelebt? Diese Frage stellt Erich Fromm. Seit ich sie gehört habe, beschäftigte sie mich immer wieder. Wer lebte mich, wenn nicht ich selber? Wer beherrschte mich? Ließ ich mich etwa von der Zeit, von der Uhr, regieren? Selbst auf der Wanderung konnte ich ihr nicht entfliehen und war so immer ein Getriebener meiner selbst, solange ich in meinen Gedanken in der Zukunft lebte. Ich war zwar in Patagonien, aber in meinen Gedanken war ich schon in Tokio, wo ich ja irgendwann ankommen wollte. Das Ziel trieb

mich weiter. Erst meine Begegnung mit Martin Weber im Anschluss an meine Wanderung änderte diese Sichtweise ein für alle Mal. Martin ist Energetiker und beschäftigt sich mit dem Lichtkörper der Menschen. Er gab mir einen wichtigen Impuls für mein Leben: „Es geht um das Jetzt, um das Jetzt, das Jetzt und das Jetzt!" Ziele haben schon ihre Berechtigung im Leben, aber trotzdem ist der konkrete Augenblick wichtiger. Ich lernte, offener zu leben, und die Ziele rückten zunehmend in den Hintergrund. Ich versuchte, „im Fluss" zu sein. Wenn ich das Leben als einen Fluss ansehe, geht vieles leichter. Ich kann mir zwar Ziele setzen, die ich in meinem Leben erreichen möchte, aber dann dem Leben die Freiheit offenlassen, mich dorthin zu führen. Das schafft eine große Leichtigkeit. Diese Leichtigkeit kommt, wenn mich weder Zeit noch Ziele mehr beherrschen können und wenn ich dem Glück nicht immerzu ausweiche. Lange Zeit war es für mich einfacher, das Leid als das Glück in meinem Leben anzunehmen. Ich fragte mich: „Steht mir das Glück überhaupt zu?" Warum konnte ich bloß das Glück nicht einfach annehmen? Das hatte viel mit meinem Selbstwertgefühl zu tun. Erst als ich begann, mir selbst zu vertrauen, und ich die Leichtigkeit in mein Leben einlud, ging vieles in meinem Leben einfacher und begann zu fließen.
Yuri und ich kamen zügig voran, bis wir an einer Polizeistation Halt machten, um unsere Wasserflaschen auffüllen zu lassen. Doch anstatt uns Wasser zu geben, ließ sich der Polizist erst einmal unsere Reisedokumente zeigen, erkundigte sich nach unserem Woher und Wohin und wollte, nachdem wir ihm erklärt hatten, dass wir ganz Patagonien zu Fuß durchquerten, noch unsere Schuhe inspizieren: „Seid ihr überhaupt gut genug ausgerüstet? Zeigt mir doch einmal eure Schuhsohlen. Habt ihr Reflektoren?" Unsere Schuhsohlen waren seiner Meinung nach für Patagonien nicht geeignet und wir besaßen auch keine Reflektoren, denn bei dem Verkehr in Patagonien hatten wir das nicht für nötig gehalten. Wir kreuzten im Schnitt ein Auto pro Stunde und das konnten wir bei den schnurgeraden Straßen bereits aus der Ferne auf uns zufahren sehen. „Also, das mit den Schuhsohlen geht ja noch, aber ohne Reflektoren könnt ihr auf keinen Fall weitergehen. Wisst ihr auch, dass ihr auf der linken Straßenseite gehen sollt?" Schön langsam ging uns der Kerl auf die Nerven, doch wir mussten uns in Geduld üben, denn wir durften noch eine komplette Verkehrserziehung genießen. Mit der Zeit stellten wir fest, dass dem Polizisten ganz einfach stinklangweilig war. Daher ließen wir ihn gewähren und hörten uns seinen Vortrag in Ruhe an. Nachdem wir schließ-

lich doch noch unsere Wasserflaschen anfüllen durften, suchten wir schnell das Weite. Bald fanden wir einen geschützten Zeltplatz und hatten endlich unsere Ruhe.

Am nächsten Morgen bogen wir von der Hauptstraße ab und entschieden uns, querfeldein zu spazieren. Wir wanderten vorbei an einsamen Estancias. Der Weg führte die Küste entlang, das Meer schimmerte in allen Farben und immer wieder sahen wir einen Regenbogen in der Ferne. Eine beinahe mystisch anmutende Landschaft begleitete uns.

Wir erlebten besondere Tage. Einmal schliefen wir lange und starteten erst spät in den Tag. Zum Glück waren wir gut ausgeschlafen, denn der Wind blies uns mit voller Kraft ins Gesicht. So wanderten wir bis Rio Verde, wo wir uns im Gemeindehaus ausruhen durften. Wir bekamen vom Gemeindebediensteten Tee serviert und saßen in der warmen Stube. Schließlich zogen wir wieder weiter – den *Seno Skyring* entlang. Das war ein surrealer Ort, mystisch, wie ein Tor in eine andere Welt, voller Geheimnisse. Zeit und Raum schienen ineinanderzufließen und mir war es fast, als ob sie zu existieren aufgehört hätten. In der Ferne schimmerte ein Regenbogen in allen nur erdenklichen Farben und bald kamen wir zur Estancia *Rio Verde*. Im Bauernhof gab es ein Restaurant. Bisher waren alle Restaurants entlang des Weges geschlossen gewesen oder nur mehr auf der Karte eingezeichnet, obwohl sie gar nicht mehr existierten. Doch dieses Restaurant hatte erstaunlicherweise offen. Yuri und ich waren die einzigen Gäste und wir kosteten uns durch die halbe Speisekarte: Bratkartoffeln, Spiegeleier, Empanadas – überbackene Käsetaschen –, Kuchen, Scones, Toastbrot mit Marmelade, dazu Bier, Wein und zu guter Letzt auch noch eine Tasse Tee. Das war ein großartiges Festmahl! Draußen pfiff der Wind und wir saßen in der warmen Stube, bestellten ein Gericht nach dem anderen und fühlten uns als die glücklichsten Menschen auf dem Planeten.

Später machten wir uns wieder auf den Weg. Der Wind hatte sich gelegt und ein kleiner, netter Hund von der Estancia folgte uns. Er war wohl fest entschlossen, uns zu begleiten, aber der Weg war weit. Wie würde sich der Kerl nur in Tokio zurechtfinden? Schweren Herzens schickten wir ihn schließlich nach *Rio Verde* zurück.

Wir wanderten die Bucht entlang, die Wolken spiegelten sich im Wasser, aber es wurde allmählich finster. Auf einmal liefen wir im Dunklen und hatten noch immer keinen Schlafplatz gefunden. Im Schein unserer Stirnlampen sahen

wir Sträucher neben der Straße und rollten unsere Schlafsäcke daneben aus. Nachts wachte ich öfter auf und mein Blick schweifte immer wieder über den nächtlichen Sternenhimmel. Was für ein wunderbares Leben!
Am Morgen folgten wir einem alten Fahrweg in die Wildnis. Auf der Landkarte war dieser Weg sogar als durchgehender Wanderweg bis zur „Bucht der letzten Hoffnung“eingezeichnet, also wagten wir das Abenteuer. Was sollte schon passieren? Oder gab es vielleicht doch die großen Sümpfe, wie uns der Gaucho in Punta Arenas prophezeit hatte?
Wir waren schon mehrere Tage unterwegs, als der Augenblick der Offenbarung kam. Unser Wanderweg endete direkt im Meer. Der Kartograf hatte sich wohl gedacht: „Es wäre fein, wenn es hier einmal einen Wanderweg gäbe, daher zeichne ich ihn schon einmal in der Karte ein.“ Von diesem Weg war jedoch weit und breit keine Spur. Nur die Weite des tiefblauen Ozeans leuchtete vor uns, links und rechts erstreckten sich die endlosen Sümpfe. Daher entschlossen wir uns, vorerst einmal der Küste entlangzugehen, bis diese aber so felsig wurde, dass an ein Weiterkommen nicht mehr zu denken war. Schließlich blieb uns nichts anderes übrig, als in die Sümpfe zu ziehen. Der Gaucho hatte doch Recht behalten! Manchmal sanken wir bis zu den Knien im Wasser und Schlamm ein oder mussten uns durch Dornensträucher und dichte Wälder schlagen. Wir wanderten vom Morgengrauen bis in den Abend in Schlangenlinien durch den Sumpf. Greifvögel flogen neben uns her. Links und rechts erstreckten sich schneebedeckte Berge. Der Ort war wunderschön – kein Mensch, nur Stille und Wildnis.
Am ersten Tag hatten wir wohl eine Strecke von fast 15 Kilometern zurückgelegt, doch von unserem abendlichen Zeltplatz aus konnten wir trotzdem noch den Ort sehen, von dem wir am Morgen aufgebrochen waren: Er war fünf Kilometer Luftlinie entfernt. Sollten wir umdrehen? Eine Woche zurück bis zur Straße wandern? Doch noch hatten wir genügend Nahrungsmittel dabei und versuchten lieber unser Glück im Sumpf.
Am zweiten Tag im Sumpf gründeten wir zwei „Organisationen“: den *International Royal Swamp Club*, dessen Präsident und alleiniges Mitglied ich wurde, und die *International Imperial Thornbush Society*, dessen Vorsitz Yuri fortan innehatte, und den er mangels anderer Mitglieder völlig uneingeschränkt führen konnte. Ich war in den Sümpfen zuständig, einen guten Weg zu finden, und Yuri übernahm im Dickicht der Dornensträucher, die sich immer wieder entlang der Flussläufe breitmachten, die Wegsuche. Jeder

hatte seine Aufgabe und das Lachen verlernten wir angesichts unserer aussichtslosen Lage auch nicht. Irgendwie schafften wir es, weiterzukommen, und bewegten uns schleppend vorwärts, doch es gab noch eine weitere Herausforderung: Yuri hatte bereits am ersten Sumpftag von roten Sumpfbeeren genascht, doch die Mahlzeit hatte schwerwiegende Folgen. Die Beeren mussten wohl giftig gewesen sein, denn er wurde mit jeder Stunde schwächer. Immer wieder brach er erschöpft zusammen. Ich versuchte, ihn zu motivieren, kochte ihm ein gutes Essen, und irgendwie ging es doch wieder weiter, auch wenn es brenzlig zu werden begann, zumal uns die Nahrungsmittel langsam ausgingen. Wir mussten sparen, denn wir wussten ja auch nicht, wie lange wir noch im Sumpf feststeckten, da wir nur sehr langsam vorwärtskamen. Wir rationierten unsere Mahlzeiten und ich kann mich noch gut an Yuris Vorschlag erinnern: „Wenn wir ordentlich kauen, kommen wir mit viel weniger Essen aus." Ich begann langsamer zu essen und machte eine erstaunliche Erfahrung. Der Topf mit dem Frühstücksbrei hatte vorher kaum gereicht und nun war ich bereits nach der Hälfte satt. Der Rest reichte wunderbar für das Mittagessen. An diesem Tag lernte ich eine wichtige Lektion für mein Leben: Wenn ich langsam aß, brauchte ich nur circa die Hälfte der Nahrung und wurde trotzdem satt. Und so spann ich diesen Gedanken weiter. Brauchte ich nur mehr die Hälfte des Essens, so konnte ich es mir jederzeit leisten, hochwertige biologische Lebensmittel zu kaufen, auch wenn diese etwas teurer waren als das Pestizidcocktail-Gemüse der konventionellen Landwirtschaft. Außerdem verschwendete ich durch die achtsame Ernährung nicht so viele Nahrungsmittel. Revolutionäre Erkenntnisse aus dem Sumpf!

Drei Tage zogen wir durch den Sumpf, Yuri ging es schließlich besser und dann hatten wir es geschafft. Wir erreichten eine verlassene Estancia am Meer. Einige Wanderstunden später kamen wir in das erste bewohnte Dorf. Ein Holzfäller meinte, wir seien die ersten Touristen, die jemals den Sumpf durchquert hätten. Er könne sich auch erinnern, dass der letzte Einheimische vor fünf Jahren die Sumpfwanderung gemacht hätte. Daher sprach sich unser Kommen schnell herum. Alle im Dorf wollten uns einladen. Eine Familie tischte uns ein herrliches Mittagessen mit frischem Brot, Kartoffeln, Wurzelgemüse und Öl auf. Zum Nachtisch servierten sie uns noch Calafatebeeren und Beerenschnaps. Die alte Frau im Haus erzählte von den Pumas, die in den Bergen leben, und von ihrem Großvater, der Schotte gewesen und vor langer

Unterwegs im Sumpf

Zeit nach Chile ausgewandert war. Auch er hatte damals von den Calafatebeeren gegessen und es heißt, wer jemals vom Calafatestrauch gekostet hat, kommt immer wieder nach Patagonien zurück. An diesem Tag schloss ich das Land und seine Leute in mein Herz und wusste, dass ich irgendwann hierher zurückkommen würde und vielleicht genauso wie der Großvater der alten Frau für immer bleiben würde. Zum Abschied sang ich noch den *Sehnsuchtsjodler* und die ganze Familie begleitete uns bis zum nahen Fluss. Die alte Frau drückte mir ein frisches Brot in die Hand, das sie während unseres Besuchs gebacken hatte, und ich musste plötzlich weinen. Selten hatte ich in meinem Leben eine so tiefe Verbundenheit mit einem Land und seinen Menschen gespürt.

„‚Patagonien!' rief er. ‚Diese Erde ist eine unbarmherzige Liebhaberin. Sie ist eine Zauberin. Sie verhext. Sie nimmt dich in ihre Arme und lässt dich nie wieder gehen'", schrieb Bruce Chatwin, der berühmte englische Reiseschriftsteller, über Patagonien. Ich kenne keine bessere Beschreibung von diesem wunderbaren Flecken Erde am Ende der Welt. Oder ist es doch ihr Anfang?

BEGEGNUNGEN AM ENDE DER WELT

Wenn wir etwas genauer betrachten, erkennen wir, dass es mit all den anderen Dingen dieses Universums verbunden ist.
(John Muir)

Wir kamen in Puerto Natales am Zeltplatz an, als zwei Männer gerade eine frisch gefangene Regenbogenforelle auf dem offenen Feuer grillten. Einer der beiden, Mark aus Australien, war per Autostopp rund um die Welt unterwegs und er erzählte uns, dass er vor ein paar Stunden diesen prächtigen Fisch gefangen hatte. Er war riesig. Die eine Hälfte hatte er den Besitzern des Zeltplatzes geschenkt und die andere sollte leicht für ihn, seinen Freund David und uns Heißhungrige reichen. „Es war nicht einfach, mit der großen Forelle Auto zu stoppen", meinte er. „Wer nimmt schon einen Autostopper mit einem großen Fisch mit?" Schließlich, nach langem Warten am Straßenrand, hatte ein Fischer angehalten, doch der war hauptsächlich am Fisch interessiert. Nach längerem Verhandeln nahm er aber dann doch beide mit und so saßen wir nun neben dem großen Feuer und Mark berichtete von seinen Au-

Am Lago Grey im Torres-del-Paine-Nationalpark

tostopperlebnissen in Patagonien. Er war langsam unterwegs, hielt, wo es ihm gefiel, und fischte. Immer wieder traf er nette Leute, die ihn mitnahmen. So erzählte Mark auch die Geschichte von einem LKW-Chauffeur. Inmitten der Weite Feuerlands hatte plötzlich ein großer Truck angehalten und der Fahrer hatte ihn gefragt, ob er nicht mitfahren wollte. Im LKW lief laute Rock 'n' Roll-Musik und sie kamen bald ins Gespräch. Er sei der beste Rock 'n' Roll Tänzer von ganz Feuerland, behauptete der Fahrer. „Das glaube ich dir nicht", entgegnete Mark. So schnell konnte er gar nicht schauen, da bremste der Fahrer abrupt und schon stand der riesige Truck auf einer der endlosen Geraden von Feuerland. Rundherum erstreckte sich die Pampa. Er legte einen Song von Elvis Presley ein, sprang auf die Straße hinaus und begann dort Rock 'n' Roll zu tanzen. Mark hielt es nicht mehr aus, nur daneben zu stehen, und so tanzten sie beide, umgeben von Wind und Pampagras. Die endlose Weite Patagoniens, der Wind, der Rock 'n' Roll, all dies trug dazu bei, dass die Zeit scheinbar aufhörte zu existieren. Was bedeutete schon Zeit in einem so intensiv erlebten Augenblick?

Torres-del-Paine-Nationalpark, 16. Februar 2004

Nun sind Yuri und ich schon über tausend Kilometer zusammen gewandert. Wir haben bereits viele Herausforderungen gemeistert und dabei auch gelernt, dass wir uns aufeinander verlassen können. Manchmal gab es zwar Unstimmigkeiten, aber das war auch kein Wunder, denn der Weg hielt viele Erfahrungen bereit: Ob wir nun im Sumpf steckten oder uns das Essen ausging, wir stießen immer wieder an unsere Grenzen. Dabei kamen dann auch alle unsere Charakterzüge ungeschminkt zum Vorschein. Trotzdem schweißten uns die letzten Wochen in enger Freundschaft zusammen, und das ist in jedem Fall ein wunderbares Geschenk.

Nach unserer Wanderung durch die Wildnis warnten uns die Gauchos immer wieder vor wilden Pumas und wir bekamen endlich den „ultimativen" Tipp, wie wir uns zu verhalten hatten, sollten wir einer dieser Raubkatzen begegnen. Ein Gaucho meinte doch allen Ernstes: „Ihr müsst mit den Augen zwinkern, aber Vorsicht, *Chicos,* auf keinen Fall mit dem rechten. Wenn ihr nämlich mit dem rechten Auge zwinkert, dann wird der Puma aggressiv und greift an. Wenn ihr hingegen mit dem linken Auge zwinkert, dann wird er müde und schläft ein und ihr könnt in Ruhe weiterwandern." Wir lachten, während der Gaucho genüsslich an seinem Matetee nippte. Was war aber, wenn sich unser Pumaex-

Die Torres del Paine

perte irrte und versehentlich links mit rechts verwechselte? Außerdem war unklar, ob alle Pumas über den Augenzwinker-Trick Bescheid wussten. Nach einigen Tassen Matetee zogen wir wieder weiter und lachten noch lange über die Pumastrategie. Dabei trug unser lautes Gelächter wohl dazu bei, dass erst recht kein Puma auf die Idee kam, sich in unsere Nähe zu schleichen.

Die Landschaft war spektakulär. Den ganzen Tag über wanderten wir mit Blick auf die Paine-Felstürme nach Norden. Im Morgenlicht hatten die Felsen rotorange geleuchtet und waren dann später hinter dunklen Regenwolken verschwunden. Abends kamen sie aber wieder hinter den Wolken hervor und schimmerten in der untergehenden Sonne. Es war ein eindrucksvoller Tag. Abends zelteten wir inmitten des goldgelben Pampagrases unweit der Torres del Paine.

Vom Torres-del-Paine-Nationalpark führte unser Weg weiter zum Lago Argentino und nach El Calafate. Wir warfen einen Blick auf die Landkarte und sahen, dass der direkte Weg über die Berge gerade drei Tagesetappen lang war, während die Hauptstraße einen 250 Kilometer langen Umweg durch die argentinische Pampa machte. Wir entschieden uns für die Abkürzung, wenn-

gleich es dort keinen offiziellen Grenzübergang nach Argentinien gab. Unweit der Torres del Paine kam uns jedoch ein chilenischer Carabinieri auf dem Motorrad entgegen und durchkreuzte unsere Pläne: „Wo wollt ihr hin?" „Nach El Calafate, über den Velikapass", gaben wir zur Antwort. „Das geht nicht! Ihr müsst die Hauptstraße nehmen und den Grenzübergang weiter südlich benützen." Da half nun alles nichts, wir mussten die 30 Kilometer zurückgehen. Dort holten wir uns den Einreisestempel für Argentinien. Im Zollhaus, wo wir übernachteten, beratschlagten wir, welchem Weg wir nun folgen sollten. Da wir die Grenze bereits offiziell überschritten hatten, konnten wir nun auch ohne Bedenken die Abkürzung über den Velikapass nehmen und entschieden uns daher für den Weg durch die Wildnis.

Auf unserer Wanderung im chilenisch-argentinischen Grenzgebiet kamen wir an der Estancia *Laguna Salada* vorbei und Lionel, ein Gaucho, lud uns zu Matetee, dem argentinischen Nationalgetränk, ein. Er lebte in einem kleinen Haus. In der Mitte des Raumes stand ein alter Holzofen in Form eines großen Weinfasses und darauf kochte heißes Wasser in einer Kanne. In altbewährter Tradition und wohl schon Tausende Male praktiziert, goss Lionel aus ihr brodelndes Wasser in eine Tasse mit Mateblättern und reichte sie Yuri. Als Yuri den Tee ausgetrunken hatte, nahm sie Lionel zurück und goss mir eine Tasse dieses bitter schmeckenden Getränks auf. Dabei wurden die Mateblätter nicht ausgewechselt, sondern einfach nochmals mit heißem Wasser überbrüht,

Lionel hält eine Tasse mit Matetee in der Hand.

denn es waren so viele im Gefäß, dass es mindestens für zwanzig Aufgüsse reichte.
Lionel erzählte von den Schafen und Kühen und dem Leben in den Pampas. Er genoss das Leben und rollte sich zur Feier des Tages, weil er seit langem wieder einmal Besuch hatte, eine Zigarette aus einem starken argentinischen Tabak. Geschichten entstanden, begannen zu entschweben und je mehr Tee wir getrunken hatten, umso intensiver wurde die Begegnung.
Am Abend traten wir wieder in den Wind hinaus, denn wir wollten noch einige Kilometer durch die Pampas ziehen. Zum Abschied winkten wir uns noch lange zu, bis Lionels Haus hinter einem Hügel verschwand. Nachdem wohl jeder von uns an die fünfzehn Tassen des aufputschend wirkenden Matetees getrunken hatte, flogen wir richtiggehend. Schließlich schlugen wir an einem Flussufer unser Zelt auf. An diesem Tag hatte ich die Pampas so richtig zu schätzen gelernt. Dieses goldgelbe Gras, das sich bis in die weite Ferne im Wind wog, war wunderschön. Immer wieder waren wir an ausgetrockneten Salzpfannen vorbeigekommen. Guanacos, eine wild lebende Lamaart, hatten uns ein Stück des Weges begleitet. Eindrucksvolle Wolkenformationen leuchteten am Himmel und ein Regenbogen berührte den Horizont. Es herrschte eine fast magische Stille.

Im Grenzgebiet von Chile und Argentinien

Unser Pfad führte weiter am Rande des Graslandes immer höher zu einem Sattel hinauf. Als wir von dort über steile Felsen abstiegen, sah ich, wie drei Meter unter mir ein Kondor gerade seine Flügel erhob. Er entschwebte majestätisch ins Tal und ich bemerkte, dass er oben auf den Schwingen fast ganz weiß war. Von dieser Begegnung verzaubert, stiegen wir weiter ab und trafen dort Esteban, der uns zu Matetee und Rotwein einlud. Es sprach sich in Windeseile herum, dass zwei Wanderer vorbeigekommen waren, und alsbald kamen auch die Nachbarn herbeigeritten. Wir übernachteten alle bei Esteban und am nächsten Tag begleiteten uns die Gauchos zur Grenze am Velikapass. Ich sollte auf *Gringo* reiten, der genauso wie ich eine blonde Mähne hatte – wobei in Lateinamerika die Ausländer *Gringos* genannt werden. Während unsere blonden Haare im Wind wehten, galoppierten wir durch ein wildromantisches Bergtal mit saftigen Almwiesen. Rundherum ragten schroffe Bergspitzen auf.

Gaucho Esteban begleitet uns mit seinen Pferden zum Passübergang.

Am Passübergang, inmitten der Berge, packten Yuri und ich das frische Brot aus, das uns Esteban mit auf den Weg gegeben hatten. Dazu gab es Olivenöl mit Pfeffer und Salz. Es war eine der besten Mahlzeiten meines Lebens. Wir schwiegen und jeder von uns hing seinen Gedanken nach. Ich spürte, dass ich die Faszination, die von Patagonien ausging, immer in mir tragen würde. Sie wird mich so lange begleiten, bis ich der Sehnsucht wiederzukehren freien Lauf lasse und eines Tages zurückkomme. Wir nahmen noch ein Stück frisches Weißbrot, gossen Olivenöl darauf und bestreuten es mit Pfeffer. Yuri lächelte.

In El Calafate trennten sich schließlich unsere Wege. Yuri radelte zusammen mit seiner Freundin nach Peru weiter und ich zog schweren Herzens alleine auf der endlosen Ebene um den Lago Argentino und Lago Viedma bis zum

Fitz-Roy-Massiv. Von nun an war der Wind wieder mein ständiger Begleiter. Dazu kam noch die übliche Wasserknappheit in den Pampas, da nur selten kleine Rinnsale den Weg kreuzten. So war ich gezwungen, mit sehr wenig Wasser auszukommen. Nur einmal gab es eine willkommene Abwechslung. Ich marschierte gerade einer dieser endlosen Geraden entlang, als ein Reisebus mit deutschen Touristen anhielt. Offensichtlich waren sie auf ihrer stundenlangen Fahrt durch Patagonien über ein bisschen Abwechslung genauso froh wie ich. Nachdem ich das Posieren für das Urlaubsalbum und die Erinnerungsfotos über mich ergehen lassen hatte, wurde ich dafür reichlich beschenkt. Ich bekam ein frisches Butterbrot, einen süßen Pfirsich und Wasser! Die Urlauber kletterten wieder in den Bus, fuhren weiter und ich stand inmitten der Einöde mit diesem Pfirsich in der Hand – und was für ein Pfirsich das war! Es war der beste Pfirsich des ganzen Universums und jeder Bissen versetzte mich in Ekstase.
Mit neuen Kräften ging es weiter, und als ob der Wind mich deshalb nur noch mehr herausfordern wollte, steigerte er sich zu orkanartigen Böen. Der Sturm wirbelte so viel Sand auf, dass alles rundherum davon erfüllt war. Sand war von nun an in meinen Augen, zwischen den Zähnen und in den Ohren. Manchmal blieb ich ob des starken Gegenwindes einfach stehen, obwohl ich mich mit voller Kraft vorwärtsbewegte. Fast hätte ich aufgegeben, aber irgendwie wollte ich mich nicht geschlagen geben. Ich träumte von einem Bett in El Chaltén, einem kleinen Ort am Fuß des Fitz Roy, und von Pizza und Bier. Nachdem in der Nacht vorher bereits der Sturm mein Zelt weggerissen hatte und ich dann im Freien weiterschlafen musste, hatte ich nun für eine Weile genug vom Zelten.
Kurz vor El Chaltén war ich am Ende meiner Kräfte angelangt. Sollte ich doch draußen übernachten? Linseneintopf und den Rest des Wassers statt Pizza und Bier? Bis zur nächsten Kurve wollte ich es aber noch versuchen. Gerade als ich diesen Gedanken zu Ende gedacht hatte, bog ich um die Kurve und sah in der Ferne die Lichter von El Chaltén. Fast hätte ich kurz davor aufgegeben. Ist es nicht oft so im Leben, dass wir knapp vor dem Ziel stehen und uns nochmals entscheiden müssen, ob wir nun wirklich bereit sind, auch den letzten Schritt zu gehen? An diesem Tag machte ich eine wichtige Erkenntnis für mein Leben: nicht aufzugeben, wenn ich kurz vor dem Ziel stehe!
In El Chaltén angekommen, suchte ich mir eine nette Herberge, um mich von den Strapazen der vergangenen Tage zu erholen. Kaum hatte ich meinen Ruck-

Der Weg führte durch die argentinischen Pampas nach El Chaltén. Ich folgte einer endlosen Geraden. Der starke Gegenwind brachte mich fast zum Stehen, doch die faszinierende Landschaft entschädigte für die Strapazen und mit jedem Schritt kam ich dem Fitz Roy (rechts in den Wolken) und somit meinem Etappenziel näher.

sack abgestellt, kamen auch schon zwei Burschen, Joe und James, auf mich zu und fragten nach meinem Weg und woher ich komme. Bald gesellten sich noch drei Mädchen aus Buenos Aires zu uns und schon saßen wir um einen Tisch, tranken Bier und teilten eine große Pizza. Während wir unsere Begegnung feierten, schien es mir, als ob ich alte Freunde wiedersehen würde. Wir teilten unsere Geschichten und dachten darüber nach, wie ein nachhaltiges Leben auf unserer Erde ausschauen könnte. Monate später bekam ich einen Brief von Joe. Er war inzwischen nach Ohio zurückgekehrt und hatte in seinem Heimatort den Gemeinderat überzeugt, in Zukunft die ganze Gemeinde ausschließlich mit erneuerbaren Energiequellen zu versorgen. Er hatte auch einen Verein gegründet, der im Sinne von „Weniger ist mehr" Menschen anregte, bewusster zu leben und weniger zu konsumieren. Es ist immer wieder faszinierend, wie sich unsere Wege im Leben kreuzen und wir uns gegenseitig anregen, Veränderungen herbeizuführen. Aus diesen Begegnungen schöpfen tatsächlich alle die Kraft, diese Träume auch in die Tat umzusetzen.

Ich wäre gerne länger in El Chaltén geblieben, doch ich wollte das Schiff, das nur einmal in zwei Wochen über den Lago San Martin fuhr, erreichen. Daher kroch ich in der Früh aus dem warmen Bett und stapfte durch den Regen. Bald erreichte der Wind orkanartige Geschwindigkeiten, und ein kleines Wunder geschah. Ein Autofahrer hielt seinen Wagen an, wir kamen ins Gespräch und das einzige Mal auf meiner Wanderung durch Patagonien gestand auch ein Einheimischer ein, dass ein ordentlicher Sturm pfiff. Aber das half mir in dieser Situation auch nicht viel weiter. Ich musste trotz Wind und Regen gehen, denn sonst wäre das Schiff ohne mich gefahren. Bald traten die ersten Flüsse über das Ufer und die Straße, auf der ich wanderte, war überflutet. Ich marschierte trotzdem weiter, denn eine Pause kam bei diesem Wetter nicht in Frage. Als ich zwei Tage später am Ufer des Lago San Martin ankam, traute ich jedoch meinen Augen nicht. Ich war trotz des widrigen Wetters nicht alleine. Andere Reisende hatten bereits neben der chilenischen Grenzstation ihr Zelt aufgebaut: Roland, ein Schweizer Radfahrer, der in den letzten vierzehn Jahren bereits 80.000 Kilometer rund um die Welt geradelt war. Loïc aus Französisch-Guyana, der neben einem Lagerfeuer fröstelte, weil er nur kurze Hosen dabeihatte und obendrein auch ohne Zelt unterwegs war, um möglichst „leicht" zu reisen. Katherina aus den USA war auch unter den Wartenden. Sie war Religionsstudentin, und als George W. Bush in den USA an die Macht gekommen war, hatte sie aus Protest das Land verlassen. Seither reiste sie alleine durch Lateinamerika. In einem weiter entfernten Zelt suchten zwei Spanier, als ich ankam, gerade überall nach ihrem Kochtopf. Erst am nächsten Morgen lösten wir das Rätsel, denn ich blickte just in jenem Augenblick aus dem Zelt, als unweit davon ein Fuchs vorbeispazierte und in seinem Fang den Kochtopf der Spanier davontrug.
In der Früh fuhren wir alle zusammen mit dem Boot über den See und mieteten uns in Villa O'Higgins in einer Pension mit dem „klingenden" Namen *Apocalipsis* ein. Überall hingen Bilder vom bevorstehenden Ende der Welt und daneben waren einschlägige Bibelzitate angeführt. Am Abend feierten wir, als stünde das Ende der Welt kurz bevor. Zur Vorbereitung nahm Roland eine Dusche, um sich vom Schmutz der Staubstraßen zu befreien. Er duschte 20 Minuten lang, als wäre es wirklich die letzte warme Dusche in seinem Leben. Katherina ging einstweilen Wein einkaufen und ich besuchte zusammen mit Loïc *Mama Apocalipsis*, denn sie backte in der Küche gerade frisches Brot, um es an die Gäste zu verkaufen. Schließlich konnte das Fest beginnen! Aber

nein, halt! Loïc weigerte sich, Rotwein aus dem Tetrapak zu trinken. Für einen Franzosen käme das nie und nimmer in Frage, meinte er. Lieber würde er Wasser trinken. Katherina lächelte, sah ihn mit ihren großen Augen an und schenkte ihm ein Glas Rotwein ein. Sein Widerstand war gebrochen. Roland erhob sein Glas und erzählte von seinen Radtouren im Himalaja, seiner Pilgerwanderung um den heiligen Berg Kailash und der Besteigung des Mustagh Ata, des „Vaters des Eises". Damals war er ohne Schlafsack, nur mit einer Wolldecke ausgerüstet, in die eisigen Höhen vorgedrungen. Loïc, der bald vergessen hatte, dass der Wein aus dem Tetrapak kam, zauberte mit seinen Erzählungen das Dschungelleben aus Französisch-Guayana in die Stube und Katherina entführte uns zu den religiösen und spirituellen Plätzen der Erde. Ich erzählte vom Wind und der Magie des Wanderns. So verging die Nacht wie im Flug und wir waren froh, als am nächsten Morgen doch noch einmal die Sonne aufging und der Weltuntergang uns verschont hatte. So konnten wir nach kurzem Schlaf weiterziehen. Beim Frühstück hatten wir einen kühnen Plan entworfen: Loïc, Roland und ich vereinbarten, uns vier Tage später in Cochrane wieder zu treffen. Die Sache hatte nur einen Haken, der Ort war 220 Kilometer entfernt. Wir waren ein ungewöhnliches Gespann: Loïc war per

Roland, der „alte Fuchs", auf seinem Fahrrad, das ihn bereits 80.000 Kilometer um die Erde begleitet hatte

Autostopp unterwegs, Roland mit dem Fahrrad und ich zu Fuß. Da ich aber die beiden unbedingt wiedersehen wollte, ließ ich mich auf diesen Wettlauf ein. Loïc überholte mich auf der Hinterbank eines Militärlastwagens sitzend, während Roland und ich meist gleichauf waren. Er war eben ein gemütlicher Zeitgenosse. Hinten am Gepäckträger des Rades hatte er auch eine kleine Kiste Bier mit dabei, die er damit rechtfertigte, dass es ungewiss sei, ob es unterwegs genügend Wasser zum Trinken gäbe. Auf meinen Einwand hin, dass dies angesichts von sechs Metern Jahresniederschlag in der Region eher unwahrscheinlich war, grinste er schelmisch.
Auf dem Weg nach Cochrane setzte ich mich eines Morgens auf einen Baumstamm, um zu frühstücken. Plötzlich setzten sich hinter mir Teile des Berges in Bewegung und Felsbrocken rollten herunter. Als das dumpfe Geräusch der riesigen Steine, die gegen das Holz der Baumstämme schlugen, immer näher kam, war keine Zeit mehr zu verlieren. Ich packte meinen Rucksack, begann zu laufen und hatte Glück, denn die Felsbrocken kamen zwanzig Meter neben mir zum Liegen. Auf einmal herrschte eine unbeschreibliche Stille. Wie oft hing doch das Leben an einem seidenen Faden? Aber vorerst hielt er noch stand.
Auf der Fähranlegestelle traf ich Roland wieder. Wenige Minuten, bevor die Fähre über den Meeresarm nach Puerto Yungay ablegte, sauste er um die Kurve. Er schimpfte über die großen Steine auf der Schotterpiste der *Carretera Austral,* jener „Straße des Südens“, auf der wir seit Villa O'Higgins unterwegs waren und die noch weitere tausend Kilometer bis Puerto Montt nach Norden führte. Auf den letzten Kilometern war er mit einem platten Reifen unterwegs gewesen, um die Fähre, die nur zweimal am Tag fuhr, noch rechtzeitig zu erreichen. Gemeinsam überquerten wir den Fjord und wurden auf der anderen Seite in dem kleinen Barackendorf von einem General zu Brötchen und Kaffee eingeladen. Er war dafür zuständig, die Bauarbeiten an der Straße zu überwachen, und über unseren Besuch sichtlich froh, denn seine Arbeit mit dem Bautrupp am Ende der Welt war doch recht eintönig.
Die Stärkung tat auch mir gut, denn bald folgte ein langer und steiler Anstieg. Es wurde dunkel, doch ich fand keinen Zeltplatz. Am Pass gab es nur ausgedehnte Sümpfe und so wanderte ich durch eine tiefe Schlucht weiter. Alles schien mir recht gespenstisch in der Dunkelheit, aber dann erblickte ich im Licht meiner Stirnlampe eine Holztreppe, die aus der Schlucht hinausführte. Vielleicht führte sie zu einem Haus, wo ich mein Zelt aufstellen konnte? Als ich oben ankam, brannte ein Feuer. Ich rief ein freundliches „Buenas, puedo

quedarme aqui?" – „Darf ich hierbleiben?" Die Antwort kam völlig unerwartet auf Französisch: „Salut Grégoire, c'est Loïc!" Es war also Loïc, der wieder einmal in seinen kurzen Hosen neben dem offenen Feuer saß, um sich aufzuwärmen. Ich freute mich so sehr, dass ich ihn umarmte, glücklich, der finsteren Schlucht entkommen zu sein.

Der Ort, wo wir übernachteten, hieß Mirador *El Vagabundo*, der Aussichtspunkt „zum Landstreicher". Der Name passte wunderbar zu uns. Hier wimmelte zwar alles nur so von Mäusen, aber ich lag gemütlich in meinem Schlafsack und wartete darauf, dass die erste Maus auf Besuch kam …

Loïc, Roland und ich trafen uns immer wieder unterwegs und verbrachten einige nette Abende zusammen. Zum Abschied machten wir in Cochrane noch ein großes Lagerfeuer. Loïc reiste zu seiner brasilianischen Freundin weiter und Roland musste noch einiges an seinem Fahrrad reparieren. Ich zog alleine weiter nach Norden und versuchte so schnell wie möglich dem Regen und der Kälte zu entkommen, hoffte aber insgeheim, dass mich Roland einholen würde, und freute mich schon auf ein gemeinsames Lagerfeuer. Er kam jedoch nie nach. Ich wanderte schließlich auch jeden Tag 50 Kilometer, bergauf, bergab, was mit einem Fahrrad auf einer Schotterpiste nicht so einfach war.

Die *Carretera Austral* führte den malerischen Lago General Carrera entlang und die bunte Landschaft spiegelte sich im tiefblauen Wasser des Sees. Gletscher flossen von den nahen Bergen fast bis ins Tal und Patagonien zog mich wieder einmal in seinen Bann. Die tief hängenden Wolken waren jedoch weniger verheißungsvoll. Laut Kalender hatte erst der Herbst begonnen, trotzdem war der Winter schon in aller Munde. Auf meine Frage, was das bedeutet, dass nun der Winter vor der Tür stand, bekam ich eine recht eindeutige Antwort: „Regen! Es wird viel regnen." Sie hatten recht, denn bald fielen die ersten Tropfen und sie wurden von Tag zu Tag mehr. Nur manchmal kam für kurze Zeit die Sonne heraus, doch diese währte nie lange: In drei Wochen zählte ich insgesamt nur neun Stunden Sonnenschein.

Angesichts des Regens wurde das Wandern zu einer großen Herausforderung. Ich kam abends meist völlig durchnässt an, kochte rasch noch ein Abendessen vor dem Zelt und kroch schließlich in mein feuchtes, dunkles Schlafquartier. Meine Stirnlampe funktionierte nämlich wegen der ständigen Feuchtigkeit auch nicht mehr. Der einzig trockene Gegenstand, den ich noch dabeihatte, war mein Schlafsack, denn dieser war in eine wasserdichte Kajaktasche eingepackt. So wanderte ich immer 45, 50, 55 Kilometer an einem Tag,

in der Hoffnung, durch die langen Etappen dem Regen zu entkommen. Ab und zu konnte ich zum Glück in einer Herberge übernachten, um wieder einmal in einem warmen Bett zu schlafen und meine nasse Kleidung zu trocknen, aber sonst war ich andauernd im Regen unterwegs.
Ich erinnerte mich an meine erste große Wanderung. Damals war ich gerade erst 13 Jahre alt und meine Mutter wollte mit mir den Nordwaldkammweg an der österreichisch-tschechischen Grenze gehen. Als wir am Dreisesselberg starteten, schüttete es, doch wir waren den ganzen weiten Weg angereist, und so liefen wir in Regenmäntel verhüllt los. Ich lernte trotz aller klimatischen Widrigkeiten, einen Schritt vor den anderen zu setzen, und bereits nach den ersten Kilometern wurden wir dafür reichlich belohnt, kamen wir doch an einer Jagdhütte vorbei. Die Tür stand offen und im Trockenen packten wir aus unserem Rucksack ein köstliches Butterbrot und ein Stück Schokolade aus. Schließlich wagte sich auch die Sonne hinter den Wolken hervor und fünf Tage später hatten wir den Gipfel des 140 Kilometer entfernten Nebelsteins erreicht. Wir waren jeden Schritt bis dorthin zu Fuß gegangen und auf einmal schien alles möglich zu sein. Mein Blick reichte über die bewaldeten Hügel in der Ferne und ich fragte mich, wohin der Weg wohl noch führen würde, war doch der Nordwaldkammweg ein Teilstück des Europäischen Fernwanderweges E6, der die Ostsee mit der Adria verband.
Diese Erinnerungen wurden wieder lebendig, als ich stundenlang alleine durch den Regen Patagoniens marschierte. Außerdem kam es immer wieder zu unerwarteten Begegnungen, die mir eine große Freude bereiteten. Einmal bog ich um die Kurve und einige Meter entfernt von mir stand ein Huemul. Das war einer der seltenen patagonischen Andenhirsche. Ein anderes Mal war ich bereits seit Stunden im Regen unterwegs und hatte gerade mein Mittagessen im Gehen gegessen, weil alles nass und feucht war und ich keinen trockenen Platz zum Ausruhen fand. Trotzdem war ich voller Vorfreude, denn ich war knapp davor, die 6000-Kilometer-Marke meiner Weltenwanderung zu überschreiten. Ich schaute immer wieder auf die Kilometersteine neben der *Carretera Austral* und dann kam der lang erwartete Stein. Es war geschafft! Ich stieß einen lauten Jauchzer los. Kaum zu glauben, aber einer hatte mich gehört, denn nur hundert Meter weiter entfernt trat auf einmal ein Pudu aus dem Dickicht heraus – ein seltener Zeitgenosse, vor allem nachtaktiv und unseren Rehen ähnlich, aber kleiner. Ich traute meinen Augen kaum: In der Stille des chilenischen Regenwaldes standen wir uns gegenüber und jeder von uns war wohl über den anderen erstaunt. Nach

Impressionen an der „Carretera Austral"

einer Weile zog wieder jeder seines Weges und wie zum Hohn begann es nur noch mehr zu schütten – nun fiel das Wasser kübelweise vom Himmel. Abends fand ich auch noch eine gemütliche Pension und schlief glücklich ein.
Am nächsten Morgen war es eiskalt. In der Nacht hatte es bis unter die Baumgrenze geschneit und die Berge erstrahlten in einem frischen Weiß. Zumindest regnete es kaum und so kam ich gut voran. Am Nachmittag hatte ich bereits mein Ziel erreicht, eine kleine Ortschaft mit sieben Häusern. Dort gab es nicht nur einen kleinen *Supermercado*, wo ich Kartoffeln und köstliche chilenische Kiwis und Avocados erstehen konnte, sondern die Frau im Laden meinte auch, eines der sieben Häuser stehe leer und ich könnte es für eine Nacht mieten. Für gerade mal drei Dollar bezog ich das gemütliche Holzhaus und fand eine große Küche mit einem Kanonenofen und einer einladenden Couch vor. Ich heizte ein, und weil der Ofen so schön warm war, machte ich mir ein Tasse heiße Schokolade. Sie schmeckte wunderbar, also noch eine zweite, eine dritte, eine vierte ... Am Ende trank ich fünfzehn Tassen heiße Schokolade und kam mir vor wie im Paradies.

VAMOS – AUF GEHT'S!

I am a man and is not a man stupid? I am a man, so I married: wife, house, children, the full catastrophe.
(*aus* Alexis Zorbas)

So beginnt ein Lied der Filmmusik von *Alexis Zorbas* von Mikis Theodorakis, das ich auf meiner Wanderung entlang der *Carretera Austral* immer wieder auf meinem Mini-Disc-Player gehört habe. Bei diesem Lied musste ich oft lachen, denn alleine im Dauerregen zu gehen war ja auch eine Katastrophe. Eines verband mich aber mit Zorbas: Wir sahen unsere „Katastrophe" zumindest mit einer großen Portion Humor und hatten wenigstens unseren Spaß daran.
Wenn ab und zu einmal Autofahrer_innen vorbeikamen, blieben sie meistens stehen und fragten, ob alles in Ordnung sei oder ob ich gerne mitfahren wollte? Ich antwortete dann immer „Me gusta caminar" („Ich gehe gerne"), auch wenn das nicht immer stimmte, aber ich wollte unter keinen Umständen mitfahren. So waren auch die Reaktionen der Autofahrer_innen mitunter recht unterschiedlich: Sie reichten von „Aha" über „Aso" bis „Bueno" („Gut"). Ab und zu kam einem auch ein „Estas loco" („Du bist verrückt") über die Lippen. Einmal dachte ich, ich sei es wirklich: Kurz vor Coyhaique war ich bei starkem Gegenwind unterwegs, als plötzlich eine hübsche Chilenin anhielt. Sie hatte wunderschöne dunkle Augen und sagte nur: „Vamos" („Auf geht's" oder „Gemma") und ich antwortete wieder einmal „Me gusta caminar ..." „Wie du meinst", bekam ich nur kurz zur Antwort. Sie schenkte mir noch ein Lächeln, wünschte mir alles Gute, drehte die Fensterscheibe wieder hinauf und fuhr weiter. Ich stand alleine im Wind und bald darauf begann es auch noch zu regnen. Ich war wirklich verrückt, oder doch nicht? War es vielleicht einfach mein Traum, zu Fuß durch ganz Patagonien zu wandern, ohne dazwischen in ein Auto einzusteigen? Und dieser Traum gab mir so viel Kraft, dass ich weiterwanderte, ohne Wenn und Aber.
In Coyhaique suchte ich mir ein Zimmer, fiel todmüde ins Bett und schlief 16 Stunden durch. Die Strapazen der vergangenen Tage hatten ihren Preis gefordert und die hübsche Señorita mit den dunklen Augen war fürs Erste vergessen. Aber vor dem Einschlafen dachte ich noch einmal an ein anderes Lied aus *Alexis Zorbas*, das ich kurz vor Coyhaique gehört hatte: *A man needs a litt-*

le bit of madness, otherwise he never dares to cut the rope and be free. Dann trat ich lächelnd in das Land der Träume, in dem ich zusammen mit einer sympathischen Chilenin kreuz und quer durch Patagonien fuhr. Ach, waren ihre Augen schön!

DER BAUERNHOF AM EINSAMEN FJORD

Finde dein Gleichgewicht im Leben. Das erfordert, dass du zuerst zur Ruhe kommst.
(Jorge Gonzales)

Einige Tage später hielt ein Pick-up neben mir und der Fahrer stellte die üblichen Fragen nach dem Woher und Wohin. Doch dann lud mich Jorge, wie er hieß, auf seinen Bauernhof zum Mittagessen ein. Froh, für ein paar Stunden dem Regen und der langen Wanderung auf der holprigen Schotterpiste entronnen zu sein, fuhren wir zusammen mit seiner Tochter Emanuela in ein abgelegenes Seitental zur Estancia *Estrella* am Rio Picaflor. Was für ein poetischer Name für einen Bauernhof: „Stern am Kolibrifluss". Jorge war schon an die 80 Jahre alt und in der ganzen Gegend als Guaso Gonzalez bekannt – die Guasos sind in Chile das Gegenstück zu den argentinischen Gauchos. Er hatte den Hof vor Jahrzehnten gekauft, als nur einige wenige Pioniere das Land der Mapuche-Indianer besiedelten, und lebte hier die meiste Zeit alleine mit Lorenzo und Alfredo, die für die Arbeit am Hof zuständig waren.
Das Mittagessen mit mehreren Gläsern Rotwein und dazu Jorges Geschichten brachten meine Lebensgeister wieder zurück. Draußen regnete es immer noch und so fragte mich Jorge schließlich: „Willst du wirklich noch hinaus in dieses Sauwetter? Wir haben ein gemütliches Gästezimmer, du kannst deine Sachen trocknen und gerne bei uns übernachten." Ich musste nicht lange überlegen.
Der Abend hielt schön langsam Einzug, Alfredo gesellte sich zu uns und es gab Wein und Matetee. Jorge trank keinen Flaschenwein, sondern *Gato negro*, chilenischen Rotwein, aus dem Tetrapak. Er nannte ihn allerdings nicht „Wein aus der Kartonbox", sondern sprach von *Cartonière*, denn das hörte sich seiner Meinung nach viel gehobener an. Er war ein „schräger Vogel". Sein ganzes Leben war er gegen den Strom geschwommen, und auch wenn alle Leute

einer Meinung waren, nahm er zum Trotz einen anderen Standpunkt ein, um ihre Ernsthaftigkeit zu prüfen. Auch wir schenkten uns nichts und diskutierten viel, hatte er doch damals General Pinochet unterstützt, was ich wiederum nicht verstehen konnte. Aufgrund des interessanten Gesprächs verging der Abend wie im Flug.

Es wurde Nacht und Jorge erzählte mehr aus seinem Leben: Er wurde auf einem großen Bauernhof in Zentralchile geboren. Mitten auf ihrem Grundstück war das Rollfeld des lokalen Flughafens. Dieses war seinem Vater ein Dorn im Auge, denn der Fluglärm verschreckte die Kühe. Als Jorge alt genug war, um auf die Kühe aufzupassen, trieb er sie immer auf den Flugplatz, sodass die Flieger nicht landen konnten. Irgendwann wurde es dem Betreiber des Flughafens schließlich zu bunt und er besuchte den Guaso: Er bot Jorge eine Ausbildung zum Piloten an. Fortan spazierten die Kühe nicht mehr über das Rollfeld, denn Jorge wollte landen. Der Chef des Flugplatzes hatte somit auf elegante Weise ein Problem beseitigt und Jorge kam in den Genuss einer Pilotenausbildung. Bald sah er die großen Vorteile davon. Er konnte nämlich in den Süden Patagoniens, nach Cochrane, fliegen und dort günstig Kühe einkaufen. Ein Freund trieb die Kühe in den Norden von Patagonien und dort verkaufte Jorge sie mit einem saftigen Gewinn weiter. Bald konnte er sich ein schönes Stück Land kaufen, das er auf seiner Reise in den Süden immer wieder überflogen hatte: Es war die Estancia *Estrella* am Rio Picaflor.

Damals gab es noch keine befestigten Straßen und die einzige Möglichkeit war, entweder tagelang mit dem Pferd unterwegs zu sein oder mit einem Schiff oder Flugzeug zu reisen. Als Jorge wieder einmal in Cochrane war, um Kühe zu kaufen, sprach es sich schnell herum, dass ein Pilot gelandet sei. Zwei Nonnen erfuhren davon und eilten zum Rollfeld, denn sie wollten dringend verreisen. Der Betreiber des Flugplatzes wies sie an, schon einmal in die Maschine einzusteigen, denn der Pilot würde bald kommen. Als Jorge schließlich erfuhr, dass zwei Nonnen mitfliegen wollten, erlaubte er sich einen Scherz. Er ritt mit dem Pferd auf das Rollfeld. Sein Poncho wehte im Wind und er sprang neben dem Flugzeug vom Pferd ab. „Was ist denn das?“, rief er erstaunt, als er in das Cockpit einstieg. „Buenos dias, Señoras“, begrüßte er die erstaunten Nonnen. Bald darauf begann er, an den Knöpfen zu drücken und am Steuerknüppel zu ziehen. Er meinte: „Ah, genau wie ein Pferd!“, und in seiner gespielten Naivität schaffte er es auch tatsächlich, den Motor anzuwerfen. Die beiden Nonnen waren überzeugt, dass der Kerl in seinem Leben noch nie ein

Flugzeug gesehen hätte, und versuchten ihn zu überreden, doch wieder den Motor abzustellen, aber er dachte nicht im Entferntesten daran. Das Flugzeug setzte sich langsam in Bewegung. Wegen Jorges ruckartigen Bewegungen des Steuerknüppels hüpfte das Flugzeug über das Rollfeld. Dann bremste er nochmals abrupt, um kurz darauf aber dann doch voll Gas zu geben! Die Nonnen wollten noch schnell abspringen, aber es war bereits zu spät, denn die Maschine war bereits in der Luft. „Die Nonnen waren kreidebleich, genauso wie ihre weißen Kutten", erzählte Jorge, während seine Augen leuchteten und er die Geschichte mit den Worten, die er damals zu den beiden gesagt hatte, schloss: „Señoras, wir fliegen, macht bitte die Tür zu." Bei *Gato negro* aus der *Cartonière* entstand das Erlebte noch einmal.

Am nächsten Morgen weckte mich Jorge mit schottischer Dudelsackmusik und deutschen Märschen, während er die Melodie dazu pfiff. Das Frühstück war bereits aufgetischt. Dann öffnete der Guaso die Tür zu einer Holzhütte im Garten. Ich traute meinen Augen nicht: eine finnische Holzsauna – und das mitten in Patagonien!

Die Tage vergingen. Das Barometer war mittlerweile auf den Tiefststand gesunken, und wenn es möglich gewesen wäre, wäre es weiter gesunken. Ich hatte so etwas noch nie gesehen, doch Jorge lächelte nur und meinte: „*Patagonia magica,* das magische Patagonien. Auch das gehört zu diesem Land und trotzdem lässt dich irgendwann seine Seele nie wieder los."

Ich verbrachte den Tag mit Holzhacken, Brot backen, in der Sauna schwitzen und lernte, mich in Geduld zu üben. Schön langsam kam ich zur Ruhe und ahnte, wie ein Leben im perfekten Gleich-

Jorges Lieblingssessel im Salon. Dort saß er stundenlang, während er seine Geschichten erzählte. Er wollte sich aber keineswegs fotografieren lassen und so ist eben nur sein Sessel abgebildet.

gewicht, von dem Jorge immer sprach, ausschauen konnte. Hatte ich in dem einfachen patagonischen Bauer meinen Lehrmeister gefunden? Wir wurden Freunde und Jorge meinte, ich solle doch bleiben. „Warum musst du unbedingt weiter?“, wollte er wissen. „Es ist doch wunderschön hier.“ Recht hatte er, und doch war da etwas, das mich noch weiter trieb. Es war wie eine innere Unruhe: diese ewige Suche. Ich wusste, es wartete noch eine Prüfung auf mich und ich konnte sie nur bestehen, indem ich mich ihr stellte, aber noch immer suchte ich sie im Weitergehen und nicht im Bleiben an einem Ort.

Eines Morgens blickte ich aus dem Fenster und sah einen Falken auf einem Holzpflock im Garten sitzen. Während der anstrengenden Wandertage an der *Carretera Austral,* bevor ich Jorge traf, hatte mich immer wieder ein Falke begleitet und mit seinen Flugkünsten in den Bann gezogen. In meinen Gedanken malte ich mir aus, dass es immer derselbe Falke war, so nun auch jener, der vorbeikam, um mich abzuholen.

Es war ein verregneter Morgen. Ich ging in mein Schlafzimmer und packte die Sachen. Jorge schaute durch den Spalt in der Tür und meinte: „Du bist völlig verrückt, aber deine Verrücktheit fasziniert mich irgendwie. Du wirst ja nicht etwa gehen wollen?“ „Doch, Jorge“, gab ich ihm zur Antwort, „es ist Zeit. Ich habe mich wunderbar erholt, aber die Wildnis ruft, ich muss weiter. Du weißt schon: *Patagonia magica.*“ Schließlich brach ich schweren Herzens auf, hinaus in den Regen! Der Rucksack war wieder geschultert und es konnte losgehen. Jorge blickte noch einmal bei der Haustür hinaus und sagte: „Eines musst du mir versprechen: Bevor ich sterbe, musst du mich noch einmal besuchen.“ Ich nickte: „Versprochen, amigo!“, lächelte ihm noch einmal zu und zog los. Der Falke saß immer noch auf dem Pfosten im Garten.

Einsamkeit! Sie hatte mich wieder mit voller Kraft erwischt und ich dachte an Jorge, während ich im Regen die holprige Piste der *Carretera Austral* entlangmarschierte. Große Steine machten das Vorwärtskommen schwer und irgendwann kam mir dann ein Ausspruch meines Großvaters in den Sinn: „*Mensch, werde wieder wesentlich.*“ Was war es, dieses Wesentliche, von dem mein Großvater gesprochen hatte? War es die Suche nach diesem Wesentlichen, die mich nun auch wieder weitertrieb? Es sollte aber noch bis Neuseeland dauern, bis ich eine Idee davon bekam, wie dieses Wesentliche im Leben aussehen konnte.

DIE KATHEDRALE DER URWALDRIESEN

Erklimme die Berge und spüre die gute Energie. Der Friede in der Natur wird in dich fließen wie der Sonnenschein, der die Bäume nährt. Der Wind wird dich erfrischen, der Sturm dich mit Kraft erfüllen und all deine Sorgen werden abfallen von dir wie die Blätter im Herbst.
(John Muir)

Am Morgen schien nach tagelangem Regen erstmals wieder die Sonne. Die frisch angezuckerten Berge leuchteten im Sonnenlicht. Doch es war nur ein kurzes Intermezzo, denn erste Wolken zogen schon wieder auf. Regentropfen fielen bereits, als ein Autofahrer hielt. „Es wird ordentlich schütten, pass auf!", warnte er mich. Ich schmunzelte jedoch nur und meinte: „Ich gehe seit Tagen im patagonischen Dauerregen, schlimmer kann es doch nicht mehr kommen." „Nein, mein Freund, pass dieses Mal wirklich auf, denn was heute Nacht runterkommen wird, das hast du noch nie erlebt, das garantiere ich dir! Such dir besser ein Dach über dem Kopf." Ich wollte ihm nicht glauben. Sein roter Wagen verschwand hinter der Kurve und ich stieg den steilen Pass zum Nationalpark Queulat hinauf, überquerte noch die Passhöhe, und als ich abstieg, wurde es bereits dunkel. Überall wucherte dichtes Gebüsch neben der Straße. Wo sollte ich da einen Platz für mein Zelt finden? Schwere Tropfen begannen vom Himmel zu fallen. Im Schein der Taschenlampe sah ich einen Ausweichplatz für Autos neben einem kleinen Bach und dort schlug ich rasch mein Zelt auf. Bald darauf ging es so richtig los und die Regentropfen prasselten wie ein Wasserfall auf die Zeltplane. „Das Fest beginnt", dachte ich mir und kroch hurtig in meinen Schlafsack. In der Nacht wachte ich mehrmals auf, denn der kleine Bach neben meinem Zelt war mittlerweile zu einem tosenden Wildbach angewachsen und donnerte am Zelt vorbei. Hätte ich nur dem Patagonier geglaubt!
Als ich einige Wochen später in Bariloche Roland, den Schweizer Radfahrer, wieder traf, erzählte er mir, dass er in derselben Nacht nur wenige Kilometer von mir entfernt übernachtet hatte. Auch er hatte in dem dichten Gebüsch keinen guten Zeltplatz gefunden und sich daher entschieden, über einen kleinen Bach zu hüpfen, um auf einer freien Fläche das Zelt aufzustellen. In der Nacht hatte sich der Bach, den er am Abend noch leicht überqueren konnte, in einen tosenden Wildbach verwandelt. Roland verbrachte den ganzen Tag

und noch eine weitere Nacht im Zelt, doch das Wasser ging kaum zurück. Am darauf folgenden Tag hielt er es nicht mehr länger aus und kämpfte sich durch die reißenden Fluten. Patschnass stand er im Regen, als ein Lastwagen neben ihm hielt. Roland wollte bis zum nächsten Ort, Puhuhuapi, mitfahren und so rief er dem Fahrer zu: „Puhuhuapi!" Dieser wollte ihn jedoch nicht nur für ein so kurzes Stück mitnehmen und rief „Chaitén!" zurück. Das war Roland aber zu weit, denn er wollte ja nur in einer nahe gelegenen Herberge seine Ausrüstung trocknen. Daher rief er wieder: „Puhuhuapi!" Mangels weiterer Spanischkenntnisse beschränkte sich seine Gestik aber auf ein verzweifeltes, Unterstützung einforderndes Stirnrunzeln. Der Fahrer entgegnete abermals: „Chaitén!" So ging es einige Zeit hin und her, bis es dem LKW-Fahrer zu dumm wurde und er Roland mit Schirm und Fahrrad im Regen stehen ließ. „Dieser Augenblick gehörte nicht gerade zu den Sternstunden meines Vagabundenlebens", meinte Roland, als er die Geschichte zum Besten gab.

Nach dem sintflutartigen Regen rissen die Wolken auf, die Sonne kam hervor und direkt neben der Straße leuchtete ein riesiger schneebedeckter Berg im Sonnenlicht. Das war ein faszinierendes Naturschauspiel. Ich setzte mich auf einen umgefallenen Baumstamm in die Sonne und trocknete meine nasse Ausrüstung. In diesem Augenblick war ich rundum glücklich.

Kurz vor Chaitén humpelte ich die Straße entlang. Meine Sehne am linken Fuß war entzündet und ich konnte kaum noch gehen. So schleppte ich mich mühsam vorwärts. Ich hörte Lieder von U2 und *Summer of 69*, um mich von meinem Schmerz abzulenken. Einmal warf ich einen Blick zum Himmel hinauf und sah zahlreiche Geier über meinem Kopf kreisen. War es wirklich schon so schlimm? Nun, sie mussten diesmal zu meinem Glück auf ihren saftigen Happen verzichten, denn ich schaffte es bis Chaitén. Außerdem war Karfreitag, und das war schließlich ein Fasttag – in diesem Fall galt er auch für die Geier!

Chaitén ist das Tor zum 300.000 Hektar großen Pumalin-Naturreservat. Ich hatte bereits viel von diesem Küstenurwald mit seinen uralten, majestätischen Alercebäumen – patagonischen Zypressen – gehört und wollte nun dieses Juwel besuchen. Bereits am Parkeingang zog mich der Zauber von Pumalin in seinen Bann. Die Vegetation war üppig und es schien, als wüssten die Bäume, dass sie hier unter Schutz standen. Sie wuchsen wie hohe Antennen in den Himmel und der Ort war mit einer unbeschreiblichen Freude und Vitalität er-

Nach tagelangen Regenfällen rissen die Wolken auf und eine magische Landschaft öffnete sich direkt vor meinen Augen.

füllt – ganz anders, als ich es bisher entlang der *Carretera Austral* erlebt hatte, wo der Urwald bereits massiv zerstört worden war. In Pumalin herrschten hingegen paradiesische Zustände.
Ich fuhr mit einem kleinen Motorboot über den stürmischen Fiordo Reñihué inmitten des Parks, um Douglas und Kris Tompkins, die beiden Initiatoren des Naturreservats, in ihrem abgelegenen Bauernhof zu besuchen. Bei einem gemeinsamen Mittagessen erzählten sie mir, wie alles begann. Vor Jahren, als sie das erste Mal nach Patagonien gereist waren, hatten sie im Hafen von Puerto Montt riesige Berge mit Holzhackschnitzel von alten Alercebäumen gesehen. Die Tausende Jahre alten Bäume waren umgeschnitten und zu Holzchips verarbeitet worden, um daraus in japanischen Papierfabriken Papier zu erzeugen. Ein Verbrechen, das nicht sein darf, dachte sich Douglas, doch er beließ es nicht bei diesem Gedanken. Damals war er noch der Besitzer von zwei große Bekleidungsfirmen, *The North Face* und *Esprit*, und entschied sich spontan, alle seine Firmenanteile zu verkaufen. Mit dem Geld erwarben er und seine Frau Kris die letzten großen Alercewälder Patagoniens

und schufen damit den ersten privat finanzierten Nationalpark der Welt. Douglas und Kris waren zwei faszinierende Persönlichkeiten, die trotz ihrer grauen Haare ihre Träume und Ideale nie verloren hatten und somit dieses Projekt der Hoffnung geschaffen hatten. Dabei achteten sie auch auf viele kleine Details. Die Holzhütten im Park wurden aus Schwemmholz gebaut, das vom Strand oder aus den Flüssen von Pumalin geholt wurde. Douglas legte beim Bau der Häuser ein besonderes Augenmerk auf die Ästhetik und wollte die Dinge schön gestalten, denn die Wertschätzung der Materialien, die ihm die Natur schenkte, ging für ihn einher mit dem Schutz und dem Respekt vor der Erde.

Hornopirén, 15. April 2004

Die Sonne schien und ich blickte auf den Fjord hinaus, dessen Wasser im Licht silbern glänzte. Direkt neben der Bootsanlegestelle rauschte ein Wasserfall ins Tal und rundherum wuchs eine üppige Vegetation. Mir schien, als wäre ich im Paradies auf Erden, doch es war bereits wieder an der Zeit, Pumalin zu verlassen und nach Norden weiterzureisen. Daher bestieg ich ein kleines Motorboot, das mich nach Hornopirén bringen sollte, von wo die Carretera Austral weiterging. Zuerst fuhren wir noch vorbei an den ausgedehnten Regenwäldern im Norden des Parks. Sie reichten hinunter bis zum Meeresufer und die Kronen der Baumriesen ragten immer wieder aus dem Wald heraus. Die Gischt spritzte mir ins Gesicht. Als wir die Grenze des Parks erreichten, kam der Schock: Ich sah Kahlschläge vom Ufer des Fjords bis hinauf zu den Berggipfeln. Als wir schließlich in Hornopirén anlegten, dröhnte mir wieder der Lärm der Autos in die Ohren. Auf den Straßen lag Müll. Was für ein Unterschied zu Pumalin.
Nun sitze ich im Zimmer der Pension und bin traurig, dass die Tage in Pumalin vorbei sind, aber auch glücklich darüber, dass ich den Geist der uralten Alercebäume erleben durfte und wohl mein Leben lang in mir tragen werde.

Voller Tatendrang zog ich weiter, Puerto Montt entgegen. Einmal wanderte ich sogar 55 km am Stück ohne eine einzige Pause, denn bei Dauerregen hatte ich einfach keine Lust, mich irgendwo niederzusetzen, um ein Butterbrot zu essen. Als ich in Puerto Montt ankam, lagen mehr als 1200 Kilometer *Carretera Austral* hinter mir. Ich mietete mich in einer Pension ein, genoss eine war-

me Dusche und gönnte mir zur Feier des Tages ein Bier, schließlich hatte ich ganz Patagonien zu Fuß durchquert.
Die uralten Alercebäume von Pumalin gingen mir nicht mehr aus dem Sinn. Als ich auf meine Landkarte blickte, entdeckte ich, dass es in der Nähe von Puerto Montt den Alerce Andino Nationalpark gab, wo auch noch einige dieser Baumriesen wachsen sollten. Ich beschloss, einen Ausflug dorthin zu machen. Bis vor einigen Jahren gab es in der Gegend von Puerto Montt ausgedehnte Alercewälder, doch heute sind sie fast alle verschwunden und daher kam ich vor dem Parkeingang an riesigen Baumstümpfen vorbei. Ich sah auch noch die alten Dampfmaschinen, die einst in der Sägeindustrie zum Einsatz gekommen waren und nun in den abgerodeten Wäldern vor sich hin rosteten. Rundherum wuchsen nur noch ein paar Büsche und der eine oder andere vereinzelte Baum. Als ich vor einem der riesigen Baumstümpfe stand, kam mir ein Gedicht von Leonel Lienlaf, der dem Volk der Mapuche-Indianer angehört, in den Sinn:

Verwandlung

Das Leben des Baumes
drang in mein Leben ein.
Ich begann, mich wie ein Baum zu fühlen
und verstand seine Traurigkeit.
Ich begann durch meine Blätter
und meine Wurzeln zu weinen,
während ein Vogel
in meinen Ästen schlief
und auf den Windhauch wartete,
der in seine Flügel fuhr.
Ich fühlte mich wie ein Baum,
denn der Baum war mein Leben.

Im Alerce Andino Nationalpark durfte ich in der Hütte des Nationalparkwächters Moises übernachten. Früh am Morgen machte ich mich zur tief im Wald versteckten *Catedral de los Alerces*, der „Kathedrale der Alercebäume", auf.

Moises hatte mir erzählt, dort beginne das Paradies und es gebe noch uralte, riesige Bäume. Der Weg war mitunter überwuchert und stand auf weiten Teilen völlig unter Wasser. Ich musste Sümpfe durchqueren und versank bis über die Knöchel im Morast. Doch je tiefer ich in den Wald kam, umso größer und majestätischer wuchsen die Bäume. Auf einmal umgab mich eine Wildnis, die ich in meinem Leben noch nie gesehen hatte. Die Bäume hatten mich völlig in ihren Bann gezogen und ich wanderte immer tiefer in den Wald hinein. Den Weg hatte ich aufgrund des Zaubers, der von den uralten Bäumen ausging, mittlerweile ganz vergessen und mit jedem Schritt steigerte sich meine Begeisterung. Da stand ich nun unter diesen Baumriesen: 3500 Jahre waren sie alt, majestätisch, zeitlos und ewig. Ich kam mir vor wie ein Zwerg, klein, bedeutungslos und doch am richtigen Ort – so orientiert wie schon lange nicht mehr.
Irgendwann bemerkte ich, dass ich vom Weg abgekommen war. Meine gesamte Ausrüstung und auch den Kompass hatte ich jedoch in der Hütte gelassen und so wusste ich nicht mehr, in welche Richtung ich gehen musste, um dorthin zurückzukehren. Es schüttete immer noch in Strömen und plötzlich begann ich zu frieren. Rund um mich standen die Baumriesen, die wie Wächter auf mich aufpassten, aber dazwischen war ein undurchdringliches

Inmitten der „Kathedrale der Alercebäume"

Bambusdickicht, das mir erst jetzt auffiel. Wegen des Zaubers der Bäume hatte ich den Bambus vorher nicht einmal beachtet. Wo war der Weg? In welche Richtung sollte ich gehen? Auf einmal schien es mir, als hörte ich die Stimme meines Großvaters. Ich erinnerte mich, dass er zu mir gesagt hatte: „*Gregor, wenn du dich einmal verirrst, suche dir einen Fluss und gehe an ihm entlang. Er wird dich ins Tal bringen und irgendwann kommst du zu einer Ansiedlung.*"

Zuerst musste ich den Fluss aber einmal finden, denn ich war umgeben von diesem Bambusdickicht. Ich blieb immer wieder in den Bambusstauden hängen, kam weder vor noch zurück, fand dann doch wieder einen kleinen Durchschlupf, schaffte es einige Meter weiter, blieb wieder hängen, riss mir die Hände und das Gesicht auf – und hörte plötzlich das Rauschen eines Wildbachs, der in unmittelbarer Nähe ins Tal hinunterstürzte. Ich rutschte in die Schlucht hinunter. Am Bach angekommen, reichte mir das Wasser stellenweise bis zum Bauch und ich wurde von ihm herumgewirbelt, doch mir war schon alles egal. Am Ufer sah ich wieder die alten Alercebäume. Sie begleiteten mich noch immer. Wie in Trance stieg ich im Flussbett ins Tal ab. Da, eine Brücke! Was war das doch für ein unglaubliches Glück! Ich hatte den Weg wieder gefunden und lief zurück zur Hütte. Alles an mir war sowieso schon patschnass und ich rannte einfach weiter, kletterte über Baumstämme von umgefallenen Baumriesen, durchquerte die Sümpfe und stand Stunden später wieder vor Moises. Er schaute mich ungläubig an, als ich ihm von den riesigen Alercebäumen erzählte, und meinte, noch nie habe jemand den Weg so schnell zurückgelegt wie ich. Moises heizte den Ofen ein und ich zog mir trockene Sachen an. Ich setzte mich neben den warmen Ofen und dachte an die „Kathedrale der Alercebäume" und den mystischen Zauber, der von diesem Ort ausging. Draußen schüttete es immer noch.

Seit meiner Kindheit habe ich einen besonderen Bezug zu Bäumen. Als ich ein kleiner Junge war, radelte ich mit meinen Eltern mindestens einmal im Monat zu einem Hunderte Jahre alten Eichenbaum, der inmitten einer schönen Aulandschaft stand. Er hatte eine knorrige, dicke Rinde, weit ausladende Äste und stand auf einer großen, saftigen Blumenwiese. Der alte Eichenbaum war wie der „Vater" dieses Ökosystems. Manchmal saß ein Graureiher im nahe gelegenen Sumpf. Alles schien in einem perfekten Gleichgewicht zu sein. Nur ein kleiner Wiesenweg führte zum Eichenbaum, an dessen Stamm eine wackelige Bank stand. Auf ihr saß ich oft und blickte in die Äste des Baums hinauf. Aus diesen Beobachtungen meiner Kindheit lernte ich, dass alles eine Einheit bildete: die Bäume, die Wiesenblumen, die Reiher, die Grashalme und Marienkäfer und auch wir Menschen. Erst später las ich den Satz von Hildegard von Bingen: *Jedes Geschöpf ist von einem anderen anhängig, alles ist miteinander verbunden und aufeinander angewiesen, alles antwortet einander und hält einander in Spannung.*

Zum Glück hatte ich Eltern, die mich schon seit meinen frühen Kindheitstagen auf die Schönheit der Welt aufmerksam machten. Mein Vater nahm mich in den Wald mit und meine Mutter zeigte mir den Regenbogen, die Sumpfdotterblumen und Schmetterlinge. Erst viel später wurde mir bewusst, dass wir an den schönsten Dingen vorbeigehen können und sie nicht sehen, wenn wir nicht aufmerksam und achtsam sind. Diese Achtsamkeit müssen wir aber erst lernen.

Nach Jahren der Freundschaft mit dem alten Eichenbaum kam der Schock. Die Pyhrnautobahn sollte genau über jenen Ort, wo er stand, gebaut werden. Wer hatte das entschieden? Ein Aufschrei ging durch die Bevölkerung. Viele engagierten sich, dass der alte Baum nicht gefällt werde. Die Trasse wurde um einige Meter verschoben und der Bau konnte somit beginnen. Zuerst wurden die Eichenbäume rundherum umgesägt, denn sie mussten einer Autobahnauffahrt weichen, die Blumen verschwanden unter einer breiten Schotterpiste, die schließlich mehrere Meter hoch direkt neben dem alten Eichenbaum aufgeschüttet wurde. Der Lärm der Baumaschinen vertrieb den Graureiher, aber in der Zeitung las ich, dass beim Bau der Autobahn ein besonderer Wert darauf gelegt wurde, die Ökologie der Au so wenig wie möglich zu stören. Das war auch richtig, sie wurde nicht gestört, sondern zerstört.

Als die Autobahn fertig gebaut war und die ersten Schwertransporter neben dem Eichenbaum vorbeidonnerten, besuchte ich meinen Freund noch einmal. Eine graue, stickige Luft hing nun wie eine Wolke über der Landschaft. Es war, als ob der Geist dieses früher so magischen Gebiets ein für alle Mal verschwunden war. Ich lehnte mich an den Stamm der Eiche und weinte. Dieses Erlebnis und die Erinnerungen an das noch intakte Ökosystem, bevor die Autobahn gebaut wurde, haben mein Leben tief geprägt.

Am letzten Tag vor Bariloche, dem Ziel meiner Transpatagonia-Wanderung, hörte ich in der Früh aus einem nahe gelegenen Haus die Stimme von Bob Marley. Er sang: *Everything is gonna be alright* – alles wird gut werden. Ich packte meine Sachen zusammen, schulterte den Rucksack und machte mich

Blick auf den Nahuel-Huapi-See bei Bariloche

auf den Weg. Die Sonne schien, die Bäume leuchteten in herbstlich bunten Farben und ich spazierte am Ufer des tiefblauen Nahuel-Huapi-Sees entlang. Es war so wunderschön und viele Erinnerungen von der fast 3000 Kilometer langen Wanderung durch Patagonien kamen mir wieder in den Sinn: Freunde, die ich getroffen hatte, der Falke, der mich auf langen Strecken des Weges begleitet hatte, der Regen und die Sonne. Als ich gerade in meinen Gedanken versunken war, sah ich plötzlich einen Radfahrer, der neben der Straße stand. Ich kniff meine Augen zusammen. Das war ja fast unglaublich, aber er musste es sein! Ich begann trotz meines Rucksacks zu laufen. Nun sah er mich auch und riss die Arme in die Höhe. Es war Roland aus der Schweiz. Was für eine Freude, ihn hier wiederzutreffen! Beim Reisen waren die Bekanntschaften immer nur von kurzer Dauer, da jeder früher oder später einen anderen Weg einschlug. Wenn man jemanden dann nach langer Zeit aber wieder traf und Erlebnisse austauschen konnte, war das für mich immer ein fantastisches Geschenk.

Bariloche liegt idyllisch am Ufer des großen Nahuel-Huapi-Sees, umgeben von Bergen und Wäldern. Für mich war es der beste Ort auf der ganzen Welt, um mich von den Strapazen der Wanderung zu erholen. Zuerst wollte ich nur ein paar Tage bleiben, doch dann kam alles anders und ich blieb vier Wochen lang. Ich hatte mich auf Rolands Vorschlag hin in einer netten Pension im zehnten Stockwerk eines Gebäudes einquartiert. In der Herberge trafen wir auch noch andere Reisende: André und Burkhart, die mit dem Fahrrad durch ganz Lateinamerika unterwegs waren, und auch Thomas, Katrin und Petra, die einige Monate durch die Welt reisten. Abends kochten wir immer zusammen, philosophierten bis spät in die Nacht bei gutem Essen und argentinischem

Bunte Herbstwälder bei Bariloche

Der Cerro Catedral

Wein. Tagsüber wanderten wir in den umliegenden Bergen, vorbei an den rotgefärbten Felstürmen des Cerro Catedral und durch die bunten Herbstwälder, die in allen Farben leuchteten.
Wir stiegen hinauf zu den Felsen, wo die Kondore zu Hause waren, und genossen den Sonnenschein. Nach dem Dauerregen in Chile schien in Bariloche vier Wochen lang die Sonne. Der Ort wurde zu meiner Heimat, doch irgendwann spürte ich, dass ich wieder weiterziehen sollte. Auf nach Tokio! Schweren Herzens nahm ich von meinen Freund_innen Abschied.

Die Ruinen der Inkastadt Machu Picchu

Zu Fuß entlang der königlichen Inkastraße von Cusco (Peru) nach Quito (Ecuador)

Sie beginnt im peruanischen Andenhochland und verläuft von Cusco über Ayacucho nach Huancayo und weiter zur Cordillera Blanca. Schließlich erreicht sie Cajamarca und in der Folge durchquert sie den unwegsamen Norden Perus und das Grenzgebiet zu Ecuador. Von dort führt die königliche Inkastraße weiter durch den Süden Ecuadors und schließlich vorbei am mächtigen Chimborazo und Cotopaxi bis nach Quito.

UNTERWEGS AUF DER KÖNIGLICHEN INKASTRASSE

„LEJOS, LEEEJOS!" – DER WEG IST NOCH WEIT

Wenn du es nicht in dir selbst findest, wo willst du danach suchen?
(Der Zenrin)

Seit ich in der Bibliothek von Bad Ischl einen Bildband von der königlichen Inkastraße ausgeliehen hatte, träumte ich davon, den Weg von Cusco in Peru nach Quito in Ecuador zu erwandern. Die Tour zu organisieren war aber kein leichtes Unterfangen. Wo sollte ich Informationen und detaillierte Wegbeschreibungen über den Weg bekommen? Gab es überhaupt Karten? Nach einer langen Recherche im Vorfeld meiner Weltenwanderung lernte ich John Pilkington, einen Engländer, kennen, der einige Jahre vor mir den Weg begangen hatte. Er meinte, er könne mir die Karten gerne kopieren und zuschicken, allerdings solle ich mir noch einmal gut überlegen, ob ich die königliche Inkastraße wirklich gehen möchte. Sie sei gefährlich, unwegsam und nur sehr selten begangen. Laut seinen Recherchen wäre ich erst der Fünfte, der sie in ihrer ganzen Länge gehen wollte, seit der Peruaner Ricardo Espinosa Reyes in den 1990er-Jahren mit seiner Wanderung und der detaillierten Dokumentation des Weges die Route wieder zu einem neuen Leben erweckt hatte. Als ich dann Johns Tagebuch durchlas, wurde mir endgültig klar, dass es keine leichte Aufgabe werden würde: Er schrieb von gefährlichen Abhängen, die er entlanggewandert war, von einem nächtlichen Überfall und den Schwierigkeiten, die Inkastraße überhaupt erst zu finden. Diese Gedanken gingen mir durch den Kopf, als ich im Bus von Bariloche nach Cusco reiste und den Stoß Landkarten durchblätterte, den ich in meinen Händen hielt. Gleichzeitig hatte mich jedoch auch die Vorfreude auf das große Abenteuer, das vor mir lag, gepackt.

In Cusco angekommen, recherchierte ich noch mehr über die Inkas. Die rasche Ausweitung des Inkaimperiums war vor allem einem perfekt ausgebauten Straßen- und Kommunikationsnetzwerk zu verdanken, denn nicht weniger als 25.000 Kilometer Straßen verbanden zur Hochblüte der Inkas die

Traditionelle Brücke aus der Inkazeit

Hauptstadt Cusco mit allen Gebieten des Inkareichs. In seinem gerade einmal 100-jährigen Bestehen wuchs *Tahuantinssuyu*, wie die Inkas ihr Großreich nannten, exponentiell und erreichte bis zur Ankunft der Europäer zu Beginn des 16. Jahrhunderts eine außerordentliche Größe. Es erstreckte sich in Zeiten seiner Hochblüte über eine Fläche von vier Millionen Quadratkilometern und reichte vom heutigen Kolumbien über Ecuador und Peru bis Bolivien, Argentinien und Chile. Die Inkas waren ein sehr kriegerisches Volk.

So wie die Inkas andere Königreiche und Völker in Windeseile unter ihre Kontrolle brachten, wuchs auch ihr Straßennetz mit einer atemberaubenden Geschwindigkeit. Obwohl das Rad damals schon seit Jahrhunderten in Verwendung war, blieb das Wegenetz Fußgängern vorbehalten, da das Gelände den Einsatz von Fuhrwerken nicht erlaubte. Ein junger spanischer Soldat, der 1540 die Inkastraße bereist hatte, schrieb: *Ich bezweifle, ob es auf der Welt eine vergleichbare Straße wie diese gibt, die durch tiefe Täler und über hohe Berge führt, durch Schnee und ausgedehntes Sumpfland, in Felsen gehauen ist und entlang reißender Wildbäche verläuft.*

Das Kommunikationssystem mit Botenläufern, den Chasqui, erlaubte es, Nachrichten über eine Strecke von 300–400 Kilometern an nur einem Tag zu

Die Inkaruinen von Pariachuco kurz vor dem Anstieg auf ein 4500 Meter hohes Plateau. Dort gab es eine Herberge zum Ausruhen und Übernachten und die Reisenden konnten auch ihre Proviantreserven auffüllen.

transportieren. Um diese Geschwindigkeiten zu erreichen, liefen die Chasqui aber nur kurze Abschnitte von 500 Metern bis fünf Kilometern zwischen zwei Kurierstationen, was eine sehr schnelle Nachrichtenübermittlung aus und in alle Ecken des Imperiums erlaubte. Meldungen von Aufständen in den Randgebieten des Reichs konnten sofort mit einer schnellen Mobilmachung der Armee niedergeschlagen werden und ganze Städte wurden mit Hilfe des perfekt ausgebauten Straßennetzwerks innerhalb kürzester Zeit gänzlich an unbekannte Orte verlegt.

Zwei Straßen bildeten das Rückgrat dieser Verbindungswege. Der *Capaq Ñan* („opulenter Weg") verband die beiden Königsstädte Cusco (im heutigen Peru) und Quito (im heutigen Ecuador) und verlief auf fast 2500 Kilometern hoch oben in den Anden, während parallel dazu eine Küstenstraße durch das Tiefland führte. Selbst heute, mehr als 500 Jahre nach ihrem Bau, ist der Weg in den Bergen noch erstaunlich gut erhalten. Ich fand lange Abschnitte einer bis zu fünfzehn Meter breiten und in Stein behauenen Straße, die über das Andenhochland führte. Der *Capaq Ñan* ist als kürzeste Verbindung zwischen Cusco und Quito ein wahres Meisterwerk der Inkabaukunst, denn er verläuft fast immer geradeaus, kommt mit wenigen Kurven aus und ist trotzdem perfekt an das Gelände angepasst. Allerdings gibt es Abschnitte im Hochland, wo er oft mit Punagras bewachsen ist und sich daher nur schemenhaft von der Umgebung abhebt. Nicht selten verlor ich deshalb den Weg, zumal ich auf Landkarten aus den 1960er-Jahren angewiesen war, und dort war die Inkastraße nur lückenhaft eingezeichnet – aber genaueres und aktuelleres Kartenmaterial gab es in den Andenstaaten nicht.

Aufgrund des ungewissen Weges war ich oft auf die Bewohner entlang des Weges angewiesen. Wenn ich fragte, wie weit es noch bis in den nächsten Ort sei, kam die Standardantwort meist prompt: „lejos" („weit"), manchmal auch mit einer ewig langen Betonung „leeeeejos", um wirklich zu unterstreichen, dass es noch sehr weit war. Bei genauerem Nachfragen waren die Antworten jedoch sehr widersprüchlich. Einmal reichte die Bandbreite für einen noch zurückzulegenden Wegabschnitt sogar von 30 bis 80 Kilometer. Das zeigte, dass in Peru

Nur schemenhaft ist die Inkastraße hier im Gebiet des Cerro Huaylillas zu sehen. Eine Steinreihe markiert nach wie vor den Rand des hier beinahe zehn Meter breiten „Capaq Ñan". Sie verläuft in der Mitte des Bildes links vom großen Stein entlang und zieht sich dann im vorderen Bildteil in einer Kurve an den beiden Sträuchern vorbei.

der Zeitbegriff und auch die Vorstellung über Entfernungen ein ganz anderer war als bei uns in Europa. Wem sollte ich aber nun Glauben schenken? Ein anderes Mal fragte ich einen Peruaner nach dem nächsten Ort und er meinte spontan: „Es sind noch zehn Stunden Wanderung." Ich wandte ein, dass ich keine Schildkröte sei, worauf er seine Schätzung sogleich auf vier Stunden reduzierte. Schlussendlich war ich gerade einmal 1½ Stunden unterwegs.
Die lustigste Antwort auf meine Versuche, den Einheimischen das Geheimnis über die Entfernung bis zum nächsten Ort zu entlocken, kam wie aus der Pistole geschossen:
„Es sind 120 Kilometer, der Bus braucht 45 Minuten." „Caramba", wandte ich ein, „da ist er doch mit einer sensationellen Durchschnittsgeschwindigkeit von 160 km/h unterwegs", was den Sportsfreund veranlasste, seine Schätzung sogleich zu ändern: „Na dann sind es eben 100 Kilometer." „Aber da fährt doch der Bus immer noch mit 130 km/h. Ich bin in ganz Lateinamerika noch nie so schnell gefahren." „So werden es nur 80 Kilometer sein, aber die sind es gewiss." „80 Kilometer, Señor, das macht über 100 km/h. Wenn der Bus an jeder Straßenecke stehen bleibt, geht sich das nie aus." „Da haben sie wohl recht, dann sind es 50 Kilometer bis Huancayo, aber weniger sind es auf keinen Fall!" Ich lächelte, bedankte mich höflich für seine Auskunft und ließ ihn gehen. Er schien froh zu sein, meinen mathematischen Berechnungen entkommen zu sein.
Nicht nur die Ungewissheit der Entfernungen machte mir das Leben schwer, auch die enormen Steigungen waren eine große Herausforderung. Der Weg verlief nie flach, sondern ging ständig hinauf oder hinunter. Zuerst hinauf auf über 4000 Meter, dann wieder hinunter auf 1500, dann gleich wieder hinauf. Unten im Tal umschwärmten mich dutzende Sandfliegen und Moskitos. Das Klima war heiß wie in der Wüste. Kakteen und Dornensträucher machten ein Vorwärtskommen oft schwierig. Von den Tälern führte der Weg wieder hinauf in die endlosen Hochflächen und verlor sich im Nichts.
So wie die Zeitangaben waren auch die Wegbeschreibungen der Andenbewohner oft alles andere als hilfreich. „Wohin gehst du?", fragte mich ein Mann beim Verlassen eines Ortes. „Ich wandere die Inkastraße entlang und heute geht es noch nach Chullin", antwortete ich ihm. „Du willst doch nicht etwa die Straße im Tal entlanggehen?" „Doch, das will ich, denn auf meiner Karte ist der Weg in den Bergen unterbrochen." „Ach, das stimmt doch nicht, hier gehen alle, die nach Chullin unterwegs sind, über die Berge. Keiner folgt dem Weg im Tal, das ist ein riesiger Umweg." „Meinst du wirklich?" „Si, ami-

Die traumhaft schöne Landschaft vor Chullin entschädigte für die Strapazen der vorangegangenen Stunden.

go, ich wohne hier seit vielen Jahren und bin immer noch oben hinübergelaufen. In ein paar Stunden bist du dort, du wirst sehen. Das ist eine tolle Abkürzung." „Und der Weg, ist der nicht zu verfehlen?" „Verfehlen, den Weg? Niemals! Der Weg ist breit und sehr gut zu erkennen. Du siehst ihn schon aus der Ferne und schaffst es auch ohne Karte. Geh einfach zuerst den Hang entlang und dann folge dem Weg, der steil bergauf führt." „Wenn du das mit einer so großen Überzeugung sagst, dann glaube ich dir. Danke jedenfalls und mach's gut!" „Si, suerte amigo, pass gut auf dich auf."
Ich folgte seinem Rat und anfangs war der Weg auch noch breit und schön. Nach einem einstündigen Anstieg war ich bereits hoch oben in den Bergen und sah die Straße, der ich ursprünglich folgen wollte, tief unten im Tal. Auf einmal verschwand mein Weg nach den letzten Häusern jedoch im Dickicht. Ich kämpfte mich durch das Gebüsch und erreichte endlich die Hochfläche. Vor mir breitete sich ein endloses Hochmoor aus. Zumindest hatte ich nun das Gebüsch verlassen, doch ich irrte fortan im Sumpf umher, sprang über unzählige reißende Wildbäche und stellte fest, dass der Kerl, der mir den Rat ge-

geben hatte, den Weg sicher noch nie gegangen sein konnte, sofern man da überhaupt noch von einem Weg sprechen konnte. Letzten Endes war die vermeintliche Abkürzung unglaublich anstrengend und ein großer Umweg. Gerne wäre ich zurückgekehrt und hätte den Burschen zur Rede gestellt, doch daran war nicht zu denken, denn es war viel zu weit. So stieg ich auf der anderen Seite des Berges wieder ins Tal ab. Ich durchquerte eine wunderschöne Landschaft und mit der Zeit verflog mein Ärger. Ich kam in ein paradiesisches Tal, und als ich durch das kleine Dorf Chullin wanderte, lud mich die Besitzerin des Dorfladens ein, bei ihr zu kochen. Ich war wieder versöhnt: Freud und Leid waren auf der Inkastraße eben oft so ganz nahe beisammen.

Schon der Anfang der Tour in Peru war hart. Auf dem Weg von Curahuasi nach Abancay hatte ich in einer Landwirtschaftsschule einen kurzen Vortrag über ökologischen Landbau gehalten und war dann weitergewandert. Es ging ziemlich steil bergauf. Dabei kämpfte ich mit der dünnen Luft und kam nur sehr langsam vorwärts. Auf einer Anhöhe ließ ich mich erschöpft ins Gras fallen. Ich war gerade einmal auf halber Höhe des Passes und ich wusste, ich würde es nie schaffen. Lange saß ich in der Wiese und blickte zum 4000 Meter hohen Pass hinauf. Schließlich gab ich auf, machte kehrt und wanderte zurück nach Curahuasi. Dort verbrachte ich mehrere Tage krank im Bett und versuchte meinen hartnäckigen Husten und eine Darminfektion auszukurieren. Ich lag in einem winzigen Zimmer der Pension *San Cristobal* und fühlte mich völlig verlassen und einsam. Zudem las ich in der Zeitung, dass möglicherweise ein starkes Erdbeben in Peru kurz bevorstünde, außerdem von Überfällen in der Gegend und den Plänen, im Juli den Präsidenten zu stürzen. Was würde da noch alles auf mich zukommen? Der Weg nach Quito würde beschwerlich werden und meine Abwehrkräfte schienen an die Bakterien in diesem Land auch nicht gewöhnt zu sein. Ich träumte von einem Ort, den ich Heimat nennen konnte.

Vor meiner Wanderung hatte ich zu Hause eine Auslandskrankenversicherung abgeschlossen, sodass mich im Notfall ein Rettungsflugzeug in die Heimat bringen würde. Auf diese Sicherheit wollte ich nicht verzichten, doch unterwegs auf der Inkastraße änderte sich meine Sichtweise. Ich hatte zwar einen umfassenden Versicherungsschutz, aber wie sollte ich den Hubschrauber rufen, wenn mir etwas zustieß? Es gab schließlich im einsamen Andenhochland keine Telefonzelle. Daher musste ich lernen, Eigenverantwortung für mein Handeln zu übernehmen, überlegte vorher, ob ich einer Situation gewachsen

Robert und seine Nachricht auf dem 4000 Meter hohen Pass vor dem Abstieg nach Abancay.

war, und vertraute nicht einzig und allein einer Krankenversicherung, die nur ein scheinbares Sicherheitsgefühl vortäuschte.

Nach einigen Tagen der Krankheit kam ich wieder zu Kräften. Auskuriert von der Darminfektion schien die Welt schon wieder viel rosiger. Ich war voller Tatendrang und machte mich erneut auf den Weg nach Abancay. Kurz bevor die Hauptstraße den Scheitelpunkt am Pass querte, traute ich meinen Augen nicht. Da stand doch in großen Lettern mit Kreide auf den Asphalt geschrieben: *Gibb erms, hoppauf Gregor*!! Einige Tage später erfuhr ich via E-Mail, wer mir diese Nachricht hinterlassen hatte. Es waren Robert und Andrea, die ich kurz nach Cusco getroffen hatte. Damals begrüßten sie mich mit einem lauten „Servaaas!“ Sie kamen aus meiner Heimat Oberösterreich und waren mit dem Fahrrad durch Lateinamerika unterwegs. Die Freude über unsere Begegnung war so groß gewesen, dass wir in Verbindung bleiben wollten, und die Nachricht auf der Hauptstraße war nun ihre Art, unsere Freundschaft zu pflegen.

Gleich dem Weg, der immer wieder auf und ab führte, erlebte ich auf der Wanderung in den Anden auch ein ständiges Wechselbad der Gefühle. Wunderbare Augenblicke gingen oft nahtlos in Momente größter Anspannung über. Ich war hocherfreut über die großartige Weite der Landschaft und die verzauberten Schneeberge der Anden und dann doch wieder erschöpft, mit meinen Kräften am Ende. Ich gab mich dem Wechselspiel aus Licht und Dunkel, Sanftheit und

Härte, Wachstum und Zerfall in allen seinen unterschiedlichen Facetten hin und gerade in der Schwellenphase der Gefühlszustände machte ich spannende Erfahrungen. Die scheinbare Ohnmacht der Schwäche zeigte mir Quellen der Stärke, die Macht der Einsamkeit führte mich näher an die Menschen und an die tiefe, allumfassende Geborgenheit von Mutter Erde heran. Die Macht eines herannahenden Gewitters im Andenhochland löste in mir ein Gefühl von lebensbedrohender Panik aus und konfrontierte mich mit dem Tod, aber wenn der Sturm vorbeigezogen war, konnte ich das Leben wieder richtig schätzen. In diesen Augenblicken tiefsten Verbundenseins mit mir selbst lösten sich viele Geschichten aus meiner Vergangenheit auf und die Wanderung warf ein neues Licht auf einschneidende Erlebnisse, die mein Leben geprägt hatten. Folgende Worte von T. S. Eliot beschreiben diese emotionalen Zustände treffend:

Mögen wir immer unseren Entdeckergeist bewahren. Und am Ende all dieser Entdeckungen kommen wir dahin zurück, wo wir angefangen haben, und sehen den Ort zum ersten Mal.

Entdeckergeist brauchte ich wirklich auf dem *Capaq Ñan*, denn nicht selten verlor sich die Inkastraße im dichten Gras und ich irrte dann lange umher, bis ich den Weg wiederfand. Bald aber lernte ich auf die unterschiedlichsten noch so kleinen Indizien zu achten, die mir halfen, den Weg zu identifizieren. Es konnten Haufen von Esel- oder Pferde-

Der „Capaq Ñan" verläuft hier über den Cerro Huaylillas. Auf der linken Seite des Weges ist die Steinmauer klar erkennbar – ein wichtiges Merkmal der Inkastraße.

mist sein oder auch Steinmännchen, die auf den Pässen errichtet waren. Das oftmalige Wegesuchen und Verlorensein brachte mich an meine Grenzen, musste ich doch mit allen Herausforderungen alleine zurechtkommen. Inmitten des Andenhochlandes stand ich eines Tages plötzlich vor einem Steyr-Traktor. Bei seinem Anblick kamen mir fast die Tränen, denn ich bin in Steyr geboren. So groß war meine Einsamkeit damals, dass mir sogar beim Anblick eines Traktors die Tränen kamen.

Der Steyr-Traktor inmitten des peruanischen Andenhochlandes

EIN WECHSELBAD DER GEFÜHLE

Wer soll dir vertrauen, wenn du dir selber nicht vertraust?
(Felix Gottwald)

Auf meiner Wanderung durch Peru hatte ich immer wieder Angst: Angst, wenn ich nachts im Zelt lag und ein Gewitter näher kam, Angst, wenn ich nicht wusste, ob ich den Weg wieder finden würde und ich durch Schluchten oder über Hochflächen irrte, Angst, fortgerissen zu werden, wenn ich vor einem reißenden Fluss stand, den es zu überqueren galt, Angst vor Überfällen im einsamen Hochland. Mit der Zeit lernte ich jedoch, mit dieser Angst umzugehen. Je länger ich unterwegs war, umso mehr Vertrauen hatte ich aufgebaut und die Angst holte mich immer seltener ein. Wegen des vielen All-ein-Seins fühlte ich mich immer öfter mit allem eins. Auf einmal schien mich *Pachamama* – wie „Mutter Erde" in der alten Inkasprache heißt – richtiggehend zu tragen und dieses Gefühl half mir, ruhig und gelassen zu bleiben. Das gelang wohl auch deswegen so gut, weil ich auf ein gutes Fundament aufbauen konnte: Um den Segen für die Weltenwanderung zu erbitten, hatte ich die Tour mit einer langen Pilgerwanderung nach Santiago begonnen. Ich hatte auch den Ratschlag, den ich in Marlo Morgans *Der Traumfänger* gelesen hatte, befolgt, dass es wichtig sei, bevor ich einen Wegabschnitt gehen wollte, den *großen Geist* um Erlaubnis zu fragen. Dabei hatte ich auch gelobt, so wenig Spuren wie möglich zu hinterlassen.

Auf der praktischen Seite hatte ich so manche Herausforderung zu meistern. Konnte ich am Anfang meiner Weltenwanderung nicht einmal das Zelt richtig aufstellen, geschweige denn einen geeigneten Zeltplatz finden, wurde mein Gespür dafür umso klarer, je länger ich unterwegs war. Die Intuition war dabei das zentrale Element, half sie mir doch, einen guten Schlafplatz auszuwählen und die Richtung, in die ich gehen sollte, zu bestimmen. Je mehr ich ihr Gehör schenkte, umso öfter begleitete sie mich. Mit jeder Herausforderung, die ich meisterte, wuchs mein Vertrauen. Allerdings vollzogen sich diese Erfahrungen

Der „Capaq Ñan" wurde von einem Erdrutsch weggerissen. Im vorderen Teil des Fotos ist der Weg noch zu sehen, in der Mitte fehlt ein langes Stück und dahinter geht er wieder weiter. Das Geröll war sehr rutschig und rechts ging der Abhang mehrere hundert Meter in die Tiefe. Wie sollte ich das schaffen? Mir blieb nichts anderes übrig, als den Erdrutsch großräumig oberhalb zu umgehen. Dabei musste ich hinter dem Geröllfeld wieder steil zur Inkastraße absteigen, was gefährlich war, zumal mich der Rucksack in die Tiefe schob.

Begegnung auf der Inkastraße

schrittweise und langsam, weswegen ich am Beginn meiner Wanderung noch auf einfachen Wegen unterwegs sein wollte. Der Jakobsweg glich einer Pilgerautobahn, die nicht nur perfekt markiert war, sondern auch die nötige Infrastruktur aufwies, um in aller Ruhe gehen zu können. Gerade deswegen konnte ich mir dort Fehler erlauben, die in anderen Erdteilen unter Umständen nicht so glimpflich ausgegangen wären. Ich wollte meine Grenzen ausloten und steigerte deshalb kontinuierlich die Länge der Tagesetappen. Dabei lernte ich, wie weit ich an einem Tag gehen konnte. Ich experimentierte mit dem Gewicht meines Rucksacks und versuchte herauszufinden, wie viel Gepäck ich tragen konnte, selbst wenn ich in Europa nicht so viel Ausrüstung gebraucht hätte und ein federleichter Rucksack ausreichend gewesen wäre. In Portugal zeigten sich die ersten Herausforderungen, da die Wege nicht markiert waren und ich mit alten Landkarten navigieren musste. In Patagonien lernte ich, Flüsse ohne Brücken zu überqueren. Dabei machte ich schrittweise meine Erfahrungen. Veränderungen brauchen eben Zeit und Geduld. Und die Angst? Sie kommt auch heute noch manchmal in mir auf, aber viel seltener als früher und vor allem kann ich nun besser mit ihr umgehen.

„El condor pasa“

Ich erlebte viele magischen Momente am Wegesrand, genauso, wie es die großen Erschwernisse gab. Ich glaube, ich hätte weder das eine noch das andere so bewusst erfahren können, wenn eine Seite gefehlt hätte. Auch die völlig unverhofften Begegnungen entlang des Weges hatten etwas Magisches. Einmal flog eine Eule vorbei, während ich mein Abendessen kochte. Sie kreiste einige Male über meinem Zelt, bis sie wieder in der Ferne des Andenhochlandes verschwand. Ein anderes Mal fühlte ich mich beobachtet, als ich die Landkarte studierte. Ich blickte auf und in fünf Meter Entfernung sah ich einen Fuchs mit einem buschigen Schwanz. In der Cordillera Blanca saß ich auf einem einsamen Bergpass im Schneesturm und erholte mich vom steilen Anstieg. Plötzlich rissen die Wolken auf und die Sonne kam zaghaft hervor. Aufgrund der wärmenden Sonnenstrahlen döste ich ein und wurde erst wieder hellwach, als direkt über mir ein riesiger Schatten auftauchte. Ich blickte hinauf und keine drei Meter über meinem Kopf segelte ein Kondor majestätisch ins Tal hinunter. Ich sah ihm noch lange nach, bis er in der Ferne in einem Seitental verschwand. Das waren sie, die Geschenke der Inkastraße, und sie zeigten mir, dass ich auch im Alleinsein völlig mit der Welt und dem göttlichen Geist verbunden sein konnte.

Die zahlreichen Einladungen auf der Inkastraße sorgten wegen des vielen Alleinseins immer für eine wunderbare Abwechslung und boten auch eine gute Gelegenheit, das einfache Leben der Andenbewohner besser kennen zu lernen.

Immer wieder luden mich Bauern auf dem Hochland auf Bohnen oder *Chocho,* ein peruanisches Maisgericht, und auf Zuckerwasser ein. Dabei ergaben sich oftmals schöne Gespräche. Nach einer dreitägigen Wanderung durch die mückengeplagte, heiße Schlucht des Rio Mantaro winkte mich eine Familie zu sich und ich bekam eine süße Orange, frische Weintrauben und Honig von ihnen geschenkt. Ein anderes Mal lud mich ein Imker zu sich ein und ließ es sich nicht nehmen, für mich köstliche Waben aus dem Bienenstock zu holen. Als ich eines Abends keine passende Gelegenheit zum Übernachten fand, öffnete mir Ismael die Tür zu seinem Haus. Ich schlief auf dem Fußboden in der Küche, gleich neben den Hühnern, und war umringt von Dutzenden Meerschweinchen. In der Früh segelte der Hahn direkt über meinen Kopf und krähte mir aus Leibeskräften ins Ohr, ein wahrlich toller Wecker.
Einmal kam ich in ein Dorf und fragte eine ältere Frau nach dem Weg in die Berge. Sie meinte: „Vor ein paar Wochen kam auch ein *Gringo* vorbei, genauso wie du. Er hatte blonde Haare, genauso wie du. Er fragte mich nach dem Weg, genauso wie du. Er wollte hinauf in die Berge, genauso wie du. Schließlich wanderte er hinauf. Tage später fand man seine Leiche, neben den Inkaruinen." Ich wartete auf ein „genauso wie du", aber es kam nicht. Trotzdem hatte ich ein recht mulmiges Gefühl und schaute, dass ich schnell weiterkam. Ich wanderte mit voller Geschwindigkeit hinauf in die Berge, machte einen Umweg um die Inkaruinen und sah zu, es vor Einbruch der Dunkelheit noch in den nächsten Ort zu schaffen. Dieses Erlebnis war aber eine Ausnahme, denn die Begegnungen mit den Andenbewohnern waren oftmals auch sehr erheiternd: Einmal grüßte mich eine alte Frau ganz respektvoll mit „Buenos dias, señor gringito" – wobei *Gringito* „kleiner Gringo" heißt.

HOCH OBEN IN DEN ANDEN

Glück ist nur dann echt, wenn wir es teilen.
(Alex Supertramp)

Als ich eines Morgens die Pension, in der ich geschlafen hatte, verließ, drückte der Rucksack schwer auf meine Schultern und ich wusste, es würde erneut ein anstrengender Tag werden. Zuerst folgte der *Capaq Ñan* einer stark befahrenen Staubstraße und ich wurde immer wieder in eine dichte Staubwolke eingehüllt. Sodann führte der Weg wieder in das einsame Hochland hinauf, doch diesmal machte mir die Höhe zu schaffen. Immer wieder musste ich den Rucksack abstellen, weil ich so erschöpft war, und zweimal schlief ich sogar auf der Wiese ein. Dafür entschädigten mich die Eindrücke am Weg für die Strapazen. Ich begegnete sogar den scheuen Vicuñas, einer wilden Lamaart. Die Sonne tauchte die Hochfläche und die alte Inkastraße in ein magisches Licht. Es wurde schon dunkel, als ich in ein kleines Dorf kam. Für die Gemeindepension ließ sich kein Schlüssel finden, denn der Bürgermeister war verreist und hatte ihn mitgenommen. Aber die Besitzerin des Ladens am Hauptplatz brachte mich zu ihrem Cousin und dort konnte ich übernachten. Nach einem Stück Brot und einer Tasse Tee schlief ich selig ein.
Am nächsten Tag folgte ich der Inkastraße in eine kleine Stadt, wo ich mir Kaffee und Kuchen in einer Bäckerei gönnte. Als ich wieder auf die Straße hinaustrat, traute ich meinen Augen nicht: Adam und seine Freundin Isabel spazierten mir entgegen. Adam kam aus Schweden und ich hatte ihn vor Jahren im Nachtzug von Kopenhagen nach München getroffen. Nun begegneten wir uns hier in diesem kleinen Nest am Ende der Welt wieder. Das war sie, die Magie des Lebens. Wir fielen uns in die Arme und kehrten in die Bäckerei zurück. Adam hatte Isabel, eine Peruanerin aus der Gegend, kennen gelernt und reiste nun mit ihr durch Peru.
Ich erhielt auch Besuch aus Österreich. Mein Freund Peter kam nach Peru, um mich drei Wochen lang zu begleiten. Er hatte Mannerschnitten und Mozartkugeln aus Wien mitgebracht und ich lud ihn dafür zu einem peruanischen Frühstück mit Maca und Kiwicha ein. Diese Knollenfrüchte waren eine tolle Kraftnahrung aus der Inkazeit. Ich kann mich noch gut erinnern, wie Peter den ersten Löffel genoss. „Schmeckt echt gut, haben wir das nun öfter?“ Aber nach einigen weiteren Kostproben kam die Ernüchterung. Ich hatte zwar mehrere Löffel Schokoladepulver in die Schüssel gekippt, um den Geschmack der „Inkaköst-

lichkeiten" zu verbergen, aber mit der Zeit kam trotzdem ihre unvergleichliche Geschmacksnote durch. „Ich esse sie seit zwei Monaten. Du wirst sie in den nächsten Wochen noch öfter genießen." Peter war alles andere als begeistert und schielte verstohlen zu den Mannerschnitten, die auf dem Tisch lagen.

Peter beim „Vollbad" in den „Thermalquellen"

Nach den ersten gemeinsamen Wandertagen bezogen wir auf der Hochfläche von Junin eine bescheidene Herberge. Unser Zimmer war gerade groß genug, dass zwei Betten darin Platz fanden, durch eine kleine Luke drang Licht in den Raum. Wasser gab es keines in der Pension. Wir hatten aber herausgefunden, dass es in der Nähe Thermalquellen geben sollte, und malten uns schon ein großes Becken mit herrlich warmem Wasser aus. Daher beschlossen wir, ein Motorradtaxi dorthin zu nehmen. Der Taxifahrer meinte sogleich, das Wasser wäre „bien caliente", schön warm, und wir könnten in einem *picina,* einem Schwimmbecken, baden. Als wir dort ankamen, war aber alles ganz anders, als wir es uns vorgestellt hatten. Ein kleines, knietiefes Becken mit lauwarmem Wasser, überwuchert von Algen, wartete darauf, von uns entdeckt zu werden. Trotzdem badeten wir, denn der Taxifahrer verlangte ein kleines Vermögen für die Fahrt. Schnell hinein ins kühle Nass, Haare waschen, dann sogleich zurück zu unserem Motorradtaxi. Wegen seiner blumigen Beschreibung der „Thermen" zahlten wir dem Fahrer schließlich ein Viertel weniger, als er verlangte. Er hatte aber immer noch einen saftigen Gewinn gemacht und verschwand nach unserer Rückkehr sogleich in die Bar am Hauptplatz. Wir zogen uns auf unser Zimmer zurück und verkrochen uns in den warmen Schlafsäcken. Peter hörte noch Musik und ein Lied war dabei, das wunderbar passte: *I g'frier.* Er pfiff die Melodie dazu. Schön langsam wurde es wärmer.

Am nächsten Abend mieteten wir uns in Ondores in der einzigen Herberge im Ort ein. Die Zimmer waren mit klapprigen himmelblauen Betten ausgestattet und die Glühbirne hing an frei liegenden Drähten von der Decke. Im Erdgeschoss gab es ein Plumpsklo für alle, doch um dieses zu benützen, mussten wir uns erst am hauseigenen Hund vorbeischleichen. Zumindest waren wir gut bewacht und scherzten über unser „Ondores Plaza Hotel", bewunderten unseren „russischen Kronleuchter" und genossen die „Minibar" mit Maca und Kiwicha. Zu unserer „Freude" hielt auch die „Klimaanlage" die Zimmertemperatur angenehm kühl, aber zumindest lachten wir so viel, dass uns warm wurde. Spätestens auf dem Weg zum Plumpsklo stieg dann wegen dem bissigen Wachhund unser Adrenalinspiegel so stark an, dass auch die frostigen Temperaturen vergessen waren.

Wenn schon die Übernachtungsmöglichkeiten zu wünschen übrig ließen, wollten wir zumindest ein Tragtier für unsere Rucksäcke anschaffen, um es wenigstens beim Gehen ein bisschen bequemer zu haben. Daher planten wir den Ankauf eines Lamas. Wir suchten einen Taxifahrer, der uns nach Huayllay, in das Hauptquartier der landwirtschaftlichen Cooperativa, bringen sollte. Zuerst brauchte dieser aber Benzin für sein Auto. Das dauerte, aber nach einer Stunde konnte es endlich losgehen. Er hatte allerdings ein Faible für peruanische Schnulzenmusik. *Weine nicht, mein Liebling, weil ich betrunken bin, eines Tages werde ich damit aufhören.* Dieser dämliche Text wurde in einer Endlosschleife wiederholt und unsere Taxifahrer pfiff auch noch die Melodie dazu. Was für eine Erlösung, als wir in Huayllay ankamen. Doch in der Cooperativa war nur der Vizepräsident anzutreffen und dieser war ein schwieriger Zeitgenosse: „Es gibt nur zwei Lamas, die an das Tragen von Gepäck gewöhnt sind, und diese kosten 350 Soles das Stück", sagte er. „... wo doch ein gewöhnliches Lama bereits für 150 Soles zu haben ist", entgegnete ich. Er meinte aber: „Es ist sehr aufwändig, das Tier an das Tragen zu gewöhnen", und zeigte uns auch bereitwillig die offizielle Preisliste. Da stand es nun Schwarz auf Weiß: *Llama macho* (männliches Lama) – 150 Soles, *Llama de Reproduccíon* (Zuchtlama) – 350 Soles. Wollte uns der Kerl etwa ein Zuchtlama verkaufen? Wir wollten doch keine Lamas züchten, sondern suchten nur ein Tier, das unser Gepäck tragen konnte. Darauf hatte der Vizepräsident auch keine Antwort mehr und verwies uns an den Verwalter der Cooperativa, doch dieser hatte sein Büro in einem weit entfernten Dorf hinter dem Gorillaberg. Wie sollten wir dorthin kommen? Wir brauchten einen Geländewagen, der jedoch nirgends aufzutreiben war. So gaben wir uns fürs Erste geschlagen.

Einige Tage später versuchten wir nochmals unser Glück, denn der Rucksack war wegen des vielen Essens, das wir in der Einöde mittragen mussten, sehr

Wie hier in einem kleinen Bergdorf gab es nur wenige Einkaufsmöglichkeiten entlang der Inkastraße, daher mussten wir Proviant für bis zu zwei Wochen mittragen.

schwer. Dieses Mal fassten wir den kühnen Plan, einen Esel zu erwerben. Nach langem Suchen fanden wir endlich einen willigen Verkäufer, doch er war ein Schlitzohr, wie sich bald herausstellte. Er hatte angeblich den „besten Esel in ganz Peru“ zu verkaufen und bot uns diesen auch noch zum ausgesprochenen Sonderpreis von 450 Soles an. Für uns wäre das Tier also „muy barrato y muy bueno“, sehr billig und sehr gut, wie er uns immer wieder versicherte. Um 450 Soles, circa 150 Dollar, hätten wir aber bereits ein Pferd kaufen können. Trotzdem führten wir einen „Produkttest“ durch: Der „beste Esel Perus“ hatte X-Beine, war grau wie eine Kirchenmaus, litt unter Haarausfall und hatte offensichtlich den Zenit seines Lebens schon längst überschritten. Außerdem hatte der Arme noch weit vorstehende Zehennägel, die wir aber, dem listigen Verkäufer zufolge, ohne weiteres abschneiden könnten. Der Esel wies also eine Häufung von Merkmalen auf, die unweigerlich darauf hindeuteten, dass er wohl bald unter der Last unseres Gepäcks zusammengebrochen wäre. Wir kauften ihn nicht. Immerhin waren Peter und ich nun zumindest Experten in Sachen Lasttiere – auch wenn wir immer noch keines unser Eigen nennen konnten.

Wir hatten es zwar nicht geschafft, ein Lama zu kaufen, aber dafür wurden wir kurz nach unserem fehlgeschlagenen Einkaufsversuch von einem angegriffen: Es kam auf uns zugelaufen und ich meinte noch zu Peter: „Schau, da

Die Gruppe der harmlosen Lamas

kommt ein Lama direkt auf uns zu – wie nett!" „Es kommt rasch näher!" „Was will der Kerl von uns?" „Lauf los! Dort hinten ist eine Mauer, wenn alles gut geht, sind wir schnell genug!" Wir liefen und hechteten über die Mauer. Das Lama blieb stehen und blickte uns noch ganz böse nach. Als wir uns umdrehten, entdeckten wir zu unserem Erstaunen eine weitere Gruppe von Lamas hinter uns. „Das gibt's ja nicht, wir sind von Lamas eingekreist", war meine erste Reaktion. „Das ist unser Ende", meinte Peter, „ein Lamaüberfall im peruanischen Hochland. Was wollen sie bloß von uns?" Als wir ihnen jedoch genauer in die Augen blickten, bemerkten wir, dass sie völlig harmlos aussahen: „Ich denke, von ihnen geht wirklich keine Gefahr aus", stellte ich fest.

Viel zu schnell waren die drei Wochen des gemeinsamen Wanderns vorbei und Peter kehrte nach Wien heim. Daher entschied ich, auch eine kurze Pause zu machen. Robert, der Weltumradler aus Oberösterreich, dem ich damals in Cusco begegnet war, hatte mir eine E-Mail geschrieben und angekündigt, dass mich eine Filmcrew aus Neuseeland treffen wollte. Er war Emily, Kate und Marama in Bogotá begegnet und sie waren gerade auf dem Weg nach Peru. Die drei Frauen reisten rund um die Welt und dokumentierten interessante Umweltinitiativen, um aufzuzeigen, wie ein nachhaltiges Leben auf unserer Erde ausschauen konnte. Als mir Robert von ihnen geschrieben hatte, war mir sofort klar, dass ich sie treffen wollte, aber dazu musste ich schnell nach Cusco reisen. So stieg ich am nächsten Morgen in den Bus. Und als ob der Chauffeur gewusst hatte, dass es um alles oder nichts ging, raste er über die Berge. Es war die wildeste Busfahrt meines Lebens. Wir fuhren über einen 5000 Meter hohen Pass und dann auf einer schmalen Straße mit vielen Serpentinen wieder 3000 Höhenmeter hinunter. Am besten wäre es wohl gewesen, nicht beim Fenster hinauszuschauen

und zu schlafen, doch das war bei der lauten Musik, die aus den Boxen dröhnte, nicht möglich. Die Sängerin Sonja Morales trällerte munter vor sich hin und machte die Reise zu einer zermürbenden und nervenaufreibenden Fahrt.
Nach einer langen Fahrt kam ich endlich in Cusco an. Emily hatte mir geschrieben, dass sie alle in dem Haus von Puma, einem ihrer Freunde, wohnten und ich doch am besten gleich vorbeikommen solle. Ihr Filmprojekt *Kotahi Ao,* was in der Sprache der neuseeländischen Ureinwohner so viel bedeutet wie „eine Welt", faszinierte mich. Wir machten gemeinsame Filmaufnahmen und besuchten auch Pumas Großvater in Chincheros. Er war ein alter Medizinmann und sogleich begeistert von den drei „Prinzessinnen", wie er sie nannte. Während wir in die Weite der Landschaft blickten, erzählte er aus seinem Leben: „Ihr braucht Willenskraft und Glauben, um eure Fähigkeiten zu entdecken und zu entfalten. Um das Leben vollständig zu leben, solltet ihr immer in Gebet und Meditation sein. Ein spirituelles Leben erfordert es auch, dass ihr die Spiritualität der Erde respektiert und anerkennt." Dann sprach er ein Gebet für *Pachamama.*
Zusammen statteten wir noch Pumas Großmutter und Urgroßmutter einen Besuch ab. Letztere war bereits 105 Jahre alt. Pumas Großvater stellte uns die beiden *Chicas,* Mädels, wie er sie nannte, vor. Sie saßen vor dem Hausein-

Pumas Großvater, Puma, Marama, Kate, Emily und Carlos (von rechts)

Die Inkaruinen von Machu Picchu

gang, schälten Kartoffeln und sponnen Wolle. Sie begrüßten uns mit einem Lächeln. Dutzende Meerschweinchen liefen in der Küche umher und ein wolliger, kleiner Hund, der wohl gerade einen Teller Suppe umgeworfen hatte und dessen Fell noch vollständig mit Suppe bedeckt war, tanzte immerzu um Großmutters Beine. Großvater küsste die drei „Prinzessinnen" und sprach in einem fort Quechua mit ihnen – auch wenn keine von ihnen diese alte Inkasprache verstand. Dabei herrschte ein lustiges Durcheinander und alle freuten sich über unseren Besuch. Die Urgroßmutter hatte sogar ihren Festtagshut aufgesetzt und war zum Scherzen aufgelegt. Auf Großvaters Frage, wie viele Freunde sie in ihrem Leben gehabt hatte, meinte sie nur, sie habe noch nicht genügend *Chicha* – das selbstgebraute Maisbier der Inkas – getrunken, um diese Frage zu beantworten. Die beiden *Chicas* kicherten, tranken aber keinen Schluck *Chicha*, und daher erfuhren wir auch die Antwort nie.
Einmal lachte die Großmutter so enthusiastisch, dass sie sich dabei versehentlich auf den noch immer mit Suppe verschmierten Hund setzte – sehr zur Überraschung und Freude des Hundes, der wohl auch seinen Spaß dabei hat-

te. Die Lebensfreude der beiden Frauen war wohl eines der Geheimnisse ihres hohen Alters, doch die Urgroßmutter war trotz ihres Humors eher schweigsam. Das Einzige, was sie uns auf den Weg mitgab, war, dass sie in ihrem ganzen Leben nie Fleisch gegessen oder Alkohol getrunken habe. Das seien ihre einzigen „Sünden" gewesen, die sie zu beichten habe, meinte sie zum Abschied. Zum Abschluss tanzte Großvater noch mit uns und voller Freude verließen wir diesen besonderen Ort.
Emily, Kate und Marama reisten weiter nach Bolivien und ich besuchte noch Machu Picchu. Im Morgengrauen stieg ich zu den Inkaruinen hinauf und erlebte einen mystischen Sonnenaufgang oberhalb des Urubambaflusses. Nebelschwaden erhoben sich aus dem Tal und die Sonne hüllte den Ort in ein verzaubertes Licht. Stundenlang spazierte ich durch diesen kraftvollen Ort. Am Nachmittag hielt ich inmitten der riesigen Felsblöcke Siesta und las Julia Butterfly Hills Buch *Die Botschaft der Baumfrau*. Julia hatte in Kalifornien mehr als zwei Jahre ihres Lebens auf einer winzigen Plattform in der Baumkrone eines über sechzig Meter hohen und Tausende Jahre alten Redwoodbaumes, eines Küstenmammutbaumes, verbracht, um ihn vor der Motorsäge zu bewahren. Als sie im Alter von 23 Jahren auf den Baum stieg, wollte sie nur

Begegnung auf der Inkastraße

einige Tage oben bleiben und ahnte nicht, dass es die längste Baumbesetzung der Geschichte werden sollte. Unter häufiger Lebensgefahr harrte sie in schwindelerregender Höhe aus. Julia schrieb von wilden Stürmen und eiskalten Schneewinden, von der wärmenden Sonne und vom Regen, der auf ihre Plattform prasselte. Sie verspürte Angst und Einsamkeit, umso größer war aber auch die Freude, wenn Freunde auf Besuch kamen oder sie durch die allgegenwärtige Stille getragen wurde. Ich verstand ihre Worte nur allzu gut, hatte ich doch auf meiner Wanderung oft ähnliche Erfahrungen gemacht. Als Julia am 19. Dezember 1999 vom Baum herunterstieg, hatte sie nicht nur die Bewahrung des uralten Baumes erreicht, sondern mit ihrer beispiellosen Kampagne die Erhaltung der Wälder auf die Tagesordnung der internationalen Politik gesetzt. Ihre Geschichte inspiriert auch meinen oft einsamen Weg und gab mir in schwierigen Momenten die Kraft weiterzugehen. Ich kann ihre Worte nur teilen:

Liebe in jeder Sprache
direkt aus dem Herzen,
bringt uns immer näher
nie auseinander.

Lago 69 in der Cordillera Blanca

In der Cordillera Huayhuash

Ich las die letzten Zeilen ihrer Geschichte, als die Sonne hinter den hohen Bergen verschwand. In der Dämmerung stieg ich ins Tal ab, um bald darauf wieder zum *Capaq Ñan* zurückzukehren.

DURCH PERUS WILDEN NORDEN

Gott schläft im Stein,
Atmet in der Pflanze,
Träumt im Tier und
Erwacht im Menschen.
(Weisheit der Sufis)

Die Nächte auf dem Andenhochland waren bitterkalt, sodass sich bis zum Morgen meistens eine dünne Eisschicht im Inneren des Zelts gebildet hatte. Kaum öffnete ich den Reißverschluss meines Schlafsackes, kroch auch schon die Kälte in meine Knochen. Selbst die Lagunen waren in der Früh oft noch zugefroren und erst langsam stieg die Sonne über den Horizont. Die ersten

Sonnenstrahlen am Morgen waren eine Wohltat! Hunger, Durst, Hitze und Kälte – all diese Empfindungen sind in unserem komfortablen Leben beinahe belanglos, während sie in den peruanischen Bergen eine ganz andere Bedeutung bekamen. Angesichts der Entbehrungen entlang des Weges gewannen die scheinbaren „Kleinigkeiten" wie eine warme Suppe am Abend und ein gemütlicher Schlafsack, in den ich mich verkriechen konnte, wieder jenen Stellenwert, der ihnen zustand.

In zwölf Tagen wanderte ich 440 Kilometer weit und bewältigte dabei auch noch 17.000 Höhenmeter. Das entspricht beinahe zweimal der Höhe des Mount Everest. In der Einsamkeit des Andenhochlandes hatte ich viel Zeit zum Nachdenken. Aber was nützte mir all das Nachdenken, wenn ich nicht die richtigen Fragen stellte? Daher war ich bereit, immer tiefer zu gehen, mich mit den Grundfragen des Lebens zu beschäftigen. Die Worte Robert Rauchs, eines deutschen Bergsteigers, bringen diese Erfahrung wunderbar auf den Punkt: *Ein Schritt weg von der Zivilisation sind zwei Schritte zu mir selbst* – wahrlich kein einfacher Prozess, erforderte er doch, mich mit meinen verborgenen Ängsten auseinanderzusetzen.

Unterwegs hatten ein Kahlschlag und starke Regenfälle einen ganzen Berg samt Inkastraße auf zwei Kilometer Länge zum Rutschen gebracht und so musste ich einen weiten Umweg nehmen, zumal die Brücke im Flusstal auch weggeschwemmt worden war. Ein steiler Maultierpfad führte durch die staubtrockene, von unzähligen Kakteen bewachsene Landschaft und ich war schon knapp am Verdursten. Endlich entdeckte ich nach langem Suchen eine winzige Quelle, aber es dauerte noch eine halbe Ewigkeit, bis das zarte Rinnsal meine Wasserflasche gefüllt hatte. Mangels besserer Alternativen schlug ich gleich daneben mein Zelt auf. In der Ferne donnerten pausenlos Steine den Hang hinunter und so verbrachte ich eine sehr unruhige Nacht. Immer wieder wachte ich auf, um zu lauschen, ob das Gepolter näher kam, aber zum Glück

Der Weg führte tagelang über die schier endlose Weite des Andenhochlandes.

blieb es bei einem fernen Grollen. Erschöpft von der schlaflosen Nacht, überquerte ich am Morgen die Schlucht im Tal und wanderte auf der anderen Seite wieder Hunderte Höhenmeter den Berg hinan.

An einem anderen Tag begleitete mich Jaime, bei dem ich die Nacht verbracht hatte, die ersten Kilometer. Er wollte mir die Route auf das Hochplateau zeigen, denn auf meinen Landkarten war der *Capaq Ñan* wieder einmal nicht eingezeichnet. Kaum hatten wir die Herberge verlassen, rasten vier Jeeps an uns vorbei. Auf der Ladefläche saßen schwarz gekleidete, schwer bewaffnete Männer. Ich erschrak, doch Jaime erklärte mir, dass sie von der Goldmine kämen und das Gold zum nahe gelegenen Flughafen brachten. Wenige Minuten später waren die Männer bereits mit ihren Sturmgewehren auf den umliegenden Hügeln postiert und riegelten den Flughafen großräumig ab. Uns blieb nichts anderes übrig, als einen weiten Bogen um das Rollfeld zu machen. Nachdem mir Jaime den Einstieg zum Hochland gezeigt hatte, verabschiedete er sich. Ich war froh über seine Hilfe!

Bald entdeckte ich die riesige Goldmine unweit der Inkastraße. Was für eine Zerstörung! Der Berg wurde großflächig gesprengt und abgetragen, ganze Hänge waren abgerutscht und im weiten Umkreis zerschnitten Straßen die

Landschaft. Jaime hatte mir erzählt, dass Quecksilber, welches beim Goldabbau zum Einsatz kam, einfach in den nahe gelegenen Fluss geleitet wurde – mit katastrophalen Folgen für Mensch und Natur, während die ausländischen Bergbauunternehmen riesige Gewinne erwirtschafteten und diese dann außer Landes schafften. Das war bei dieser Goldmine nicht viel anders. Lange begleitete mich noch das dumpfe Donnern der Sprengungen.
In der Ferne zog ein Gewitter auf und die Inkastraße verschwand wieder einmal im hohen Punagras. Die Nebelschwaden wurden dichter. Die Temperatur sank rasch und ich war am Ende meiner Kräfte. Der Nebel war nun so dicht geworden, dass ich kaum zehn Meter weit sehen konnte, das Donnergrollen kam immer näher und ich irrte verloren im Gras umher. Wo war bloß die Inkastraße? Verzweiflung, Einsamkeit und Angst machten sich breit. Ein Donner zerriss die gespenstische Stille, Nebelschwaden zogen umher und so konnte ich auch nicht abschätzen, wo die Gewitterwolken genau standen. Regentropfen begannen zu fallen. Wo sollte ich hier einen trockenen Platz für das Zelt finden? Weit und breit gab es nur Sumpf und wo es nicht sumpfig war, wucherte das meterhohe Punagras. Da sah ich sie plötzlich: eine etwa zwei Quadratmeter große Rasenfläche! Unglaublich! Eine unendliche Dankbarkeit erfüllte mich. Ich baute rasch das Zelt auf, kochte ein einfaches Abendbrot und verkroch mich völlig erschöpft in meinem Schlafsack.
In der Früh war der Cerro Huaylillas noch immer nebelverhangen und ich irrte anfangs wieder auf der Suche nach der Inkastraße über die Hochfläche. Ich musste sie unbedingt finden, doch wie sollte das gelingen, wo doch hier alles gleich aussah? Ich packte meinen Kompass aus, den ich von meinem Großvater geerbt hatte. Er hatte ihn vor vielen Jahrzehnten auf einer Wanderung nach Finnland gekauft. Damals war er als Schuhmacher auf der Walz vom Salzkammergut zu Fuß bis zum Polarkreis unterwegs gewesen. Von seinen Ersparnissen hatte er dann einen guten Suunto-Kompass erworben – und dieser Kompass rettete mir Jahrzehnte danach wahrscheinlich das Leben. Ich breitete die grobe Übersichtskarte aus und bemerkte meinen Fehler. Im Nebel hatte ich eine völlig falsche Richtung eingeschlagen. Kein Wunder, dass ich die Inkastraße nirgends finden konnte. Ich schlug einen Haken und peilte mit dem Kompass die wahrscheinliche Richtung an. Plötzlich riss der Nebel auf und da war er auf einmal vor mir: der *Capaq Ñan*. Ich weinte. Angst und Einsamkeit hatten mich zermürbt! Endlich war ich wieder auf dem richtigen Weg.
Es folgte einer der spektakulärsten Abschnitte der königlichen Inkastraße,

denn ich wanderte an einer Lagune vorbei direkt auf eine hohe Felswand zu – aber kein Zweifel, hier verlief der Weg. Stufen waren in den Felsen geschlagen. Nebelschwaden zogen umher. Ich bog um einen Felsvorsprung und nur wenige Meter vor mir saß ein großer Adler. Er hob seine Schwingen und glitt ins Tal hinunter. Der Anblick entschädigte für all die Strapazen der vergangenen Stunden.

Die letzten Kilometer vor Huamachuco führte die Inkastraße leicht fallend ins Tal hinunter. Dort angekommen, gönnte ich mir zwei warme Mahlzeiten, hatte ich doch von den Anstrengungen der Wanderung einen riesigen Hunger. Zur Nachspeise kaufte ich am Markt noch frische Früchte. Gestärkt wanderte ich frohen Mutes weiter, denn das Hochland hatte ich nun für einige Tage hinter mir gelassen.

In Marcabalito fand ich eine nette Pension und kochte am Marktplatz mein Abendessen. Padre Rodrigo, der Dorfpfarrer, stattete mir dabei einen Besuch ab und lud mich in die Messe ein. Vorher servierte mir meine Zimmervermieterin noch eine Tasse heißen Tee und dann spazierte ich über den Marktplatz in die Kirche. Es war eine sehr schöne Messe und im Anschluss besuchte ich Padre Rodrigo in seiner Pfarrstube. Er kam aus Kolumbien und erzählte von seiner Hei-

Unterwegs über den nebelverhangenen, mystischen Cerro Huaylillas

mat, der Guerilla und dem Drogenkrieg, aber auch von der großen Lebensfreude seiner Landsleute. Schließlich drückte er mir noch einen Sack mit frischen Früchten aus seinem Garten in die Hand und gab mir seinen Segen mit auf den Weg. Der Abschied fiel schwer – wie von einem alten Freund.
Am nächsten Tag hatte ich mir „zur Erholung" einmal eine kürzere Etappe vorgenommen. Doch der Kaufhausbesitzer eines kleinen Ortes schickte mich in eine völlig falsche Richtung. Als ich den Navigationsfehler entdeckt hatte, war es jedoch bereits zu spät, denn ich war auf einem anderen Bergrücken gelandet. Zwischen mir und dem *Capaq Ñan* am gegenüberliegenden Berg erstreckte sich eine tiefe Schlucht. So wurden aus den geplanten 35 Kilometern an diesem Tag schließlich doch wieder 45 Kilometer. So viel zum Ruhetag! Die letzten zehn Kilometer waren jedoch besonders hart. Ich ging mit hoher Geschwindigkeit, um noch rechtzeitig vor Einbruch der Dunkelheit im nächsten Ort anzukommen. Zumindest motivierten mich die Thermalquellen, die es dort geben sollte, wie mir ein Bauer erzählt hatte. Ich brauchte dringend wieder einmal ein Bad! Der Weg war jedoch noch weit und immer wieder bekam ich dieselbe Antwort, wenn ich mich nach meinem Tagesziel erkundigte: „Es ist nur noch eine halbe Stunde, du bist gleich dort." Nach-

Die königliche Inkastraße führt hinab ins Tal.

dem ich etwa eine halbe Stunde marschiert war, fragte ich wieder: „Es ist nur noch eine halbe Stunde, du bist gleich dort." Peruanische Entfernungs- und Richtungsangaben eben! Hinzu kamen noch die Sandfliegenplage und die bereits zweite große Darminfektion in Peru, die mich schwächte, diesmal war es Amöbenruhr – vom schmutzigen Trinkwasser.

Gerardo mit meinem Rucksack auf den Schultern

Ich schaffte es trotzdem. Im Ort fand ich eine Pension, in der es Zimmer mit einem kleinen Thermalwasserbecken gab: Genau das brauchte ich nach den Strapazen der vergangenen Tage. Bald musste ich aber feststellen, dass ein „Souvenirjäger" sowohl die Wasserhähne am Waschbecken als auch die Klospülung in meinem Zimmer abmontiert hatte und es nur so von nicht zahlenden Gästen wimmelte: Moskitos surrten und Kakerlaken krabbelten fröhlich umher. Ich bat die Rezeptionistin, in ein anderes Zimmer umziehen zu dürfen, doch dabei stellte ich fest, dass ich es mit meinem noch ganz gut erwischt hatte. So blieb ich und die Rezeptionistin versicherte mir hoch und heilig, dass es sich bei den Moskitos nur um sogenannte „Lichtmoskitos" handeln würde: „Die stechen nicht, sondern fliegen nur zum Licht. Wenn du das Licht abdrehst, sind sie weg." So ein Witz! Gerade ein paar Tage vorher war ich von diesen „Lichtmoskitos" überall zerstochen worden und traute daher der Expertise der Rezeptionistin nicht. Lieber griff ich zu einer eher ungewöhnlichen Maßnahme und stellte einfach mitten im Zimmer mein Zelt auf. So blieb ich die ganze Nacht von den Quälgeistern verschont! Draußen vor dem Zelt wimmelte es nur so von dem Getier, aber ich schlief in Sicherheit.

Einige Tagesetappen weiter nördlich begegnete ich einem Reiter. Gerardo zeigte mir eine Abkürzung und lud auch gleich meinen Rucksack auf seinen Gaul. Drei Stunden lang trug er ihn über die weiten Hochflächen. Ich lief neben ihm her und schien ohne Gepäck beinahe zu fliegen.

Im Norden von Peru verlief ein wichtiger Schmugglerpfad nach Ecuador genau auf der alten Inkastraße und daher waren fortan eher unfreundliche Zeitgenossen auf dem *Capaq Ñan* unterwegs. Je näher ich an den Ort mit dem klingenden Namen Las Delicias – „die Süßen" – kam, umso schauriger wurden die Geschichten von Überfällen, Mord und Totschlag. Was sollte ich also tun? Kurzerhand engagierte ich einen „Leibwächter". Ivan war der Mann, den ich suchte: gut gebaut und gewitzt. Außerdem kannte er alle Schleichwege in der Umgebung. Zweimal mussten wir einen tiefen, reißenden Fluss überqueren und ein stacheliges Kakteengestrüpp durchqueren, dafür wurden wir aber nicht überfallen. Als wir schließlich Las Delicias umgangen hatten, erzählten uns die Bewohner des Nachbarorts, dass es in den letzten Wochen ein bisschen ruhiger geworden sei. Da die Polizei nichts gegen die Mörder unternommen hatte, hatten die Bewohner des Tals schließlich zur Selbsthilfe gegriffen und die Übeltäter kurzerhand erschossen. Das war vielleicht ein heißes Pflaster! Ich war froh, als ich endlich weiterziehen konnte.

Unweit von Las Delicias erlebte ich wie so oft die Hilfsbereitschaft der Andenbewohner. Der *Capaq Ñan* endete vor den reißenden Fluten des wilden Rio Huancabamba und ich wusste, dass ich sie irgendwie überqueren musste, denn der Weg verlief am anderen Ufer weiter nach Norden. Der Fluss war jedoch so tief, dass mir sein Wasser bis zur Brust reichen und die Strömung mich wahrscheinlich fortreißen würde. Was sollte ich machen? Just in diesem Augenblick kam ein Campesino, ein Bauer, des Wegs und ich grüßte ihn freundlich: „Buenas dias, Señor!" „Hola, Señor, wollen Sie etwa den Fluss überqueren?" „Ja, aber ich habe Angst wegen der starken Strömung. Ich glaube, das schaffe ich nicht!" „Keine Sorge, ich kenne eine gute Stelle ein bisschen flussaufwärts. Ich zeige sie Ihnen. Das ist zu schaffen, ich muss schließlich jeden Tag durch den Fluss, da ich auf der anderen Seite wohne." Einige Meter weiter zog er sich seine langen Hosen und die Schuhe aus, nahm mir meinen Rucksack ab und schon balancierte er damit durch den Fluss. Ohne Gepäck war es für mich einfach, ans andere Ufer zu kommen, doch ich war sehr froh über die Hilfe des Campesinos, denn das Wasser reichte mir wirklich bis zur Brust und die Strömung war stellenweise sehr stark. Drüben angekommen, schüttelten wir uns die Hände und verabschiedeten uns. Kaum hatte ich meinen Rucksack geschultert, war der Campesino auch schon auf der anderen Seite des Flusses, zog Hose und Schuhe wieder an und ging seines Weges.

Einmal brach ich erschöpft vor einer Hütte zusammen und bat die Bauersleute, mir gegen Entgelt ein Mittagessen zu kochen. Sie servierten mir einen großen Teller mit Mais und Eiern. Das Essen war köstlich und gab mir meine Kräfte wieder zurück, aber als ich weiterzog und den Hang hinaufwanderte, bemerkte ich, dass mit den Eiern etwas nicht in Ordnung gewesen sein musste, denn bald verließen mich meine Kräfte gänzlich. Ich schaffte es gerade noch bis zu einer Schule und fragte dort die Direktorin, ob ich in einem der Klassenzimmer übernachten könnte. Mir war speiübel und immer wieder musste ich mich hinter einem Busch übergeben. Mein Gesundheitszustand verschlechterte sich und so telefonierte die Direktorin mit dem Arzt im Nachbardorf, der sich sogleich zusammen mit einer Krankenschwester zu Fuß auf den Weg machte. Inzwischen war schon das halbe Dorf um mich versammelt. Der Doctore meinte: „Das schaut nicht gut aus, ich muss dir eine Spritze geben." „Nein, ich will aber keine Spritze." „Doch", meinte die Krankenschwester, „sie wird dir guttun und morgen bist du wieder auf den Beinen." Ich gab mich geschlagen, denn ich war zu erschöpft, um nochmals zu widersprechen. Unter reger Anteilnahme aller Versammelten zog ich meine Hose hinunter und die Krankenschwester verpasste mir eine Spritze. „Vielen Dank, Señora y Doctore, dass ihr gekommen seid", brachte ich gerade noch heraus und hörte auch noch: „Si, Señor, keine Sorgen, wir machten es wirklich gerne und morgen geht es wieder weiter, auf nach Ecuador! Nun ist es nicht mehr weit." Dann schlief ich am kalten Betonboden des Klassenzimmers ein.

Am nächsten Tag ging es mir wirklich viel besser. Ich weiß zwar bis heute nicht, welches Mittel mir die Krankenschwester gespritzt hatte, aber es hat gewirkt, denn ich machte gleich eine 40-Kilometer-Etappe.

Unterwegs traf ich eine Gruppe von Männern mit Gewehren. In meiner Naivität fragte ich: „Buenas tardes, Señores, seid ihr auf Hasenjagd?" „Hasenjagd? Hier gibt es keine Hasen. Nein, wir sind auf der Suche nach einer Räuberbande. Drei Räuber haben in der Nacht den lokalen Bus überfallen und sind geflüchtet. Zwei haben wir schon gefunden aber einer ist noch flüchtig." „Ist er etwa hier unterwegs?" „Ja, muss er wohl, denn die anderen haben wir gerade ein paar hundert Meter weiter unten gestellt." Nach einem freundlichen „Adios!" lief ich so schnell ich konnte den Berg hinunter. Als ich im Dorf ankam, waren alle auf den Beinen, denn die beiden Räuber wurden im Gemeindeamt festgehalten. Ich wollte nicht im Freien übernachten und da es weit und breit keine Herberge gab, fragte ich in der Schule wegen einer Unterkunft. Der

Lehrer und die Schüler_innen waren noch in der Klasse und nützten die Gelegenheit, dass ich vorbeikam, für einen kurzen Englischunterricht. Schlussendlich lud mich der Lehrer ein, bei ihm zu Hause zu übernachten. Ich war so froh!

QUITO, QUITO, ENDLICH IN QUIIITOOOO!

Alles Großartige erreichst du leichten Herzens.
(Ramtha)

Die letzten Wandertage im peruanisch-ecuadorianischen Grenzgebiet waren sehr anstrengend. Ich hatte keine Karten mehr, denn aus militärischen Gründen gab es von dieser Gegend keine zu kaufen. Ich irrte durch eine dichte subtropische Vegetation, steckte oft im Gebüsch fest, schwitzte in der Hitze und kam immer wieder vom Weg ab. Schließlich wurde es mir zu bunt und ich suchte mir nochmals einen Führer, der mich begleiten sollte. Von da an ging es leichter und ich schaffte es sicher zur ecuadorianischen Grenze.
Die Einreise in dem winzigen Grenzort ließ jedoch auf sich warten, denn der ecuadorianische Zöllner hielt gerade Siesta. „Ya mismo va a llegar" – er komme sofort, sagte mir die Frau, die neben dem Zollhaus wohnte. Ich wartete. Nach 2½ Stunden wachte er endlich auf und drückte mir den Stempel in den Pass. „Ya mismo", eben: sofort! Endlich war ich draußen aus Peru. Nicht, dass mir Peru nicht gefallen hätte, es war ein wunderschönes und zugleich magisches Land, aber auf den letzten Kilometern hatten mir die Ungewissheit des Weges und die ständige Gefahr der Überfälle die letzte Kraft gekostet und ich träumte nur mehr von Quito, einem Bett, gutem Essen und einer Dusche.
In Ecuador standen die Gemeinderatswahlen kurz bevor, und als ich nach San Antonio kam, waren fast alle Männer des Ortes stockbesoffen. Die Wahlkandidaten hatten nämlich Gratisschnaps verteilt, um die Bevölkerung von ihrem tollen Programm zu überzeugen. Dazu dröhnten Wahlkampflieder aus den Lautsprechern. Sechs verschiedene Parteien traten gegeneinander an und jede hatte ein anderes Lied. Jenes, das am öftesten zu hören war, bewarb Raul Aquilla, den Präfekturanwärter. In seinem Wahlkampflied sang er: *Kampf gegen die Korruption, Bau von Schulen und Straßen: Raul Aquilla für das Leben …* Immer wieder schallte das gleiche Lied über den Hauptplatz und ich

war auf der Suche nach einem nicht betrunkenen Bewohner, der mich am nächsten Tag über den Berg begleiten konnte, denn auch von diesem Gebiet wurden keine Landkarten veröffentlicht. Ich fand ihn: Manuel war 74 Jahre alt, nüchtern und sehr nett.

Am nächsten Tag brachen wir schon um sechs Uhr in der Früh auf. Der *Capaq Ñan* folgte zuerst einem Grat zum magischen *Plaza de los Incas*, dem Platz der Inkas. Hoch oben in den Bergen trafen wir eine Freundin von Manuel, die dort Kühe hütete. Sie war barfuß unterwegs und lud uns in ihre Almhütte ein. Ich schlief sofort völlig erschöpft auf der Hausbank ein, doch wir mussten weiter. Wir stiegen ins Tal ab und Manuel ließ mich schließlich alleine weiterziehen, denn ich wollte noch unbedingt nach Vilcabamba, einem kleinen Touristenort im südlichen Ecuador. Auf dem letzten Passübergang vor meinem Ziel wurde es jedoch plötzlich finster und ich stolperte den steinigen Weg hinunter. Schweiß lief mir in die Augen, Spinnweben klebten in meinem Gesicht, in der Ferne hörte ich Schüsse und ich fühlte mich so unglaublich allein und verloren.

Vilcabamba – endlich! Im *Hostal* gab es eine Dusche. Nur kaltes Wasser, aber es war mir einerlei, Hauptsache, es war nass! Das war die beste Dusche meines Lebens! Ich zog ein frisches T-Shirt an und machte ich mich auf in die Bar *El Punto*. Dort bestellte ich mir ein warmes Essen und einen kleinen Krug Rotwein dazu. Ich öffnete mein Tagebuch und schrieb in großen Lettern hinein: *„Es ist geschafft, das Unmögliche wurde wahr: 640 Kilometer in 16 Tagen!“* Im *El Punto* gab es gute Musik und Anja, die Besitzerin, war sehr freundlich. Die Bar am Hauptplatz von Vilcabamba und die Hängematte im Garten meiner Herberge wurden für einige Tage mein Zuhause. Nach diesen großen Strapazen erschien mir alles wie im Traum.

Von Vilcabamba aus machte ich einen Ausflug ins ecuadorianische Tiefland und besuchte eine Bananenplantage. Ecuador ist eines der wichtigsten Exportländer für Bananen. Dabei erfuhr ich mehr über den Anbau dieser bei uns so beliebten Frucht. Konventioneller Bananenanbau hat eine Vielzahl negativer Auswirkungen auf die Umwelt und Gesundheit der Bevölkerung. Die Bananen werden in Monokulturen angebaut und sind daher sehr anfällig für Schädlinge. Fungizide und Herbizide werden direkt aus Flugzeugen auf die Plantagen gesprüht, während die Arbeiter_innen unter den Bananenstauden beschäftigt sind. Die Plastiksäcke, in denen die Bananen auf dem Baum heranreifen, sind mit Insektiziden behandelt. Die Plantagenarbeiter_innen wer-

den krank, Chemikalien verschmutzen das Grundwasser und gefährden Flora und Fauna. Es gibt jedoch eine Alternative: Biobananen aus fairem Handel. Diese werden in sogenannten Agrarforstsystemen angebaut. Dort gedeiht eine Vielzahl von Pflanzenarten nebeneinander, spenden einander Schatten und Windschutz, fixieren Nährstoffe im Boden und halten nachhaltig Schädlinge und Krankheiten fern. Deshalb kommen keinerlei chemische Dünge- und Schädlingsbekämpfungsmittel zum Einsatz. Die strengen Standards des fairen Handels tragen Sorge für soziale Sicherheit und gerechte Arbeitsbedingungen – das sind wichtige Aspekte, warum ich fair gehandelten Produkten immer den Vorzug gebe, egal ob bei Bananen, Schokolade oder Kaffee. Der geringe Aufpreis, den man dafür bezahlt, macht einen großen Unterschied!
Eines Nachmittags kamen Miriam und Philippe in meiner Herberge vorbei. Vor einigen Monaten waren sie mit ihren Fahrrädern in Ushuaia, ganz im Süden von Argentinien, gestartet. Ihr Ziel war Prudhoe Bay in Alaska. Auf ihrer 28.000 Kilometer langen Route folgten sie der *Panamericana*, der „Traumstraße" durch Amerika. *„Die Zukunft gehört denen, die an ihre Träume glauben"* war der Leitspruch der *Ciclistas felices*, der „glücklichen Fahrradfahrer", wie sie sich selber nannten.
Die ecuadorianische Bevölkerung geht nicht zu Fuß, wenn es nicht sein muss! Daher haben die Ecuadorianer_innen oft auch nicht die geringste Ahnung von Distanzen. „Wie weit ist es noch nach Loja?" Die Antwort kam prompt: „Eine Stunde!" Und dann doch die zögerliche Frage: „Wo willst du eigentlich hin?" Mein Gesprächspartner hatte also geantwortet, noch bevor er richtig wusste, wohin ich wollte. Ein anderer: „Hier geht's nicht nach Loja!" Worauf ich einwarf: „Nein? Der Nachbar hat mir aber gesagt, dass dies der richtige Weg sei." Die energische Antwort ließ nicht auf sich warten: „Der Weg ist nicht geeignet zum Autofahren." Nun war ich derjenige, der ihn völlig perplex ansah. Ich war mit meinem Rucksack unterwegs, hatte meine Wanderschuhe an und so genau ich auch schauen konnte, entdeckte ich kein Auto weit und breit. Schließlich leuchtete es auch meinem Gegenüber ein: „Ah, du bist zu Fuß unterwegs? Ja, das ist der Fußweg nach Loja, du bist auf dem richtigen Weg."
Wenn ich den Leuten sagte, ich sei in den nächsten Ort oder nach Quito unterwegs, bekam ich fast immer die gleiche Antwort: „Nunca vas a llegar!" – „Das schaffst du nie!" Das war nicht gerade motivierend. Außerdem stellten sie mir auch immer wieder dieselben Fragen. Hier eine Auswahl der besten:

„Warum fährst du nicht mit dem Bus?“ – Dies war die häufigste aller Fragen in Ecuador. „Was verkaufst du?“ – Was sollte sonst jemanden dazu bewegen, einen riesigen Rucksack durch die einsamsten Gegenden zu schleppen? „Wozu sind die Stöcke, willst du Ski fahren gehen?“ – Ich war damals noch mit zwei Teleskopwanderstöcken unterwegs. „Wo ist dein Fahrrad?“ – Das war ein guter Witz! „Isst du auch etwas anderes als Tabletten und Dosenfutter?“ – Meine Gegenfrage kam dann meist prompt: „Glaubst du, ich komme vom Mars?“ Ich aß keines von beiden, aber in den Augen der Menschen schien es unvorstellbar zu sein, dass jemand jeden Tag wandern konnte. Und wenn er das schon machte, musste er zumindest auch etwas „Ordentliches“ essen. Tabletten und Dosennahrung galten in Ecuador als fortschrittliche Ernährung im Gegensatz zu dem frischen Obst und Gemüse, das sie in ihren eigenen Gärten anbauten. Die Propaganda der Nahrungsmittelindustrie hatte also auch schon in Ecuador Einzug gehalten.

Ecuador war für mich wie ein Zuhause, nachdem ich hier vor Jahren meinen Zivildienst bei den Straßenkindern von Santo Domingo de los Colorados absolviert hatte. Doch einige Facetten des Landes werde ich trotzdem nie verstehen: Ich kam zu einem Fluss und die Brücke war weggerissen. Ich musste die Schuhe ausziehen und in die schlammigen Fluten steigen. Am anderen Ufer fragte ich einen Bauern, ob denn die Brücke eingestürzt sei, und er meinte: „Nein, das ist schon mindestens 25 Jahre her.“ „Seither kam niemand auf die Idee, sie wieder aufzubauen?“ „Nein, warum auch? Das ist doch viel zu viel Arbeit.“ Am nächsten Fluss gab es wieder keine Brücke, aber hier wäre es einfach gewesen, ein paar Holzpfosten von einem Ufer zum anderen zu legen. Auch dort fragte ich wieder, warum dies nicht geschehen sei. Ein Bauer kommentierte diesen Vorschlag mit den Worten: „Die Brücke wurde vor ein paar Monaten gestohlen.“ Ja sapperlot, nun stehlen sie auch schon Brücken!

Eines Morgens, als ich das Zelt ausputzte, spürte ich plötzlich einen Stich im Daumen. Es musste wohl ein Dorn gewesen sein und ich schenkte dem Vorfall vorerst keine Beachtung. Nachdem ich das Zelt jedoch abgebaut hatte, entdeckte ich unter dem Zeltboden einen Skorpion. Das war also der Übeltäter. Nun war guter Rat teuer. Ich war weit weg von einem Dorf, und daher fragte ich einfach den nächsten Bauern, den ich traf, ob ich von einem Skorpionstich sterben könnte? Er verneinte, doch bald darauf war mein ganzer Arm gelähmt und tat höllisch weh. Was nun? Was passierte, wenn die Lähmung näher zum Herz wanderte? Ich versuchte es mit homöopathischer Medizin, dem gleichen

Mittel, das ich bei Bienen- und Moskitostichen anwendete, um den Juckreiz zu stoppen. Und siehe, es half auch bei Skorpionen. Innerhalb weniger Minuten verschwand die Lähmung. Ich war heilfroh.
Nachdem die Straße bald darauf einen riesigen Umweg um den Talschluss machte, wollte ich den Weg durch ein tief eingeschnittenes Tal abkürzen. Der Pfad führte steil bergab. Kurz passte ich nicht auf und schon rutschte ich ab. Mit voller Wucht landete ich auf meiner rechten Schulter. Die Wanderstöcke flogen fünf Meter weit durch die Luft. Mir war zum Weinen. Was war das heute bloß für ein Tag? Einige Schritte später stand ich vor einem steilen, felsigen Abgrund. Vor mir erstreckte sich eine hundert Meter tiefe Schlucht. Endstation! Sollte ich umkehren? Ich entschied mich stattdessen, dem Fluss entlangzugehen. Nach langem Suchen fand ich endlich die Reste einer alten Inkabrücke. Daneben gab es eine „moderne“ Brücke aus Lehm und Zweigen. Sie schien mir jedoch sehr fragil, zudem floss gut sieben Meter unter ihr ein reißender Wildbach hindurch. Zuerst versuchte ich den wilden Fluss zu durchqueren, doch ich kam wegen der starken Strömung nicht ans andere Ufer. Es blieb mir also nichts anders übrig, als über die Brücke zu gehen. Volle Konzentration war erforderlich, auf keinen Fall durfte ich weiche Knie bekommen. Auf der anderen Seite angekommen, tanzte ich vor Freude! Schließlich begann es aber auch noch zu schütten. Die Wege wurden glitschig, ich rutschte und fiel auf die Nase. Endlich ein Ort: Nabón war erreicht – ein Zimmer im Trockenen, ein Bett, ein warmes Abendbrot. War ich etwa schon im Paradies und bereits tot? Nach diesem Tag hätte mich nichts mehr gewundert.
Von Nabón wanderte ich weiter nach Cuenca, einer alten Kolonialstadt im Süden Ecuadors. Dort traf ich das Radfahrerpärchen Miriam und Philippe wieder. Wir hatten nämlich in Vilcabam-

Zusammen mit Miriam und Philippe genoss ich ein köstliches Schokofondue.

Die Kathedrale von Cuenca

ba vereinbart, uns in einer kleinen Pension in Cuenca zu treffen. Unsere Begegnung feierten wir mit einem legendären Schokoladefondue aus 1½ Kilo Kakaomasse, ½ Kilo Rohrzucker, ½ Liter Milch und frischen Früchten. Charlie, ein US-Amerikaner, saß daneben und konnte nicht glauben, wie wir das nur alles essen konnten. Das Schöne am Wandern und Radfahren war, dass nie zur Debatte stand, ob wir dieses oder jenes essen durften oder nicht. Vielmehr mussten wir immer darauf achtgeben, genug Kalorien zu uns zu nehmen, sodass die Hose nicht hinunterrutschte.

Katia besuchte mich in Cuenca. Wir hatten uns vor einem Jahr vor der Kathedrale in Santiago de Compostela getroffen und waren die letzten hundert Meter des Jakobswegs zusammen gewandert. Sie meinte, wenn ich es jemals bis nach Ecuador schaffen sollte, würde sie ein paar Wochen mit mir wandern – und da war sie nun. Träume galt es eben zu leben, nicht nur zu träumen.

Gewitter können auch zu schönen Begegnungen führen. In Ecuador zogen diese regelmäßig am Nachmittag auf und meistens flüchteten wir dann schnell unter das Vordach eines Hauses. Einmal hatten wir es besonders gut erwischt, denn gerade bevor ein starker Regenguss niederging, suchten Katia und ich in der alten Eisenbahnstation von La Urbina Schutz. Das alte Holzhaus lag auf einem über 4000 Meter hohen Gebirgspass am Fuße des Chimborazo, des höchsten Berges Ecuadors. Rodrigo hatte den einst verfallenen Bahnhof renoviert und zu einer Pension umgebaut. Bereits als ich eintrat, wusste ich, dass dies ein magischer Ort war. Wir blieben nicht nur so lange, bis das Gewitter vorbeigezogen war, sondern entschieden uns, für einige Tage in der Herberge einzuziehen: Wir faulenzten, spielten Schach und lauschten Rodrigos Geschichten, während wir am offenen Kamin saßen. Er erzählte von seinen Bergtouren in den Anden und dem Leben in der alten Bahnstation.

In Rodrigos Bibliothek fand ich eines Abends einen ganz besonderen Schmöker mit dem Titel *Vagabonding Down the Andes. Being a Narrative of a Journey, Chiefly Afoot, From Panama to Buenos Aires* von Harry A. Franck über eine Fußwanderung von Panama nach Buenos Aires aus dem Jahre 1917. Während ich darin blätterte, musste ich immer wieder lachen, denn der Autor hatte fast 100 Jahre vor mir den gleichen Weg wie ich zurückgelegt, und mir schien es, als wäre die Zeit seither stehen geblieben: Haben wir doch vieles ähnlich erlebt. Er hatte auch seine Schwierigkeiten mit der Ungewissheit der Wegführung, haderte mit den Aussagen der Menschen am Wegesrand, die er um Auskunft fragte, kam in gefährliche Situationen und litt unter den großen Anstrengungen der Tour. Hier ist ein kurzer Auszug:

Zu Beginn seiner Reise fragte Harry in Panama einen Kolumbianer um Rat. Die Antworten waren typisch für Lateinamerika. „Regnet es viel in Ihrem Land?" „Si, Señor, wenn es regnet, dann ist es feucht. Wenn es nicht regnet, dann ist es trocken." „Ist es kalt?" „Si, Señor, in den kalten Gebieten ist es kalt und in den heißen Regionen ist es heiß. No hay reglas fijas. Es gibt keine fixen Regeln." „Wie weit ist es von Cali nach Popayán?" „Ah, das ist nicht nahe, Señor. Vielleicht um die 100 Meilen. Ja, Señor, es muss wohl ungefähr so weit sein." „Sind es nicht eher 300 Meilen?" „Nun, si, Señor, es muss wohl so sein, wie Sie sagen, es werden wohl an die 300 Meilen sein."

Mit dieser Information begann Harry A. Franck seine lange Reise in den Süden und er erlebte, genauso wie ich, einige Überraschungen. Dabei ging er wohl mit einer ähnlichen Naivität an die Sache heran, aber sonst hätte er das Abenteuer vermutlich auch nie gewagt. Bei genauerer Betrachtung war es schlichtweg eine riesige Herausforderung, alleine zu Fuß auf der Inkastraße unterwegs zu sein. So las ich seine Aufzeichnungen mit einem Schmunzeln, denn sie erinnerten mich immer wieder an meine Erfahrungen in Peru. Harry schrieb von undurchdringlichem Dickicht im Norden Perus, von gefährlichen Flussüberquerungen, einer Erkrankung an Amöbenruhr und davon, dass er im Hochland immer wieder den Weg verloren hatte. Mitunter haben wir uns exakt an den gleichen Stellen verirrt! Wegen der ständigen Gefahr von Überfällen hatte er im Schlaf einen Revolver unter seinem Kopfpolster liegen, aber er schrieb auch von den vielen magischen Begegnungen des spektakulären *Capaq Ñan* und der bezaubernden Schönheit der Anden. Viele meiner Erinnerungen an die Tour wurden wieder wach und ich war glücklich, dass meine Reise bisher so gut verlaufen war!

Junge Hirtenmädchen

Die Realität der modernen Zeit holte mich ein, denn es waren Präsidentschaftswahlen in den USA, und im Radio hörte ich, dass einige 1000 Kilometer weiter nördlich George W. Bush wieder gewählt worden war, der die Welt im Sinne von *Heute stehen wir am Abgrund und morgen sind wir schon einen Schritt weiter* führen würde. Als Rodrigo und ich über die dunklen Wolken am Firmament der internationalen Politik und die verantwortungslosen Entscheidungsträger_innen auf der ganzen Welt diskutierten, erklang im Radio plötzlich die Stimme der legendären argentinischen Sängerin Mercedes Sosa. Mit überzeugender und sicherer Stimme sang sie: *Todo cambia ...* – „Alles ändert sich, nichts dauert ewig." Sie hatte völlig recht.
Am nächsten Morgen, als ich noch im Bett lag, rief Rodrigo ganz aufgeregt: „Gregorio, Gregorio! Schau doch beim Fenster hinaus!" „Was hat er bloß?", dachte ich mir, sprang sogleich aus dem Bett und sah, wie der Chimborazo im gelblich-orangen Morgenlicht leuchtete: ein unvergesslicher Anblick! Die Welt konnte so wunderschön sein.
Rodrigo träumte von einer gerechten Welt, in der die Menschen im Einklang mit der Natur lebten. Deswegen hatte er vor ein paar Jahren die Comicfigur

des *Condormán* ins Leben gerufen. Der *Condormán* war ein Held, der im Andenhochland lebte und den Menschen zeigte: „Schaut doch her, vieles können wir auch ganz anders machen. Wir müssen nicht so viel Müll erzeugen und diesen dann einfach wegwerfen. Die Felder können wir dank biologischem Landbau auch ohne Chemikalien bestellen. Die Urwälder sind viel mehr als nur der Wert des Holzes, denn sie schaffen einen Lebensraum für viele Lebewesen. Konsum ist nicht unser einziger Lebensinhalt, denn die wahre Quelle unserer Freude erschließen wir in den Begegnungen mit Freunden und wenn wir für die Welt etwas Schönes schaffen." Rodrigo wollte einige Wochen nach unserem Treffen als *Condormán* durch Ecuador unterwegs sein. Am Tag plante er jeweils einen Halbmarathon zu laufen und abends wollte er Marionettentheater für die Kinder aufführen, um ihnen spielerisch seine Werte zu vermitteln. Der *Condormán* war voller Kraft und Lebensgeist.

Der Vulkan Cotopaxi

Die Utopien von heute sind die Realität von morgen, schrieb Henry Dunant, der Gründer des Roten Kreuzes, einmal in sein Tagebuch. Starke Worte, die mir auf der Wanderung und im Leben immer wieder Mut machten, mein Ziel nicht aufzugeben. Nach fünf Monaten Fußmarsch auf der königlichen Inkastraße war es schließlich so weit: Ich hatte endlich Quito, Quiiiiitooooooo erreicht! Es war November 2004 und ich war seit Bad Ischl bereits 9730 Kilometer gewandert. Diese Distanz entspricht ungefähr der Luftlinie zwischen Österreich und Ecuador! In den vorangegangenen Monaten hatte mich die Faszination der einsamen Hochflächen in Peru und Ecuador in ihren Bann gezogen. Zugleich schwang auch noch der Zauber Patagoniens nach. Entlang des Weges hatte ich wunderbare Menschen getroffen und ihre einfache Lebensweise zu schätzen gelernt. Kurzum, ich hatte mich in Lateinamerika verliebt. All diese Gedanken gingen mir durch den Kopf, als ich in Quito ankam. Ich flog richtiggehend in diese Stadt hinein und war voller Energie und Tatendrang, hatte ich doch die schwierige Wegstrecke entlang der Inkastraße erfolgreich beendet: Was für ein Glück! An der Plaza de San Francisco wartete Katia mit einer bunten Girlande auf mich. Bald darauf waren wir umringt von einer Schar Schuhputzern, die wir kurzerhand alle zu Fruchtsaft und Kuchen einluden. Ihre Augen leuchteten und ich war glücklich, die Ankunft in Quito zusammen feiern zu dürfen. Ist es doch eine Freude, das Glück zu teilen.

Vor einigen Jahren hatte ich als Zivildiener in Ecuador mit dem Verein *Jugend eine Welt* über ein Jahr lang in einem Straßenkinderprojekt mitgearbeitet. *Jugend eine Welt* unterstützt Projekte in der ganzen Welt und ermöglicht österreichischen Jugendlichen, in den Ländern des Südens Erfahrungen bei der Arbeit mit den Straßenkindern zu sammeln. Diese Erlebnisse während des Zivildiensts haben mein Leben von Grund auf verändert. Zuvor hatte ich in Wien drei Jahre lang Wirtschaft studiert und meistens Börsencharts und Gewinnkennzahlen im Auge behalten, dort schaute ich in die Augen der Straßenkinder und das werde ich nie vergessen. Ich wünschte, alle Wirtschaftstreibenden und Politiker_innen dieser Erde könnten wenigstens einmal in ihrem Leben in die Augen dieser Kinder schauen und einige Wochen mit ihnen arbeiten. Die Kinder auf Quitos Straßen sind die direkte Konsequenz der menschen- und umweltverachtenden Finanzpolitik des Neoliberalismus und die-

Unterwegs in Ecuador

Mit Katia und den Straßenkindern an der Plaza San Francisco in Quito

ser würde wohl nicht mehr so lange währen, wenn sich die Entscheidungsträger_innen der Konsequenzen ihres Handelns bewusst wären. Als ich 2004 in Quito ankam, wendete der ecuadorianische Staat 75 Prozent seines Jahresbudgets für internationale Zinsrückzahlungen auf und musste in der Folge Ausgaben für Soziales drastisch einschränken.

Ich wollte Natalia besuchen. Wir hatten uns während meines Zivildiensts in Ecuador kennen gelernt. Damals hatte sie eine Konditorei mit herrlichen Schokokuchen geführt. Die *Pastelleria* gab es immer noch und Natalia lächelte, als ich eintrat. Ich war unrasiert, hatte lange zerzauste Haare, *el Vagabundo* eben. Wir schauten uns in die Augen und fielen uns sogleich in die Arme: Es gibt Momente im Leben, da bleibt die Zeit einfach stehen! Die fünf Jahre, in denen wir uns nicht gesehen hatten, hat es wohl nie gegeben.

Ich lud Natalia in ein italienisches Restaurant ein. Am selben Abend spielte Ecuador gegen Brasilien in Quito Fußball und das Unmögliche geschah: Ecuador gewann 1:0. Ein Jahrhundertspiel! Ganz Quito war auf den Beinen und bald tanzten alle, auf der Straße und in den Bars. Natalia und ich saßen im Restaurant. Wir schauten uns tief in die Augen und verloren uns in ihnen. Das war mir

schon lange nicht mehr passiert, mir, dem Vagabunden, der immer nur von einem Ort zum anderen zog. Ob des Umherziehens blieb keine Zeit für die Liebe zu einer Frau und an einer kurzen Beziehung war ich nicht interessiert, denn sie hätte nur das Abschiednehmen schwierig gemacht. Ich lebte lieber alleine, somit gab es keinen Abschiedsschmerz, aber natürlich auch keine Beziehung. Ich war verliebt in den Weg und das reichte mir. Aber dieser Abend war anders. Wir tanzten Salsa. Die Stadt war verrückt. Es schien, als hätte die Welt aufgehört zu existieren, und wir lebten ohne einen Gedanken an morgen.
Am nächsten Tag gingen wir lange spazieren und tranken Kaffee. Eine Beziehung? Sie wäre uns wohl nur für eine sehr kurze Zeit geschenkt, das wussten wir beide. Ich würde weiterziehen und Natalia bleiben. Lebe den Augenblick! Trotzdem zweifelte ich. Wahrscheinlich hatte ich schon allzu lange alleine gelebt und das Ausgesetztsein auf der Inkastraße hatte mich zum Einzelgänger gemacht.
Abends gingen wir ins Kino und schauten uns den Film über die Lateinamerikareise des jungen Che Guevara an, *El Diario del motociclista – Tagebuch einer Motorradreise.* Am Ende seiner Reise sagte el Che: „Yo ya no soy yo." – „Ich bin nun nicht mehr ich." Mir ging es ähnlich! Ich hatte mich verändert. All die Herausforderungen unterwegs hatten mich stärker gemacht, die Ungerechtigkeiten zwischen Reich und Arm, die ich unterwegs gesehen hatte, hatten meinen Blick auf die Welt verändert und das Zusammentreffen mit den Schafhirten auf der Inkastraße hatte mich angeregt, mein Leben zu vereinfachen, es langsamer und bewusster zu leben.
Lateinamerika hatte mich in seinen Bann gezogen und ich war seiner Faszination verfallen. Natalia servierte mir einen Tee in der *Pastelleria* und auf der Tasse stand *Home sweet home*. Heimat? Wo war meine Heimat? Würde ich jemals eine solche finden oder immer ein Vagabund bleiben? Und doch, Natalia hatte es geschafft. Sie machte diesen Ort für einen Augenblick zu meiner Heimat und die Dankbarkeit dafür werde ich mein Leben lang in mir tragen: Liebe, Heimat, Abschied – so große Worte und ich als Mensch dahinter fühlte mich manchmal so klein.

Die Golden Gate Bridge bei San Francisko

Zu Fuß durch Kalifornien von der mexikanischen Grenze bis nach San Francisco

Der Weg begann an der Grenze zwischen Mexiko und den USA und führte dann über San Diego weiter nach Los Angeles. Von dort wanderte ich immer der Küste entlang über Santa Barbara nach Santa Cruz und schließlich bis nach San Francisco.

ENTLANG DER KÜSTE KALIFORNIENS

VERBUNDENHEIT UND VERLORENSEIN

Die Summe unseres Lebens sind die Stunden, in denen wir liebten.
(Wilhelm Busch)

Landeanflug auf Los Angeles: Eine gelbbraune Wolke aus Dunst und Smog zog sich über die ganze Stadt. Dazwischen sah ich ein Häusermeer und breite Autobahnen, kaum Grün. Das Flugzeug landete: „Welcome to the USA!" Der Zöllner lächelte, als er von meinem Vorhaben erfuhr, die Küste Kaliforniens entlangzuwandern, und meinte nur: „You are crazy, man!" Ich lächelte zurück und antwortete scherzend: „Nun, es gibt unterschiedliche Sichtweisen im Leben. Für mich wäre es verrückt, den ganzen Tag in der Ankunftshalle eines Flughafens zu verbringen: keine Sonne, nur künstliches Licht, tagaus, tagein, während das Leben an mir vorbeiginge." Er grinste und wünschte mir einen guten Tag. Als ich schon in die Menschenmenge am Flughafen eintauchte, rief er mir noch ein „Take care!" nach.
Emily lehnte an der Wand und wartete auf mich. Ich konnte es kaum glauben. Ich lief auf sie zu. Es war einfach wunderbar, sich nach so langer Zeit wieder zu treffen. Unsere kurze Begegnung in Cusco schien schon lange vorbei, doch seit damals spürten wir eine enge Verbundenheit. Die drei Neuseeländerinnen hatte mittlerweile ihre Reise beendet. Kate und Marama waren zurückgereist und mit Emily hatte ich ausgemacht, noch einige Tage zusammen in den USA zu verbringen. Cusco, Los Angeles, so viel war in unserem Leben inzwischen geschehen. Auch die beiden Orte, an denen wir uns begegneten, hätten kaum unterschiedlicher sein können. Während wir mit der Metro in die Stadt fuhren, blickte ich beim Fenster hinaus. Endlose Häuserreihen zogen an mir vorbei, Straßen, Autos und Beton. Los Angeles, die Traumwelt von Hollywood, der Sunset Boulevard und der Pazifische Ozean – doch die Stadt kam mir gleichzeitig wie ein Albtraum vor. Sie kroch über Mensch und Umwelt, verschlang unglaubliche Ressourcen und Energie, um sie kurz darauf wieder aus ihren Schloten und Auspuffrohren auszuspucken. Fünf- bis achtspurige

Autobahnen durchschnitten die Stadt. Sie war völlig in der Hand der Maschinen. Die Fastfood-Kultur war allgegenwärtig und die meisten Menschen schienen in einem Kreislauf des Konsums gefangen zu sein. Kurz nachdem ich angekommen war, fühlte ich, dass irgendetwas meine Energie absaugte. Zum Glück war Emily hier!
Im Zentrum von Los Angeles stiegen wir aus und warteten neben der Metrostation auf einen Freund. Es gab weit und breit keine Bank, und so setzten wir uns auf die Treppe eines aufgelassenen Gebäudes. Niemand benützte die Stiege, doch kaum saßen wir dort, kam auch schon ein Wachmann und forderte uns auf zu gehen: „Das ist Privatbesitz, ihr dürft hier nicht sitzen." Zuerst wusste ich nicht, ob ich lachen sollte und der Kerl vielleicht nicht einen Scherz mit uns trieb. Aber als ich in seine Augen blickte, war mir sofort klar, dass er es wirklich ernst meinte. Ich blödelte noch, doch er fand das keineswegs lustig, sondern gab mir zu verstehen, er führe nur „Befehle" aus. Da half auch kein Reden und Verhandeln. So räumten wir das Feld und standen eine halbe Stunde neben der Treppe. Willkommen im Land der unbegrenzten Möglichkeiten! Das war mein erstes Erlebnis mit der US-amerikanischen Besessenheit nach Privatbesitz.
Wir wollten Los Angeles so schnell wie möglich verlassen, um hier nicht noch verrückt zu werden. In einem Buchgeschäft suchten wir in Wanderbüchern nach einem Gebiet, wo wir uns zurückziehen konnten. Unsere Entscheidung fiel auf den Sequoia-Nationalpark, wo es uralte Bäume und eine noch unberührte Wildnis geben sollte. Allerdings wussten wir nicht, wie wir dorthin kommen sollten. In Kalifornien waren alle mit dem Auto unterwegs und wir hatten keines. Wir versuchten es per Autostopp, doch das erwies sich alles andere als einfach. Wir brauchten beinahe drei Tage für eine Fahrt von insgesamt fünf Autostunden und mussten einmal sogar zwischen einer großen Autobahnabfahrt und einem Golfplatz zelten. Die ganze Nacht donnerten Lastfahrzeuge an unserem Zelt vorbei. Sie karrten Konsumgüter durch das Land: mehr, mehr, immer mehr! Neben uns leuchteten riesige Werbetafeln, welche die neuesten Errungenschaften der Konsum-Glitzer-Welt anpriesen. Die meisten Autos waren riesig, doch oft saß nur eine Person drinnen. Tonnen von Stahl und Dutzende Liter Erdöl bewegten einen einzigen Menschen. Trotzdem war in den Autos kein Platz für uns. Ich konnte mir dieses Verhalten nur mit Angst erklären, denn die US-Amerikaner_innen waren sonst ein sehr freundliches und hilfsbereites Volk. Als wir schon

fast aufgeben wollten und glaubten, nie mehr bei den alten Sequoiabäumen anzukommen, hielt ein alter Mann in einem blauen Jeep. Er kurbelte die Scheibe herunter „Seit 20 Jahren habe ich keine Autostopper mehr mitgenommen, aber ihr beide seht so harmlos aus, ich nehme euch gerne mit. Wo wollt ihr hin?“ „Zu den Sequoias“, gaben wir zur Antwort. „Ja, dort bringe ich euch hin. Kommt, steigt ein!“ Was für ein Glück! Weil wir uns so freuten, hatte auch er seine Freude. Das Leben letztendlich doch ganz einfach: Es waren diese Gesten der Freundschaft, die Fülle in unser aller Leben brachten. Wir umarmten uns zum Abschied. Dann wanderten wir in den bereits verschneiten Park: endlich Stille! Wir gönnten uns ein ausgiebiges Picknick und stellten dann unser Zelt auf einer Sandbank neben einem Wildbach auf. Drei Tage blieben wir dort, kochten, hörten dem Rauschen des Flusses zu und saßen stundenlang auf den Steinen an dessen Ufer. Wir beobachteten seine Strömung und Emily erzählte von ihren Vorfahren und dem Respekt, den sie Mutter Erde entgegenbrachten. Sie stammte von den Maoris, den Ureinwohnern Neuseelands, ab. An diesem Tag entschied ich, meine Wanderung nach meiner Ankunft in Tokio in Neuseeland fortzusetzen: auf nach *Aotearoa*, dem „Land der langen weißen Wolke“, wie Neuseeland in der Maorisprache heißt!

Uralte, majestätische Bäume säumten unseren Weg durch den Sequoiawald. Neben einem der Baumriesen schlugen wir unser Nachtquartier auf. Es war eiskalt und bald verkrochen wir uns in unsere Schlafsäcke. Die Kraft, die von diesen alten Bäumen ausging, war nicht in Worte zu fassen und die Weisheit der alten Bäume, der Schnee, die Stille und das Leuchten des Mondes schafften eine Zauberwelt. Am Morgen wanderten wir durch den tief verschneiten Wald, als wir spürten, dass uns jemand beobachtete. Wir schauten auf und sahen in einigen Metern Entfernung einen Kojoten. Eine besondere Faszination ging von ihm aus und ein Schauer der Begeisterung lief mir über den Rücken. Schließlich zog er wieder weiter und

verschwand im Unterholz. Selbst heute merke ich noch die starke Kraft, die von dieser Begegnung ausging.
Wir reisten zurück. Auf dem Weg nach Los Angeles kehrten wir in Vaiselia in einem kleinen italienischen Restaurant ein. Danach schlenderten wir in die Bar nebenan und der Barkeeper lud uns spontan ein. Ein Hotelbesitzer aus der Stadt kam auf uns zu und meinte, wir könnten gratis in seinem Hotel übernachten, einfach so. Die beiden hatten wohl gespürt, dass uns dieser Abend viel bedeutete, aber der Abschied stand schon vor der Tür und wir konnten nicht bleiben. Bald verließen wir die Bar, denn in derselben Nacht fuhren wir noch mit dem *Greyhound Bus* nach Los Angeles zurück.
Kurz darauf flog Emily nach Hause. Ich blieb alleine am Flughafen zurück. Es war der 23. Dezember und ich fühlte mich wieder sehr einsam, verloren und heimatlos. Gerade noch hatten wir unter den Sequoiabäumen gezeltet und wollten diese Augenblicke für immer festhalten, da stand ich nun zwischen den Menschen, die alle verreisen wollten, und hinterfragte mein bisheriges Leben und das Vagabundendasein! Ich war am Boden zerstört und musste schleunigst weg aus dieser Stadt. Noch am Abend wollte ich mit dem Bus nach San Diego fahren, wo meine Wanderung durch Kalifornien beginnen sollte. Rein in die Wanderschuhe, nicht mehr viel nachdenken und einfach los. Doch so einfach war es nicht, denn alle Busse waren ausgebucht. So verbrachte ich die Nacht im Busterminal, den Kopf auf meinen Rucksack gestützt.
Nachdem ich es am nächsten Morgen endlich nach San Diego geschafft hatte, irrte ich durch die Straßen dieser kalifornischen Großstadt. Es war heiß, die Sonne schien, Palmen säumten die Straße, weit und breit gab es keinen Schnee und aus jedem nur erdenklichen Lautsprecher trillerte die kitschige Weihnachtsmusik vom *Happy Snowman*. Am liebsten wäre ich zum Meer gegangen und hätte mich nach Neuseeland hinübertreiben lassen. Ich fand eine Telefonzelle, warf ein paar Münzen hinein und am anderen Ende war Emilys Stimme zu hören. Sie weinte. Würden wir uns je wieder sehen? Das Geld fiel durch. Ich irrte durch die Straßen von San Diego. Nun war es also passiert. In Quito wollte ich mit Natalia genau aus diesem Grund keine Beziehung eingehen, da ich noch nicht bereit war zu bleiben und das Fortgehen aus Quito nur einen großen Abschiedsschmerz mit sich gebracht hätte. Diese Traurigkeit erlebte ich nun doch. Seit Jahren hatte ich davon geträumt, eine Frau zu finden, mit der ich nicht nur zusammenleben, sondern auch meine Ideale von einer anderen Welt teilen konnte. In Emily war ich ihr begegnet, doch auf ein-

mal war sie auch schon wieder weg. Zum Abschied hatte sie mir in der Bar in Vaisalia ein Maoriwort auf die Hand geschrieben: *Arohanui*, „große Liebe". Ich hatte jedoch geplant, zuerst bis nach Japan zu gehen und meine Umweltkampagne abzuschließen. Gelang es dem Verstand wieder einmal, mein Herz auszutricksen?

UNTERWEGS AUF DEN KALIFORNISCHEN HIGHWAYS

Was du siehst, hängt davon ab, wie du dich beobachtest,
und wie du dich beobachtest, hängt davon ab,
wer du denkst, dass du bist.
(Fred Alan Wolf)

Der Weg durch die USA begann am Zaun, der die Grenze zwischen Mexiko und den USA markierte. Dieser meterhohe Grenzwall soll verhindern, dass Einwanderer aus Lateinamerika illegal in die Staaten kommen konnten. Für mich war er ein Symbol für die Ungerechtigkeiten in dieser Welt, für das Trennende und für die wachsende Kluft zwischen Arm und Reich. In Lateinamerika hatte ich erlebt, wie reich dieser Kontinent war, aber auch wie Mensch und Umwelt dort ausgebeutet wurden: US-amerikanische Erdölfirmen, kanadische Bergbauunternehmen, nordamerikanische Tropenholzfirmen, europäische Fischfangflotten, spanische Elektrizitätsbetriebe – alle wollten zuerst ihre eigenen Gewinne abschöpfen, das Wohl des Landes und jenes der dort ansässigen Menschen war bestenfalls zweitrangig oder überhaupt kein Thema. Lokale Eliten in den jeweiligen Staaten trugen noch das ihre dazu bei, dass bestehende Herrschaftsstrukturen erhalten blieben. Über das Fernsehen wurden schließlich bei der lateinamerikanischen Bevölkerung Konsumwünsche geweckt, die das Ungleichgewicht nur noch verstärkten: Filme zeigten reiche US-Amerikaner_innen und Europäer_innen in schnittigen Autos, toller Kleidung und schicken Restaurants – wobei ein völlig verklärtes Bild vom Leben in den USA und in Europa gezeichnet wurde. Viele hatten die Ausbeutung und die Armut im eigenen Land satt und wollten in den reichen Norden. Internationale Schlepperbanden kassierten ein Vermögen dafür, eine illegale Einreise in die USA zu ermöglichen. Dort angekommen, wurden die Einwanderer_innen aber oft noch viel mehr ausgebeutet als

daheim, wie Beispiele von mexikanischen Landarbeiter_innen auf den kalifornischen Gemüseplantagen oder lateinamerikanischen Kindermädchen in den Großstädten zeigten.
An der Grenze ging also meine Wanderung durch Kalifornien los, am Zaun der Schande unserer westlichen „Zivilisation". Bis zu den Redwoodbäumen nördlich von San Francisco war es ein weiter Weg, wobei ich versuchen wollte, so weit wie möglich der kalifornischen Pazifikküste zu folgen – mit all ihren Träumen und Gegensätzen. Mit Riesenschritten zog ich gen Norden, doch bereits zwanzig Kilometer weiter nördlich stoppte ein Soldat meinen Tatendrang. Er kam mit einem Maschinengewehr in der Hand auf mich zu und fragte, ob ich einen Armeeausweis hätte. Da ich zum Scherzen aufgelegt war, antwortete ich mit einer Gegenfrage: „Sehe ich etwa so aus, als ob ich eines dieser Papiere besitze?" Der Kerl stellte sich jedoch als humorlos heraus. Er meinte: „Wandere doch zurück, von wo du gekommen bist!" „Nun Mister, das wären 10.000 Kilometer Fußmarsch und den mache ich sicher nicht Ihnen zuliebe, zumal ich nach San Francisco gehen möchte. Außerdem bin ich auf dem Kalifornischen Küstenwanderweg unterwegs und nach kalifornischem Staatsgesetz ist der Strand ein für jeden frei zugängliches Gebiet." Er entgegnete: „Für das Militär

Grenze zwischen Mexiko und den USA

Strandimpressionen südlich von San Diego

gilt dieses Gesetz nicht." „Wozu brauchen wir dann überhaupt ein Gesetz, wenn es für die Reichen und Mächtigen nicht gilt?", fragte ich ihn, doch er wollte sich auf keine philosophische Diskussion einlassen: „Ich diskutiere nicht über dieses Thema. Drehen Sie endlich um, sonst muss ich Sie verhaften! Das ist ein Befehl." Offenbar gingen ihm die Argumente aus und so fing er an, wild herumzufuchteln. Schlussendlich machte ich kehrt und musste deswegen eine sechsspurige Autobahn überqueren. Nochmals: Willkommen im Land der unbegrenzten Möglichkeiten! Oder wurden vielleicht doch viele von diesem „Traum" ausgeschlossen? Dutzende Gesetze schützten die Reichen und Mächtigen, damit sie tun und lassen konnten, was sie wollten, und die anderen wurden unterdrückt oder landeten im Gefängnis. Kalifornien hatte mehr Gefängnisse als alle anderen US-Bundesstaaten und zwei Prozent der Bevölkerung saß hinter Gittern. In einem Stadtbus in San Diego wurde die groteske Gesetzgebung für mich augenscheinlich, als ich folgendes Schild las: *Essen und Trinken verboten: 500 Dollar Strafe oder sechs Monate Gefängnis.* Wen traf dieses „Gesetz"? Ich war froh, zu Fuß unterwegs sein zu können – denn ich wollte essen, wenn ich hungrig war, und das kam auf meiner Wanderung bekanntlich öfter vor.

In San Diego besuchte ich endlich meine „Großmutter". *Grandma Betty* wohnte in einem Vorort von San Diego. Ich klopfte an ihre Tür. Ein kleiner Hund bellte laut. Die Tür wurde zaghaft geöffnet. „Ich bin Gregor aus Österreich. Wir haben uns in den letzten 17 Jahren zahlreiche Briefe geschrieben und ich dachte, ich schaue endlich einmal persönlich bei dir vorbei!" „Gregor!", rief sie. „Oh my God! Nach einer so langen Zeit!"

Als ich in die erste Klasse Gymnasium gegangen war, hatte ich einen Brief an Dustin, ihren Enkelsohn, geschrieben. Mein Englischlehrer war damals mit einem Kuvert Adressen von einer Schulklasse aus San Diego in unser Klassenzimmer gekommen und in feierlicher Zeremonie hatten wir alle einen Namen ziehen dürfen. Ich hielt Dustins Adresse in der Hand. Wir begannen einander zu schreiben, doch er antwortete auf meine Briefe immer nur dann, wenn er bei seiner Großmutter auf Besuch war. Bald schrieb auch seine Großmutter den ersten Brief. Es war immer etwas ganz Besonderes, wenn wir einen dicken Brief von Betty im Postkasten hatten, denn sie liebte es, endlos lange Briefe zu schreiben. Dustin verlor bald das Interesse an unserem Kontakt, aber seine Großmutter schrieb weiterhin und daher begann ich sie auch bald mit *Grandma Betty* anzureden.

Da standen wir nun voreinander und konnten es kaum glauben. Nach all den Jahren! Sie lebte ganz alleine mit ihrem Hund Poppy und einer 20-jährigen, halbblinden Katze in einem kleinen Holzhaus. Überall stapelten sich Zeitungen und Kleinkram. Poppy war fremde Besuche nicht gewöhnt und bellte immerfort. Die Enkelkinder kamen nur mehr selten vorbei, da sie alle anderweitig beschäftigt waren. Da blieb für ihre Großmutter nicht mehr viel Zeit. Sie lächelte jedoch nur darüber, genauso wie über ihren längst verstorbenen Ehemann, der sie nie gut behandelt hatte: „Die Hochzeit in Arizona war der schwärzeste Tag meines Lebens – ein großer Fehler." Dabei lacht sie laut auf, während wir mit ihrem 20 Jahre alten schnittigen *Thunderbird*-Sportwagen ins kleine italienische Restaurant *Lido* zum Mittagessen fuhren. Bei einem Glas Merlot und Minestrone erzählten wir uns stundenlang Geschichten aus unserem Leben. Die weiteste Reise in ihrem Leben war bis zur *Golden Gate Bridge* in San Francisco und Poppy war ihr Ein und Alles.

Grandma Betty mit ihrem Hund Poppy

Ich blieb zwei Tage bei ihr. Dann brachte sie mich mit dem Auto an die Stelle zurück, wo ich meine Wanderung unterbrochen hatte. Der Abschied fiel schwer. „Goodbye *Grandma*!" „Ja, ich bin deine Großmutter." Sie winkte noch einmal und fuhr dann mit Poppy auf den schmalen Seitenstraßen nach Hause, sie wollte nicht auf den breiten Highways fahren. Ach, *Grandma*.

Der große Regen kommt, stand in riesigen Lettern auf der Titelseite der kalifornischen Zeitungen. Am Anfang lachte ich noch darüber: Regen in Kalifornien, im Sonnenstaat der USA? Dabei konnte es sich wohl nur um Nieselregen handeln und dann würde der Spuk auch schon wieder vorbei sein. Ich hatte mich jedoch getäuscht: Zwei große Regenfronten stießen genau bei Los Angeles zusammen. Manchmal schien es mir, ich würde unter einem Wasserfall wandern und Erinnerungen an die *Carretera Austral* in Patagonien wurden wieder wach: Regen, Sturm, Wandern am Straßenrand. Mit dem großen Unterschied, dass hier viel mehr Autos unterwegs waren als in Chile und ich den Highway entlangwandern musste. LKWs donnerten pausenlos an mir vorbei und verpassten mir eine „Sprühdusche" nach der anderen. Der Weg an der Autobahn war langweilig, grau, endlos und zermürbend. Niemand war zu Fuß unterwegs – kein Wunder! Nur einmal riss mich eine junge Autofahrerin aus meiner Trance im Regenguss. Sie hielt den Wagen an, kurbelte die Fensterscheibe herunter, drückte mir eine Bibel und einen 20-Dollar-Schein in die Hand und meinte nur: „God bless you!" Bevor ich ihr überhaupt danken konnte, war sie auch schon wieder verschwunden. Wow! Ich investierte dieses willkommene Geschenk in ein Bett und eine warme Dusche im *Colonial Inn Hostel* in Huntington Beach und musste darüber lächeln, wie das Leben manchmal so spielte.

Am Morgen in Huntington Beach war es grau und regnerisch gewesen. Ich machte mir ein Frühstück und telefonierte mit Sunshine. Sie hieß wirklich „Sonnenschein" – und das an einem Regentag! Sunshine war vom Organisationskomitee für den Kalifornischen Küstenwanderweg und lud mich ein, am Abend bei ihr zu übernachten. Ich erwiderte, eine 65-Kilometer-Tagesetappe bei Regen sei mir zu weit, aber ich würde am nächsten Tag bei ihr vorbeischauen.

Ich wanderte also los. Nur einmal, als ich über eine große Brücke ging, wurde ich kurz aus der Eintönigkeit gerissen. „Get out of my way!", schrie jemand hinter mir. Ich drehte mich um und sah einen Radfahrer auf dem Gehsteig fahren. Zuerst versuchte ich, ihm verständnisvoll zu erklären, dass dies ein Gehsteig sei und der Radweg doch gleich daneben verlief. Das brachte ihn jedoch völlig zur Weißglut. Er fuhr an mir vorbei, zeigte mir den Mittelfinger und schrie mich an. Dann schleuderte er sein Rad auf den Boden, zog alle seine T-Shirts aus und kam mit nacktem Oberkörper auf mich zugestürmt. Ich versuchte ihm noch zu vermitteln, dass ich an keinem Streit interessiert sei, aber

das war hoffnungslos. Im rechten Moment machte ich genau das Richtige: Ich lief trotz meines schweren Rucksacks auf den Highway und wanderte auf dem Mittelstreifen weiter. Autos und LKW fuhren nun zwischen uns und so ließ er zum Glück von einem weiteren Angriff ab. Siegesgewiss suchte er das Weite. Das war knapp! So verrückt es klingen mag, aber ich verstand den Kerl: Die Ohnmacht gegenüber der Staatsgewalt und die wachsenden Ungerechtigkeiten im Land ließen Gewalt und Frust in den Menschen erwachen. Er war wohl auf seine Art und Weise gefangen, gefangen in einem Land, wo die scheinbare Freiheit hochgelobt wurde, sie jedoch bei genauerem Hinsehen nichts anderes als eine einzige Farce war.
Bald kam ich zum Hafen von Long Beach, irrte über gewaltige, einschüchternde Autobahnbrücken, musste dann dem Hafengelände großräumig ausweichen und steuerte am späten Nachmittag endlich eine Jugendherberge an. Ich träumte von einem Bett, doch es kam ganz anders, als ich es mir vorgestellt hatte, denn die Herberge war geschlossen. Die Enttäuschung stand mir ins Gesicht geschrieben. Sollte ich weitergehen bis zu Sunshine? Sie war noch 20 Kilometer entfernt und aufgrund der langen Wanderung im Dauerregen schien ich schon am Ende meiner Kräfte angelangt zu sein. Jammern half in dieser Situation aber auch nichts. Also: Rucksack auf die Schultern, weiter den Highway entlang, meist ohne Gehsteig am Straßenrand. Meine Brillengläser waren beschlagen und ich stolperte vorwärts. Langsam wurde es finster und es schüttete immer noch. Ich sang mich mit einem Mantra in Trance: *Vorwärts, nicht aufgeben, weitergehen,* wiederholte es ständig. Immer wieder musste ich in den Straßengraben hüpfen, weil die Autofahrer nicht auswichen – das war auch nicht verwunderlich, denn wer ging bei diesem Wetter schon zu Fuß? Endlich kam der Eingang zur Siedlung, in der Sunshine wohnte, doch ich fand ihr Haus nicht. Ich irrte hügelauf und -ab, aber da war kein Mensch, den ich fragen hätte können. Ich war knapp davor aufzugeben, doch dann stand ich plötzlich vor einem Hauseingang und las „Sunshine and Gary". Eine warme Dusche, ein Bier, ein köstliches Abendessen und obendrein borgte mir Gary auch noch seinen Bademantel – Luxus! Ich saß mit Sunshine und Gary am Küchentisch und lauschte ihren Geschichten. Gary war bei den *Marines* und ein eingefleischter Soldat. Ich widersprach ihm nie, hörte nur zu und war einfach viel zu erschöpft für eine Diskussion nach dem 65-Kilometer-Gewaltmarsch im Dauerregen. Wir schauten *High Noon,* einen alten Western, an und dann wollte mir Gary un-

bedingt noch die Aufnahmen der *Sunset* Parade, einer großen Militärparade in Washington D. C. zeigen. „Links rum, rechts rum, stillgestanden!" Auch das ließ ich noch über mich ergehen, doch dann wollte ich nur noch eins: abtreten! Ich salutierte in meinem Bademantel und suchte das Weite! Mit dem Song *Don't forsake me, oh my darling* aus *High Noon* in Gedanken schlief ich ein.

Am nächsten Morgen startete ich erst um 11 Uhr. Ich hatte gehofft, es würde zu regnen aufhören, doch ich war ein Träumer. Es schüttete fast den ganzen Tag, oh ja, es schüttete. Manchmal dachte ich, jemand leere einen Kübel nach dem anderen über mir aus – und das im *Sunshine State California*. In der Nähe des Flughafens von Los Angeles erlebte ich ein „besonderes Schauspiel". Während die Flugzeuge über mir hinwegdonnerten, begann saurer Regen zu fallen. In der Gegend gab es riesige Kohlekraftwerke und die Abgase fielen mit dem Regen wieder auf die Erde. Meine Augen begannen so stark zu brennen und auf meiner Zunge spürte ich ein „Feuer". Was machten wir Menschen bloß mit unserer Erde? Ich grübelte und wollte endlich im Hostel in Venice Beach ankommen, doch beim Einbruch der Dunkelheit lag immer noch ein weites Wegstück auf einer stark befahrenen Straße vor mir. Diese führte durch ein Sumpfgebiet. Riesige Pfützen überschwemmten die Straße, während die Autos knapp an mir vorbeirasten. Es gab keinen Gehsteig. Wieder einmal begegnete ich dem Tod. Ich lächelte ihn nur an und ging in Trance weiter: „Vollgas" mit 20 Kilogramm auf dem Rücken, bis ich es ins *Hostel California* geschafft hatte. Ich zog die nasse Kleidung aus, genoss eine warme Dusche und fand in meinem Zimmerkollegen John Sullivan aus Großbritannien einen guten Freund. Wir sprachen über eine „andere" Welt als die da draußen, die eine Welt voller Werbetafeln,

„Gehsteig gesperrt" stand auf dem Schild. So musste ich am Pannenstreifen der Autobahn weiterwandern.

riesiger Autos und Beton war. Unsere Geschichten führten zu den alten Bäumen und zu den einsamen Bergspitzen. Die Begegnung mit John war ein Geschenk. Seit dem Abschied von Emily hatte ich mich nicht mehr so gut unterhalten.
Zu Fuß durch Los Angeles zu gehen war kein Zuckerschlecken: viel Verkehr, breite Autobahnen, kaum Gehsteige und kein Platz für Fußgänger. Abgesehen von Obdachlosen war niemand zu Fuß unterwegs. Daher war der Schluss naheliegend, ich wäre ebenfalls heimatlos, hatte ich doch auch noch lange Haare und einen Bart. Manche Leute liefen vor mir davon, wenn wir uns begegneten. Das erste Mal in meinem Leben fühlte ich, was es bedeutete, in diesem Land kein Zuhause zu haben.
Mitten in der Nacht gab ich in Los Angeles ein Radio-Interview für *Life Radio* aus meiner Heimat. Mike Kraml und ich sprachen übers Telefon miteinander und ich war live im *Radiowecker*. Ich erzählte von meinen Erlebnissen in Kalifornien und Mike meinte dann irgendwann scherzhaft: „Jetzt bist du fast die ganzen Anden Südamerikas entlanggewandert und nun scheiterst du an den USA. Das ist ja lächerlich!" Wir mussten beide lachen! Ich denke, an diesem Morgen sind viele Zuhörer_innen zufrieden in ihre Arbeit gefahren, glücklich, nicht zu Fuß im Regen am Pannenstreifen der Autobahn unterwegs zu sein.

FREUNDSCHAFTEN AM WEGESRAND

Was die Welt retten wird, sind die Dinge, die uns verbinden, nicht unsere Differenzen.
(David Mc Taggert)

Dinge zu verbinden und die Trennung zu überwinden, finde ich immer wieder spannend. Täglich versuchte ich auf meiner Weltenwanderung, von anderen Menschen und Kulturen zu lernen und diese Erfahrungen in mein Leben einfließen zu lassen. Dabei war es immer wieder eine Quelle der Freude, wenn es mir gelang, Vorurteile abzubauen, und ich feststellte, dass es tief in meinem Herzen eine Verbindung gibt, die äußeres Erscheinen und Verhalten transzendiert.
Nur wenn wir Mut haben, einander zu begegnen, können wir wachsen. Wenn wir uns bewusst auf das scheinbar Fremde und Unbekannte einlassen und

die Unterschiede als eine Chance zur Veränderung sehen, eröffnen sich neue Welten. Natürlich ist es einfacher, Gegensätze aufzuzeigen, als Gemeinsamkeiten zu finden, denn mitunter schwingt auch Angst und Unwillen mit, das eigene Weltbild zu ändern – was bei einer bewussten Begegnung mit anderen Menschen aber manchmal unumgänglich ist. Doch ist dieser Weg wirklich zielführend? Irgendwann wird die Angst so groß werden, dass sie uns in unserem Dasein gefangenhält und verhindert, aus dem selbst gebauten Gefängnis auszubrechen. Ich erlebte immer wieder, dass mir der Weg der Offenheit, der Dankbarkeit und der Liebe Begegnungen und Freundschaften eröffnete, von denen ich nicht einmal zu träumen gewagt hätte. Dabei waren mir die Worte von Jiddu Krishnamurti, einem indischen spirituellen Lehrer, oftmals ein Ansporn, den ersten Schritt zu wagen: *Ich sage dir, hinter dem Hügel ist dein Garten – ich kann dir die Hand reichen, aber gehen musst du selber.*

In diesem Bewusstsein versuchte ich durch Kalifornien zu gehen und offen für die Erfahrungen zu sein, die mir dieses Land bereitete. Dies wurde auch sogleich auf die Probe gestellt: Die Sonne ging unter, als ich nördlich von Los Angeles am *Pacific Coast Highway*, der Pazifikküstenstraße, entlangwanderte und dieser schließlich in eine noch größere Autobahn, den *Highway 101*, mündete. Der *Pacific Coast Highway*, auch *Highway No. 1* genannt, verläuft als eine ältere, schmale Bundesstraße immer entlang der Küste, während der *Highway 101* eine mehrspurige Autobahn ist. Letzterer führt von Los Angeles meist im Landesinneren gen Norden und erreicht nur an einigen wenigen Stellen die Küste, wo er dann den *Highway No. 1* ersetzt. Es war viel angenehmer, auf dem *Highway No. 1* zu wandern, denn am *Highway 101* war mehr Verkehr und ich musste am Pannenstreifen marschieren. Das war gefährlich, aber mangels anderer Straßen oder Wege gab es keine andere Alternative!

Nun war ich das erste Mal auf dem *Highway 101* unterwegs: Während ich am Pannenstreifen wanderte, verlief rechts von mir die sechsspurige Straße und links eine hohe Mauer. Als es dunkel wurde, blieb mir nichts anderes übrig, als über diese Mauer zu hüpfen und mein Zelt im Niemandsland zwischen der Autobahn und einer Militärbasis aufzustellen. Der Vorteil an der Übernachtung neben dem Luftwaffenstützpunkt war, dass ich mir jeden Wecker sparen konnte, denn bereits früh am Morgen donnerten die ersten Kampfjets über mein Zelt hinweg. So schnell war ich auf meiner Wanderung noch nie wach

Privatbesitz hat einen hohen Stellenwert in Kalifornien. Wie so oft war der Zugang zum Strand abgesperrt.

gewesen. Ich zog zeitig los und konnte zum Glück bald nach der Militärbasis am Strand entlangspazieren. Offiziell war ich am Kalifornischen Küstenwanderweg unterwegs, doch das ist eben kein durchgehender Wanderweg die Küste entlang, wie ich mir das fälschlicherweise vorgestellt hatte, sondern vielmehr beschreibt dieser nur mögliche Zugänge zum Strand. Die Wanderung an der Küste wurde somit zu einem Spießrutenlauf vorbei an Zäunen, Mauern und Militärstützpunkten. Wenn ein großer Fluss ins Meer mündete, musste ich auch ins Landesinnere wechseln, denn in den meisten Fällen war es zu gefährlich, direkt an der Mündung einen breiten Bach zu überqueren. Das hatte ich nur einmal versucht. Bevor ich zur Flussmündung gekommen war, hatte ich einen Ortsansässigen gefragt, ob es möglich sei, den Fluss an der Mündung zu queren. Er meinte: „Es ist okay, aber deine Füße werden nass!" Das sollte also kein Problem sein, dachte ich, und wanderte den Strand entlang, bis ich zu besagter Stelle kam. Der Fluss war zwar nur einen Meter tief, aber übermannshohe Wellen donnerten ans Ufer und schwappten bei der Mündung weit ins Landesinnere hinein. Ich versuchte trotzdem mein Glück, stand dann aber mitten im Fluss, als ich eine fast zwei Meter hohe Welle auf mich zukommen sah. Gerade noch rechtzeitig konnte ich umdrehen und zurücklaufen. Nach dem gescheiterten Versuch nahm ich nochmals alle meine Kräfte zusammen. Das Wasser schwappte mir bis zur Brust und eine zweite Welle spülte mich fast weg. Der starke Sog im Wellental riss mir die Füße weg, doch ich schaffte es ans andere Ufer. Von nun an wurde ich vorsichtiger, wenn ich zu Flussmündungen kam, und benützte die Brücken im Landesinneren. Das bedeutete aber, vorher und nachher kilometerlang die Autobahn entlangzugehen, um erst zu den Brücken zu gelangen.

Auf meiner Wanderung durch Kalifornien bekam ich einen sehr interessanten Einblick in die US-amerikanische Gesellschaft. Niemand war zu Fuß unterwegs. Kein Wunder, dachte ich mir, denn es gab auch nur Infrastruktur für die Autos – für die Fußgänger_innen waren keine Wege vorgesehen. Daher hatte ich auch fast jeden Tag Kontakt zur Polizei: Sie wollten wissen, was ich hier mache. „Ich wandere", gab ich zur Antwort. Die verwunderte Gegenfrage kam dann prompt: „Wandern, zu Fuß?" Die meisten Polizist_innen waren freundlich, aber sie hielten mich wohl für verrückt. Einmal fragte mich ein Polizist wieder nach meinem Weg und ich antwortete: „Ich wandere am *California Coastal Trail*." „You are going to the *California Coastal Grill*?", wollte er wissen. Offensichtlich hatte er Hunger. Ich erklärte ihm, wohin ich unterwegs war: „Zu Fuß nach San Francisco." Er war beeindruckt. Spontan schenkte er mir eine Packung Schokolade und wünschte mir alles Gute. Als ich kurz darauf an einem Picknickplatz Rast machte, um die Schokolade zu essen, lehnte ich mich mit dem Rücken an einen Tisch. Plötzlich tippte mir jemand auf meine Schulter. Ich drehte mich um und traute meinen Augen kaum. Vor mir saß ein Eichhörnchen und bettelte um ein Stück Schokolade.

Ich war froh, als ich endlich Ventura, einige Etappen nördlich von Los Angeles erreichte, konnte ich doch *Patagonia Sportswear* einen Besuch abstatten. *Patagonia* hatte mir die Ausrüstung, die mich vor Regen, Sonne und Schnee schützte, zur Verfügung gestellt und wir teilten dieselben Ideale: das Bewusstsein von einem respekt- und verantwortungsvollen Umgang mit unserer Erde. „Auf einem toten Planeten können wir keine Gewinne mehr erzielen" ist sich *Patagonia*-Gründer Yvon Chouinard im Klaren. Bei näherer Betrachtung ist das eine durchaus einleuchtende Feststellung, aber die wenigsten Manager_innen befolgen diesen Grundsatz oder kümmern sich eben nicht um die Konsequenzen ihres Handelns. Patagonia ist der einzige Sportausrüstungshersteller der Welt, der konsequent auf Umwelt- und Sozialstandards Rücksicht nimmt. Das Ziel des Unternehmens ist es, die beste Qualität zu den geringstmöglichen Auswirkungen für die Umwelt zu erzeugen. Seit Mitte der 1990er-Jahre verwendet *Patagonia* nur Ökobaumwolle statt konventioneller Baumwolle und spart alleine durch diese Entscheidung 700 Gramm Chemie pro Kilogramm erzeugter Baumwolle ein, da im konventionellen Anbau viele hochgiftige Schädlingsbekämpfungsmittel zum Einsatz kommen. Die Firma stellt Fleecejacken aus Recyclingflaschen her, macht aus alten T-Shirts wieder neue und spendet mindestens 1 % ihres Umsatzes – bisher insgesamt 33 Millionen Dollar in Geld- und Sachspenden – für den Schutz und die Erhaltung der natürlichen Umwelt. Außerdem haben alle Produktionsfirmen des Betriebs sehr strenge Sozialstandards. *Patagonia* zeigt auf, dass umweltbewusstes und sozial verantwortliches Wirtschaften erfolgreich möglich ist.

Den ersten Abend in Ventura verbrachte ich zusammen mit den Malloy-Brüdern. Sie waren Weltklassesurfer, die für die Patagonia Oceanline arbeiten. Keith Malloy erzählte mir vom Wellenreiten und den großen Wellen und ich war knapp daran, Rucksack und Wanderschuhe gegen ein Surfbrett einzutauschen. Am nächsten Tag hielt ich einen Diavortrag im *Patagonia*-Hauptquartier. Abends war ich bei Bremen eingeladen, den ich bei meiner Diashow kennen gelernt hatte. Er segelte für das US-Team beim *Americas Cup* rund um die Welt und wir tauschten Erlebnisse von unseren Reisen aus. Wir verstanden uns auf Anhieb, denn auch er war jahrelang immer unterwegs gewesen, hatte kein fixes Zuhause und war überall auf der Welt daheim. Als ich Bre-

Keith Malloy und seine Surfbretter. Seine Geschichten über das Wellenreiten und seine Lebensfreude faszinierten mich.

mens Erzählungen von den einsamen Segeltouren über die weiten Ozeane hörte, dachte ich an mein Leben. Der Weg war noch weit, die Welt war groß, aber die Begegnungen mit netten Menschen, wie Bremen, mit denen ich meine Erlebnisse teilen konnte, machten das Unterwegssein zu einer sehr schönen Erfahrung. Ich war so glücklich, für ein paar Abende Freunde gefunden zu haben, mit denen ich meine Träume und Geschichten teilen konnte. Dabei hatte ich wieder genügend Kraft gesammelt, um weiterzuwandern. „San Francisco, ich komme", dachte ich mir beim Aufbruch von Ventura. Das war auch gut so, denn es kamen bald schon wieder neue Herausforderungen auf mich zu, wo ich diese Kraft gut brauchen konnte.
Zuerst folgte ich lange einem sehr schönen Strand in Richtung Santa Barbara, bis ich auf die Eisenbahntrasse Los Angeles–San Francisco wechseln musste, da wieder einmal eine Mauer den Zugang zum Strand versperrte. Erschöpft stolperte ich von einer Schwelle zu nächsten und erreichte nach einigen Stunden auf den Bahngleisen endlich den Pier von Santa Barbara, wo ich nach längeren Irrwegen auch tatsächlich die Jugendherberge fand. Sie war jedoch ausgebucht und die Rezeptionistin ließ auch nicht mit sich reden, also musste ich wieder hinaus in die Dunkelheit und zurück auf die Schienen. Die Begegnungen dieser Nacht werde ich wohl nie vergessen: Auf der Suche nach einem Schlafplatz blickte ich in die Augen des armen Amerikas. Viele der potenziellen Schlafplätze entlang der Eisenbahntrasse waren bereits belegt. Einige Obdachlose hatten Schlafsäcke ausgerollt, andere saßen auf altem Zeitungspapier und daneben brannte eine Kerze. An einer Brücke sah ich zwei Heroinsüchtige, die sie sich gerade einen Schuss verabreichten. Ihr Blick war hohl und leer und voller Traurigkeit. Ich stolperte unentwegt auf den Schienen weiter und war nach der 55-Kilometer-Etappe bereits völlig erschöpft. Schließlich fand ich mich damit ab, dass ich an den Bahngleisen keinen freien Schlafplatz mehr finden würde, und bog in einen Vorort ab. Ich humpelte vorbei an großen Häusern, weiten Gärten, hohen Mauern und unzähligen Schilder mit dem Aufdruck *Neighborhood Watch* – aufmerksame Nachbarn wachen. Auf dem Schild war die schwarze Silhouette eines Mannes, der einen Rucksack trug, zu sehen und darunter standen die Worte: „Alle Verdächtigen werden sofort der Polizei gemeldet." Ich passte somit perfekt in das Bild des „Gemeingefährlichen" und mir war klar, dass hinter jedem Fenster ein potenzieller Spion sitzen konnte, der mich im Zweifelsfall der Polizei melden würde. Also schnell weg aus diesem Vorort. So nützte ich

die erstbeste Gelegenheit, um einen steilen Hügel hinaufzusteigen. Oben angekommen, hüpfte ich über einen Zaun und fand endlich einen Schlafplatz in der Wiese neben einer stark befahrenen Straße. Der Zeltplatz war schief und es war so laut, als ob die Autos direkt durch mein Zelt fahren würden. Es gab bessere Plätze zum Schlafen, aber einige Meter neben mir hatte ich das Bündel eines Obdachlosen im Gras liegen gesehen. Er war wohl jeden Abend an diesem Platz. Dabei kam mir das Jammern über diesen Nachtplatz völlig albern vor: Konnte ich doch am nächsten Tag weiterwandern, er aber wahrscheinlich nicht.

Bevor ich einschlief, dachte ich über die vergangenen Wochen und die vielen spannenden und unterschiedlichen Begegnungen nach. Immer mehr konnte ich mich mit dem Namen *Weltenwanderer* identifizieren, als der ich seit Lateinamerika durch die Lande zog. Ich hatte in Argentinien begonnen, eine Kolumne für das *Südwind-Magazin* zu schreiben, und dort den Namen *Weltenwanderer* – der Wanderer zwischen den Welten – bekommen. Ich sah unsere Erde nicht als *eine* Welt, sie war vielmehr eine Verbindung aus vielen Welten: der Konsumwelt in den Großstädten, der Naturwelt in den Bergen und Wildnisgebieten, den verschiedenen kulturellen Welten, den armen und reichen Welten und den zahlreichen unterschiedlichen Lebenswegen. Auf meiner Wanderung versuchte ich Gegensätze und Verbindungen zwischen ihnen aufzuzeigen, formen diese Welten doch eine Erde, auf der wir alle zusammen leben und gemeinsam zukunftsfähige Lebensstile finden sollten.

Als ich am Morgen in Santa Barbara nach der Zeltnacht im Straßengraben der Schnellstraße aufbrach, schmerzte die Achillessehne meines linken Fußes vom Wandern auf der Bahntrasse. Ich hatte jedoch erneut eine 55-Kilometer-Etappe vor mir, denn bereits vor Tagen hatte ich mit Mark vereinbart, dass wir uns an diesem Tag in Gaviota treffen würden. Wir hatten zusammen in Schweden studiert und er war auf Kurzbesuch in San Francisco. Zuerst folgte ich der Hauptstraße und da ich keinen Zugang zum Strand fand, wechselte ich bald wieder auf die Bahntrasse. Sie wurde dieser Tage zum Glück gerade repariert. Daher war auch der *Pacific-Surfliner*-Schnellzug zwischen San Francisco und Los Angeles nicht unterwegs, sonst wäre es viel zu gefährlich gewesen, auf den Bahngleisen zu gehen. Mein Blick war die ganze Zeit auf die Schwellen gerichtet, während ich von einer zur anderen hüpfte. Dabei kam ich sehr schnell in einen tranceähnlichen Zustand und ob der Monotonie des Gehens hätte ich einen Zug leicht überhören können. Stundenlang stolperte ich von Schwelle

zu Schwelle. Der linke Fuß schmerzte immer mehr und bald war ich völlig erschöpft, aber es lagen noch 30 Kilometer vor mir.
Am Nachmittag machte ich Pause und schlief im Gras neben den Gleisen ein. Der laute Ton eines Horns riss mich aus dem Schlaf. Ein Schienenbaufahrzeug fuhr vorbei und der Mann winkte mir freundlich zu. Augenblicke später kam noch eines, wieder die Hupe und ein freundliches Lächeln. Es folgten zwanzig weitere und alle Bahnbediensteten winkten mir zu. Das gab mir wieder Kraft und daher versuchte ich erneut, vorwärtszukommen. Nach einigen Kilometern erreichte ich den *El Capitan State Park* und zum Glück fand ich eine Telefonzelle. Ich wollte Mark anrufen und ihm erklären, dass ich es unmöglich bis Gaviota schaffen würde, doch er meldete sich nicht. Was nun? Die Gleise konnte ich nicht mehr entlanggehen, denn die Sperre der Strecke war bereits aufgehoben. Der Weg am Strand war wegen der hereinkommenden Flut auch nicht zu begehen, also blieb nur noch der Pannenstreifen des *Highway 101*. Es begann zu dämmern und plötzlich sah ich in der Abendsonne vor mir einen Wanderer. Er war auf den Bahngleisen unterwegs, die links neben der Autobahn entlangführten. Als ich diesen Burschen sah, wachte ich plötzlich wieder auf. Ich traute meinen Augen nicht. Er war der erste Wanderer, den ich seit meiner Ankunft in den USA gesehen hatte! Kam er bereits von Patagonien und war er vielleicht auf dem Weg nach Alaska? Meine Gedanken überschlugen sich und ich legte einen Zahn zu, um ihn einzuholen. Als ich ihn erreicht hatte und ihm ein erfreutes „Hej" zuwarf, erwiderte er aber nur: „Do you have some weed?" – „Hast du Gras?" „Nein, ich rauche nicht", war meine Antwort und damit war unsere Konversation auch schon wieder vorbei. Er antwortete nicht einmal mehr auf meine Frage, wohin er unterwegs war. Ich war so enttäuscht und mein Kartenhaus aus Illusionen, endlich einen Wanderkumpan gefunden zu haben, war genauso schnell eingestürzt, wie ich es aufgebaut hatte.
Also alleine weiter. Die Scheinwerfer der vorbeifahrenden Autos blendeten mich. Minuten später kam ich an eine Brücke, die keinen Platz für Fußgänger_innen ließ, gab es doch keinen Pannenstreifen und die Autos rasten viel zu knapp an mir vorbei. Mir blieb nichts anderes übrig, als wieder zu den Eisenbahnschienen hinunterzuklettern und auf diesen weiterzuwandern. Ich humpelte vorwärts, aber es war zumindest eine schöne Stimmung: Der Mond stand hoch oben am Himmel und hüllte die Bahngleise in ein magisches Licht. Immer wieder murmelte ich mein übliches Mantra „Weiter, nur nicht

Unterwegs am Pannenstreifen des Highway 101 südlich des Gaviota State Parks

aufgeben ... weiter ...“ vor mich hin, bis ich plötzlich einen Lastenzug auf einem Abstellgleis sah. Der Lokführer saß in der Lok und wartete an einem roten Signal. Die Zuglinie war ja wieder für den Verkehr freigegeben. Das konnte nun wirklich gefährlich werden, denn vor mir sah ich eine etwa 300 Meter lange Eisenbahnbrücke. Sie führte über einen 70 Meter hohen Canyon und war eingleisig. Unter ihr lag der *Gaviota State Park*, mein Ziel, aber ein Abstieg auf dieser Seite des Canyons kam nicht in Frage, denn hier war es zu felsig und steil – also musste ich über die Brücke gehen und auf der gegenüberliegenden Seite in den Canyon absteigen, dort war der Hang nämlich flacher. Der Lastenzug wartete noch immer hinter mir. Wahrscheinlich kam ein Gegenzug, doch ich war viel zu erschöpft, um darüber nachzudenken, und stolperte einfach weiter auf die Brücke zu. Ein eiskalter Wind blies mir ins Gesicht, als ich am Anfang der Brücke stand: Diese war so schmal, dass ich keinen Platz finden würde, sollte tatsächlich ein Zug kommen. Nur in der Mitte der Brücke sah ich eine kleine Ausbuchtung, in der ich im Notfall hätte stehen können. Im Mondlicht schien alles gespenstisch und bald war mir

klar, wie verrückt ich war, diese Brücke zu überqueren. Falls ein Zug kam, konnte ich bestenfalls über das Geländer steigen und hoffen, nicht in die tiefe Schlucht zu fallen. Weit unten rauschte das Meer. Der Zug hinter mir konnte sich jeden Augenblick in Bewegung setzen oder aus der Gegenrichtung konnte ein anderer kommen. Ich hatte Angst, zögerte, ob ich es wagen sollte, die Brücke zu überqueren. Aber ich wollte nur noch ankommen und so begann ich zu laufen, vergaß meinen lädierten Fuß und den schweren Rucksack. Nach einer halben Ewigkeit kam ich endlich auf der anderen Seite an. Ich stieg sogleich durch den dichten Busch in den Canyon ab und hatte recht behalten, denn auf dieser Seite des Canyons gab es keine felsigen Stellen. Als ich im Canyon unten stand, zerriss das Rattern eines Zuges die Stille. Ein Lastenzug donnerte über die Brücke und mein Gesicht wurde bleich. Es war der Gegenzug, auf den der andere Zug hinter mir gewartet hatte. Wäre ich zehn Minuten später über die Brücke gewandert, hätte mich der Zug voll erwischt. Das war knapp!
Ich setzte mich auf meinen Rucksack und kaute an einem Stück Brot. Die Erschöpfung stand mir ins Gesicht geschrieben! Es reichte mir nun und ich entschied, meine Wanderung in Kalifornien abzubrechen. Ich hatte genug vom Gehen entlang von Autobahnpannenstreifen, genug von dem vielen Verkehr, vom Wandern in einem Land, das von meinen Idealen mitunter so weit entfernt war. Dem ewigen Alleinsein und Ausgesetztsein in dem mir plötzlich so fremd erscheinenden Kalifornien wollte ich mich nicht mehr länger aussetzen. Die USA hatten gewonnen. Ich wollte nur noch weg: Neuseeland, Japan, Bariloche, egal, Hauptsache weg von hier! Gerade als ich diesen Entschluss gefasst hatte, kam ein Auto auf den Parkplatz gefahren. Es war Mark! Er war den ganzen Weg von San Francisco gekommen. Er hüpfte aus dem Auto, wir fielen uns in die Arme, tanzten vor Wiedersehensfreude über den Parkplatz und hatten bald alles rund um uns vergessen. Ich freute mich so sehr, Mark zu treffen. Alles kam zusammen: die große Erschöpfung, die abklingende Angst, nachdem ich die Brücke überquert hatte, das mögliche Ende der Wanderung durch Kalifornien, die große Freude, Mark wiederzutreffen nach alle den Jahren, die wir uns nicht gesehen hatten, die schöne Erinnerung an unsere Studienzeit in Schweden. All das ging mir durch den Kopf, als wir über den Parkplatz des *Gaviota State Parks* tanzten. Ein Wirbelwind der Gefühle erfasste mich.
Wir stellten unser Zelt direkt am Strand auf, kochten ein Abendessen und tranken Bier. Wir philosophierten über das Leben, die Liebe, die Einsamkeit, das

Reisen und es wurde ein wunderbarer Abend. Vor dem Schlafengehen blickte ich noch auf das rauschende Meer hinaus. Der Mond stand hoch oben am Himmel, die Wellen schlugen an den Strand und irgendwo auf der anderen Seite des Ozeans, Tausende Kilometer weiter westlich, war Neuseeland. Wie es wohl Emily ging?

Ich kehrte schließlich nach Los Angeles zurück, da ich zu einer Fernseh-Talkshow in Hollywood eingeladen war. Sie hieß *Earth-Talk Today* und wurde in den gesamten USA ausgestrahlt. Eine halbe Stunde lang stellte ich meine Wanderung und Erkenntnisse vor. Bei Millionen von Zuschauer_innen konnte das eine große Breitenwirkung haben. Außerdem hielt ich eine Reihe von Vorträgen an Schulen. Die Schüler_innen zeigten ein großes Interesse an meiner Umweltkampagne, stellten viele Fragen und schienen beeindruckt. Am Ende eines Vortrags kam eine Lehrerin zu mir und meinte, sie hätte, nachdem sie ihre Hände gewaschen habe, immer zwei Papierhandtücher verwendet, um sie zu trocknen. Von nun an nehme sie nur noch eines. Diese Veränderung ist angesichts unserer heutigen Herausforderungen im Umweltbereich völlig nebensächlich und doch wieder nicht, denn dies war vielleicht ihr erster Schritt zu einem bewussteren Leben. Für mich war es immer wieder faszinierend, diesen Wandel miterleben zu dürfen. Als ich durch Patagonien gewandert war, hatte ich erfahren, dass noch vor wenigen Jahren 3000 Jahre alte Alercebäume in Japan zu Papier verarbeitet wurden. Wenn die Lehrerin jeden Tag drei oder vier Papierhandtücher einsparte, war das in ein paar Jahrzehnten wohl ein ganzer Baum. Wer einmal vor einem dieser uralten Bäume gestanden ist, wird mich verstehen. Außerdem spürte die Lehrerin in diesem Augenblick, dass es einen Unterschied macht, wie sie handelt, und sie Schritt für Schritt eine Veränderung herbeiführen kann. Sie entschied sich, nur mehr ein Papierhandtuch zu verwenden, und ich entschied mich, weiterzuwandern und nicht aufzugeben. Ich kehrte zurück nach Gaviota, zur Eisenbahnbrücke und zum *Highway 101*.

MEER UND BERGE

Wenn ich blinzle, sehe ich Engel. Manchmal sehe ich Flügel bei den Menschen. Manchmal gelingt es mir. Wenn wir die Flügel bei jedem Menschen sehen, sind wir am Ziel.
(Lena aus dem Film *Wie im Himmel*)

Südlich von Santa Cruz begegnete ich am Strand einem Ehepaar und die beiden entschieden sich spontan, mich ein Stück zu begleiteten. Während wir den Pazifik entlangspazierten, erzählte ich von den vielen Militärstützpunkten im südlichen Kalifornien und darüber, wie schockiert ich gewesen war, dass die USA ein so militarisiertes Land sind. Ich hatte davon zwar immer wieder in den Zeitungen gelesen, aber als ich die allgegenwärtige Militärpräsenz mit eigenen Augen gesehen hatte, war ich trotzdem irritiert: In San Diego lagen riesige atombetriebene Flugzeugträger vor Anker, etwas weiter nördlich musste ich zwanzig Kilometer mit einem Bus durch eine große Militärbasis fahren, weil es verboten war, zu Fuß durchzugehen, und schließlich kam ich auch noch an der furchteinflößenden *Vandenberg Air Force Base* vorbei, von wo aus der Luftkrieg gegen den Irak ferngesteuert wurde. Als ich meine Ausführungen darüber beendet hatte, erzählte mir die Frau ihre Geschichte: Ihr Sohn war vor einigen Monaten im Irakkrieg gefallen. Sie weinte. Plötzlich bekamen die anonymen Zahlen über gefallene Soldaten, die ich immer wieder in der Zeitung gelesen hatte, ein Gesicht. Ich war betroffen und einige Zeit lang gingen wir schweigsam nebeneinander her. Oft sind Gefühle so groß, dass ich sie nicht in Worte fassen kann.
Unweit der *Vandenberg Air Force Base* gab es ein großes Gefängnis. Ich hatte mich verlaufen und wollte nach dem Weg fragen, doch alle Menschen suchte rasch das Weite, sobald ich näher kam, niemand wollte mir eine Auskunft geben. Ich konnte es mir nur damit erklären, dass sie alle der Meinung sein mussten, ich wäre ein entflohener Gefangener. Einige Kilometer weiter kam mir ein weißer Pick-up-Truck entgegen. Drinnen saßen fünf in Weiß gekleidete Männer und das Unglaubliche geschah: Sie hielten an und kurbelten sogar die Fensterscheibe herunter: „Hi, ist alles in Ordnung?" „Nein, ich glaube, ich habe mich verlaufen. Wisst ihr zufällig, wo es hier zum Strand geht?" „Du bist schon richtig, immer geradeaus. Bald erreichst du das Meer. Aber wohin um alles in der Welt schleppst du diesen riesigen Rucksack?" „Ich wan-

dere schon seit fast zwei Jahren um die Welt und bin nun nach San Francisco unterwegs." „Nach San Francisco, zu Fuß?" „Ja, ich gehe gerne, so lerne ich die Welt kennen. Und was macht ihr da? Ihr seid heute die Ersten, die keine Angst vor mir haben!" „Ja, *ha, that's funny*. Nein, wir haben keine Angst. Wir sind Gefangene aus dem nahen Gefängnis von Lompoc und arbeiten tagsüber in der Luftwaffenbasis." Ehe ich mich versah, gingen die Türen auf, alle sprangen aus dem Auto und schüttelten mir die Hand. „Weißt du, wir treffen nicht oft Menschen außerhalb des Gefängnisses. Es ist großartig, dass wir dir hier begegnen. Wo warst du denn überall in den letzten Jahren?" „Ich bin zuerst durch ganz Europa gewandert und dann durch Lateinamerika. Das letzte Stück, bevor ich hierher kam, war ich hoch oben in den Anden unterwegs." „*That's so cool!* Und was ist das auf deinem Rucksack?" „Das sind tibetische Gebetsfahnen. Sie kommen vom Himalaja und ich trage sie auf meinem Rucksack, um die Tibeter in ihrem Bestreben um Freiheit von der chinesischen Besatzung zu unterstützen. Ich bin frei, aber viele Menschen auf der Welt sind es nicht, und für sie wehen hier diese Fahnen, damit die Unterdrückung ein Ende habe!" Sie erzählten mir vom Leben im Gefängnis, von ihren täglichen Herausforderungen, und doch waren sie alle sehr lebensfroh. Das faszinierte mich.

Zusammen mit den Gefangenen vom Lompoc Prison

Noch lange, nachdem wir uns verabschiedet hatten, sah ich die fünf Kerle vor mir und erinnerte mich an ihre Worte. Es war ein verregneter Tag, aber dann kam plötzlich die Sonne heraus und ich genoss ihre warmen Strahlen auf der Haut. Wie war es wohl, im Gefängnis zu leben und das alles nicht spüren und fühlen zu dürfen? „Die Freiheit ist doch ein wunderbares Geschenk", dachte ich und freute mich an diesem Tag sogar über den Regen.

Abendstimmung auf dem Felsen in Big Sur

Einige Tage später wanderte ich auf dem *Highway No. 1* die spektakuläre Steilküste des *Big Sur State Parks* entlang. Die Landschaft war wunderschön und majestätisch. Mitunter querte ich ein savannenähnliches Gebiet, dann wuchsen wieder üppige, subtropische Pflanzen und Bäume neben der Straße. Weit unterhalb schlugen die Wellen an die Felsen. Ab Big Sur hatte der Verkehr auch schon deutlich abgenommen und es war nicht mehr so schlimm, auf dem Highway zu wandern. Allerdings schmerzte mein linker Fuß, da ich schon seit Wochen fast immer auf Asphalt unterwegs war. Bei jedem Schritt fuhr mir ein stechender Schmerz durch den ganzen Körper. Ich ging trotzdem weiter, hörte Musik und versuchte mich durch Singen abzulenken. Die vorbeifahrenden LKW- und Autofahrer winkten mir auch meist freundlich zu und einmal lehnte sich gar ein Beifahrer mit seinem ganzen Oberkörper aus dem Fenster und schrie mir ein aufmunterndes „Yeeeeeaaaaahhhh!" zu. Eines Abends tat jedoch der Fuß so weh, dass ich dringend eine Pause brauchte. Aber wo konnte ich an der Steilküste einen geeigneten Zeltplatz finden? Ich erblickte eine kleine Halbinsel, die aufs Meer hinausragte, und einige Meter über dem Wasser entdeckte ich einen halbwegs ebenen, felsigen Platz. Dort humpelte ich mit meinen letzten Kräften hin. Während die Sonne wie ein riesiger Feuerball im Pazifik versank, warf ich den Kocher an, und als es dunkel wurde, verkroch ich mich in meinem warmen Schlafsack. Die ganze Nacht lauschte ich den Wellen, die an die Felsen donnerten. Sie schienen mir sagen zu wollen: „Geh weiter, gib nicht auf. Hör uns zu, jeden Tag prallen wir gegen diese mächtigen Felsen und eines Tages werden wir sie ins Meer gespült haben."

Am Morgen wanderte ich mit meinem lädierten Fuß weiter, doch die Zeltnacht auf dem Felsen hatte mir wieder Kraft gegeben. Die Felsküste leuchtete im Morgenlicht. Ihre bunten Farben und das tiefblaue Meer verzauberten mich und außerdem war heute ein gemütlicher Tag. Bereits am späten Vormittag kam ich in der Big Sur Lodge an, wo ich für den Abend ein Treffen mit Freunden aus Los Angeles ausgemacht hatte. Ich ging in einem netten Gasthaus Mittagessen. Es gab ein Festmahl! Zwei Tage vorher hatte ich am Straßenrand des *Highway No. 1* Dutzende Vierteldollarmünzen gefunden. Drei Schritte weiter war wieder ein Haufen Münzen vor meinen Füßen gelegen, nach fünf Metern erneut. Bald waren meine Hosentaschen randvoll gewesen. War da ein Geldesel vor mir gewandert? Mit diesem unerwarteten Geschenk am Straßenrand gönnte ich mir also ein herrliches Mittagessen und ein Bier. Als ich gerade das Bier geöffnet hatte und die Sonnenstrahlen auf meiner Haut spürte, hielt ein

Autofahrer direkt neben mir. Er stürmte in das Informationsbüro nebenan und ich hörte seine eilig vorgebrachte Frage: „Ich bin heute früh schnell von Los Angeles angereist und möchte nun kurz Big Sur besuchen, bevor es am Nachmittag wieder zurückgeht. Gibt es einen *Drive-In-Trail* im Park?“ Ein *Drive-In-Trail*? Der Kerl fragte doch nicht etwa nach einem befahrbaren Wanderweg? Aber ich hatte mich nicht verhört, denn er wollte wirklich nur schnell vom Auto aus die Schönheit der uralten Redwoodbäume erleben und gleich darauf wieder nach Los Angeles zurückrasen. Ich hatte über zwei Wochen nur für den Weg von Los Angeles bis hierher gebraucht und er erledigte all das an einem Tag. Ich spürte, wie anders meine Uhr bereits lief.

Meine beiden Freunde Kraig und Gerry wollten erst nach Mitternacht aus Los Angeles kommen, und ich war schon müde. Neben der Lodge, inmitten eines Redwoodwaldes, fand ich eine Telefonzelle und versuchte Kraig anzurufen, um ihm mitzuteilen, dass ich schon schlafen gehen wollte, doch er meldete sich nicht. Ich musste wohl oder übel noch wach bleiben und lehnte mich an den Stamm eines alten Baumes in der Nähe. Zu mehr als in die Luft zu schauen war ich nach den anstrengenden Wandertagen nicht mehr fähig. Die Zeit schien stehen geblieben zu sein und wollte nicht vergehen. Nachdem ich schon eine halbe Ewigkeit an dem Baumstamm gelehnt war, entschied ich mich, das Zelt aufzustellen und schlafen zu gehen. Aber wie würden mich meine beiden Freunde finden, wenn ich mitten im Wald zeltete? Schließlich spazierte ich nochmals zur hundert Meter entfernten Telefonzelle, wo es eine Uhr gab, um nachzuschauen, wie spät es war. Es musste schon längst nach Mitternacht sein. Gerade als ich zur Telefonzelle kam, läutete das Telefon. Was war nun hier los? Ich war mitten in der Nacht in einem Redwoodwald und das Telefon läutete! Etwas unsicher hob ich den Hörer ab: „Hi, Gregor, hier spricht Kraig! Wir kommen erst gegen zwei Uhr in der Früh, unsere Fahrt dauert doch noch länger“, hörte ich am anderen Ende der Leitung. Das war doch fast nicht möglich! Ich hatte ihn vom selben Telefon zwei Stunden früher anzurufen versucht und nun rief er genau in dem Augenblick zurück, als ich zum Telefon spaziert war – sonst hätte ich das Läuten nie gehört. Frohen Mutes stellte ich mein Zelt auf und schlief bald ein. Nur einmal in der Nacht wachte ich auf, weil meine Blase drückte. Genau in diesem Moment sah ich in der Ferne das Licht einer Taschenlampe. Kraig und Gerry suchten mein Zelt. Ich rief ihnen zu. Das Leben war wirklich voller Zauber!

Abendstimmung im Big Sur State Park

Am nächsten Morgen genossen wir ein herrliches Frühstück: Kraig und Gerry hatten frisches Obst, getrocknete Sauerkirschen, Fladenbrot, Schokolade und arabische Süßigkeiten mitgebracht. Wir ließen uns viel Zeit und wanderten dann gemütlich in den Redwoodwald hinein. Endlich spürte ich wieder Waldboden unter meinen Füßen. Sofort merkte ich den Unterschied zum Gehen auf der Asphaltstraße, denn die Achillessehne schmerzte nicht mehr. Nach einigen Stunden des Wanderns stellten wir direkt am Wildbach unser Zelt auf. In der Nähe sollte es heiße Thermalquellen geben, wie auf der Landkarte eingezeichnet war, dort wollten wir noch baden gehen. Nach längerem Suchen fanden wir neben einem riesigen Redwoodbaum zwei Becken gefüllt mit warmem Wasser. Was für ein verzauberter Ort! Wir saßen lange im Thermalwasser, bis wir wieder zu unserem Lagerplatz zurückspazierten. Unterwegs sammelten wir noch Holz und verbrachten die halbe Nacht neben dem Lagerfeuer. Meine Freunde erzählten von ihren vielen Wanderungen in der Sierra Nevada und ich gab Geschichten aus Lateinamerika zum Besten, während Gerry an den Enden eines Wanderstocks aus Redwood schnitzte, den er unweit von seinem Zelt gefunden hatte. Nachdem er mit seiner Arbeit zufrieden war, überreichte er ihn mir feierlich. Als ich ihn das erste Mal in der Hand hielt, wusste ich noch nicht, dass er mich von diesem Augenblick an jahrelang begleiten würde … Das Wasser des Big Sur Rivers rauschte an uns vorbei, ein Eichhörnchen sprang von einem Ast zum anderen und schien unseren Geschichten zu lauschen. Die Redwoodbäume bewegten sich im Wind. Das war das Leben! Ich spürte eine starke Kraft!

Nördlich von Big Sur folgte ich einem Sandstrand, als mir ein Mann barfuß entgegenkam. Kaum standen wir uns gegenüber, hatte ich das Gefühl, als würden wir uns schon seit Ewigkeiten kennen. Er hieß Darin und arbeitete an einer planetaren Ethik, um die Menschen anzuregen, im Einklang mit der Natur und den Mitmenschen zu leben. Er begleitete mich schließlich zu Fuß bis Santa Cruz, wo er mir die alten Redwoodbäume zeigen wollte, die ganz in der Nähe der Stadt wuchsen. Diese uralten Lebewesen waren fest im Boden verwurzelt und strebten doch Antennen gleich in den Himmel, als ob sie eine Verbindung mit den Sternen und unseren Vorfahren schaffen wollten. Einer dieser riesigen Redwoodbäume hatte ein großes Loch im Stamm, und ich kletterte hinein. Als ich inmitten des Baumes stand, fühlte ich mich vollkommen im Einklang mit der Welt und dem Universum.

Der Kalifornische Küstenwanderweg südlich von Santa Cruz

Darin erzählte mir von der scheinbar mächtigen US-Regierung: „Sie führt einen Krieg gegen die Erde, indem sie die uralten Redwoodbäume umsägen lässt, und ihre zahnlosen Umweltgesetze haben zur Folge, dass Flüsse verseucht werden und die Küste zubetoniert wird. Die US-Regierung unter George W. Bush baut ihre Macht auf einem Fundament aus Gewalt, Angst und Gier. Sie will, dass wir sie hassen, weil dieser Hass ihre Macht erst ermöglicht. Wie wäre es, ihr jedoch stattdessen mit Liebe und Mitgefühl zu begegnen? Wenn die Mächtigen dieser Welt ihre Macht nicht mehr durch unsere Angst und unseren Hass stärken können, werden sie schrittweise schwächer werden. Ihr zerstörerisches Tun wird verwelken wie eine Blume, der das Wasser entzogen wurde."
Bei meiner Weltenwanderung war ich oftmals mit der Zerstörung unserer Erde konfrontiert worden, was mich mitunter sehr traurig und wütend gemacht hatte. Ich versuchte dagegen anzukämpfen, doch der Ärger half mir selten und führte nur dazu, dass es mir nur noch schlechter ging. Meine Energie konnte jedoch nicht verschwinden, sie stärkte vielmehr jene, die ich bekämpfen wollte. Ich dachte, dass ich meine Energie, anstatt jemanden zu bekämpfen, dafür verwenden könnte, etwas Positives zu schaffen. Dabei würden neue Wege entstehen, die auf Liebe aufbauen. Diese werden alles überdauern, denn die Liebe ist die stärkste Kraft in unserem Universum. Nachdem ich von meiner Weltenwanderung wieder nach Hause gekommen war, festigte mein Weggefährte Martin Weber diese Überzeugung noch weiter, indem er meinte: „Hör auf damit, gegen jemanden anzukämpfen. Tritt lieber *für* etwas ein, schaffe und schöpfe Neues. Wenn du *gegen* jemanden kämpfst, kämpfst du am Ende nur gegen dich selbst, da alles eine Einheit bildet und miteinander verbunden ist."
In Kalifornien war der Bewusstseinswandel in vollem Gang. War der Süden des Landes geprägt von breiten Autobahnen, Militärstützpunkten, einer zubetonierten Küste und einem Konsumwahn, wuchs mit jedem Schritt in den Norden die Bereitschaft der Menschen, nachhaltige Alternativen zum konsumorientierten Lebensstil zu finden und verantwortungsvoll zu leben. Mir machte es auch eine viel größere Freude, dort zu wandern, traf ich doch zunehmend aufgeschlossene und offene Menschen. Dabei hatte ich das Gefühl, dass ein einziger Bundesstaat wie Kalifornien auf der einen Seite den Weg in Richtung Zerstörung wies, andererseits aber auch alle Lösungsansätze bot, wie diese zu verhindern war und ein Bewusstseinswandel stattfinden konnte. Das fand ich faszinierend.

Big Sur schien die Schwelle des Wandels zu sein. Weiter nördlich entdeckte ich Gemeinschaftsgärten und Bauernmärkte in den Städten. In der San Francisco Bay Area gab es ein gut ausgebautes öffentliches Verkehrsnetz und ein funktionierendes *Car-Sharing*-Angebot. Auf dem Weg zur *Golden Gate Bridge* hörte ich die kritischen und konstruktiven Radiosendungen des *Pacifica Community Radio*, einer sehr aufgeschlossenen Radiostation mit großer Breitenwirkung, in der viele zu Wort kamen, die sonst von den anderen Medien ausgeschlossen waren. An der Humboldt State University von Arcata erzeugten die Studierenden Strom, während sie auf den Sportgeräten im Campus-Fitnessstudio trainierten. Auf den Dächern waren große Sonnenkollektoren angebracht und die meisten Studierenden fuhren mit dem Fahrrad anstatt mit dem Auto auf die Uni. Auch wenn er sich schwer in Worte fassen lässt, war im Norden von Kalifornien ein Umschwung zu spüren, der sich vor allem auch im Denken der Menschen widerspiegelte. Auf meinem Weg begegnete ich einer Geschichte, die mir geholfen hat, diesen Wandel besser zu verstehen:

„Die Metamorphose zeigt sich am anschaulichsten in der Geburt eines Schmetterlings aus einer Raupe. Dabei geschieht eine beinahe magische Umwandlung in ein anmutiges Wesen vollendeter Schönheit. Biologen beschreiben, dass bereits im Gewebe der verpuppten Raupe sogenannte imaginale Zellen enthalten sind, die auf einer anderen Frequenz als die Zellen der Raupe schwingen. Sie sind so unterschiedlich, dass deren Immunsystem sie als kranke Zellen identifiziert und zu zerstören versucht, doch die Zellen, welche schließlich den Schmetterling bilden, vermehren sich nur noch mehr, bis das Immunsystem der Raupe sie am Ende nicht mehr schnell genug zerstören kann. Diese Zellen werden stärker und vereinigen sich, bis sie eine kritische Masse bilden, die dann die Geburt eines Schmetterlings herbeiführt."

Gleiches passierte in Kalifornien und auch in vielen anderen Teilen der Erde. Trotz der scheinbar dominanten Gefühle aus Angst, Gier, Egoismus, Flucht in den Konsum und Gewalt, welche die Gesellschaft prägten, entstanden überall Zellen, die nicht nur Alternativen erträumten, sondern diese Veränderung auch lebten. Der uruguayische Dichter Mario Benedetti schrieb: „Was würde geschehen, wenn wir eines Tages aufwachten und feststellten, dass wir die Mehrheit sind?" oder anders ausgedrückt, dass aus der Raupe ein Schmetterling geworden ist. Ich fühle, dass wir in einer Zeit des Erwachens leben. Gruppen von bewusst handelnden Menschen schließen sich überall zusammen. Sie erkennen und finden Wege für eine Zusammenarbeit, um eine neue Gesellschaft zu schaffen: eine Gesellschaft, die von Mitgefühl und Gerechtigkeit geleitet und in Freude und gegenseitigem Verständnis verwurzelt ist. Der Wandel ist nicht mehr aufzuhalten.

In Santa Cruz traf ich Tasha. Ein paar Wochen zuvor waren wir uns bei *Patagonia Sportswear* in Ventura begegnet und sie hatte sich damals spontan entschieden, mich von Santa Cruz bis nach San Francisco zu begleiten. Wir wanderten zusammen durch den *Big Basin Redwoods State Park*, verbrachten zwei Abende in alten Leuchttürmen an der Küste und standen nach langen Wanderetappen auf dem *Highway No. 1* schließlich vor der *Golden-Gate*-Brücke. Als wir San Francisco erreichten, gab es einen Grund zum Feiern, hatte ich doch seit der mexikanischen Grenze bereits hunderte Kilometer zu Fuß zurückgelegt! Tasha machte mir ein großes Geschenk und zeigte mir ihr kleines Paradies auf Erden: den *Yosemite*-Nationalpark. Wir stellten am Fuß der riesigen Felswände unser Zelt auf, wanderten über Wiesen und durch Wälder zum Mirror Lake, in dem sich die eindrucksvollen Felsen des Half Dome spiegelten.

Unterwegs zwischen den Redwoodbäumen

Der Mirror Lake in Yosemite

Kaum war die Sonne untergegangen, wurde es jedoch eiskalt – immerhin war es erst Ende Februar – und wir froren im Zelt. Eines Abends fragte mich Tasha, ob ich etwas Nettes zum Anziehen hätte, denn es gäbe ganz in der Nähe das sehr schöne *Ahwahnee Hotel.* Dort könnten wir uns gemütlich in den Salon setzen, anstatt im Zelt zu frieren. Ich suchte nach einem passenden T-Shirt und der schon etwas verknitterten schwarzen Wanderhose. Wir lächelten den Türsteher an, grüßten freundlich und bald darauf teilten wir neben dem offenen Feuer im großen Salon eine Kanne Tee und eine köstliche, dunkle Schokolade. Erst spät am Abend spazierten wir wieder in die Kälte hinaus und verbrachten die Nacht im Zelt. Das war er, der Zauber des Vagabundenlebens!
Der Abschied von Tasha fiel mir sehr schwer, waren wir doch fast zwei Wochen zusammen unterwegs gewesen. Ich kehrte mit dem Zug nach San Francisco zurück und wanderte alleine über die *Golden Gate Bridge* nach Norden. Ich wollte zum Abschluss vom Kalifornischen Küstenwanderweg noch die Redwoodbäume in der Nähe von San Francisco besuchen.

Point Reyes, 5. März 2004

Keine Wolke trübte heute Morgen den tiefblauen Himmel und die Sonne schien mir ins Gesicht, als ich aus dem Zelt hinausblinzelte. Die Wellen schlugen ans Ufer, die Bäume leuchteten in einem hellen Grün und ich spazierte über eine weite Heidelandschaft mit bunten Frühlingsblumen. Weit abseits der Straße fand ich nun endlich die Stille, die ich im südlichen Kalifornien so vergeblich gesucht hatte, doch die Einsamkeit traf mich heute voll ins Herz. Den ganzen Tag über dachte ich an Emily. Wie es ihr nun gehen mochte? Unsere Beziehung war wirklich nicht einfach, da sie so weit entfernt lebte. Heute hatte ich das Gefühl, dass sie nur noch weiter von mir wegdriftet, und ich nichts dagegen machen konnte. Ich fühlte ich mich völlig verloren.

Nun sitze ich in der Herberge in Point Reyes, dem Ende meiner Wanderung entlang der kalifornischen Küste, doch irgendwie ist mir nicht zum Feiern zu Mute. Ich würde gerne bei Emily sein und fühle mich sehr einsam.

Am nächsten Morgen besuchte mich Katharina. Wir hatten uns vor vielen Monaten in Villa O'Higgins am Beginn der *Carretera Austral* im Hostal *Apocalipsis* getroffen und es war ein wunderbares Geschenk, dass sich unsere Wege Tausende Kilometer weiter nördlich wieder kreuzten. Wir wanderten gemeinsam zum Leuchtturm von Point Reyes und blickten von den hohen Klippen auf das Meer hinaus. Neben uns ertönte das Nebelhorn, und ich erzählte Katharina von meiner scheinbar vergeblichen Liebe zu Emily. Ich war froh, mit ihr meine Gedanken und Gefühle teilen zu können, denn so war das Vagabundenleben und Alleinsein ein bisschen leichter zu ertragen.

Zurück in San Francisco verbrachte ich noch zwei Wochen bei Mathis Wackernagel und seiner Familie. Mathis hatte zusammen mit Billy Rees den „Ökologischen Fußabdruck" entwickelt. Dieser hilft, unseren Verbrauch an natürlichen Ressourcen zu messen, und stellt dadurch eine gute Orientierungshilfe dar, wie nachhaltig unser Lebensstil wirklich ist. In ihrem Haus fühlte ich mich wie daheim und beim Spielen mit Mathis' Sohn André vergaß ich meine Melancholie, die mich die letzten Tage begleitet hatte. André liebte es zu träumen, und wenn wir zusammen spielten, leuchteten seine Augen. Die Welt war doch so bunt. Wie konnte es nur so weit kommen, dass ich kaum mehr lachte? Warum wollte ich nur immerzu woanders sein, wo es doch im Augenblick so schön war?

Mit der Eisenbahn durch Russland

Mit dem Zug reiste ich von Bad Ischl nach Wien und von dort mit dem Nachtzug weiter nach Moskau. Der Baikalexpress brachte mich bis Irkutsk am Ufer des Baikalsees und nach einer kurzen Pause bestieg ich die Transsibirische Eisenbahn nach Khaborovsk. Im D-Zug fuhr ich nach Wanino und mit dem Schiff weiter nach Sachalin.

DURCH DIE WEITE RUSSLANDS

MIT DEM ZUG DURCH DIE SIBIRISCHE TAIGA

Wir sind von Geburt an Reisende.
(Bruce Chatwin)

Nach der Wanderung durch Kalifornien nahm ich an einer Umweltkonferenz in Schweden teil. Viele Absolvent_innen der Universität Lund und frühere Studienkolleg_innen kamen aus der ganzen Welt herbei. Bei dieser Begegnung entstand eine kraftvolle Stimmung der Hoffnung, denn alle präsentierten sie ihre Träume und auch interessante Erfahrungen aus ihrer Arbeit. Als nach einem tagelangen, intensiven Gedankenaustausch die Konferenz vorbei war, pflanzten wir noch gemeinsam Hunderte Bäume, um den Ausstoß von Kohlendioxid, das bei unserer Anreise mit dem Flugzeug entstanden war, zu neutralisieren. Ich hatte mir ausgerechnet, dass elf Bäume im Laufe ihres Wachstums so viel CO_2 aufnehmen würden, wie ich durch meine Flugreisen seit dem Beginn meiner Weltenwanderung verursacht hatte. Während ich die Tannen und Buchen pflanzte, dachte ich über mein Leben nach: Ich machte eine Wanderung, um damit meine Mitmenschen zu einem ökologischen und verantwortungsbewussten Leben anzuregen, handelte aber selbst verantwortungslos, wenn ich in ein Flugzeug einstieg. Das war ein Widerspruch, denn ich trug nicht nur zur Zerstörung unseres Planeten bei, sondern lud auch Hektik und Eile in mein Leben ein – während ich aber einfach leben wollte. Somit war es endgültig klar: Statt dem Flugzeug würde ich mit der Bahn und dem Schiff nach Neuseeland reisen.
Am Bahnhof von Bad Ischl wollte ich eine Fahrkarte nach Irkutsk kaufen. Erwin, der an diesem Tag am Bahnschalter saß, fragte erstaunt zurück: „Nach Irkutsk? Etwa in die Stadt am Baikalsee?" „Ja, dort möchte ich gerne hinreisen. Kannst du mir bitte einen Fahrschein ausstellen?" In seiner 30-jährigen Karriere als Bahnbediensteter war ihm das noch nie passiert, doch er machte sich sogleich an die Arbeit und suchte nach einer geeigneten Verbindung. Mit der Zeit warteten immer mehr Reisende hinter mir, die auch eine Fahrkarte

brauchten. Ich ließ sie vor. Eine ältere Dame, die als Erste an die Reihe kam, wollte in den Nachbarort Bad Goisern fahren. Erwin meinte: „Nur nach Bad Goisern? Das haben wir gleich, solange es nicht Peking ist!“ Er hatte sichtlich seine Freude an seiner Aufgabe, doch es dauerte schließlich drei Tage, bis er sein Werk vollbracht hatte und mir stolz die Schlafwagenreservierung von Wien nach Moskau und von Moskau nach Irkutsk überreichte. Zusätzlich hatte er mir auch noch einen Fahrplan vom Baikalsee bis zum Japanischen Meer ausgedruckt und so konnte die Reise losgehen.

Ich stieg in den Regionalzug nach Attnang-Puchheim ein. Kaum hatte ich meinen Rucksack abgestellt, kam auch schon der Schaffner vorbei und wollte meine Fahrkarte kontrollieren. Es hätte eine Routinehandlung werden sollen, aber er warf doch noch einen weiteren Blick darauf: „Wo fährst du hin?“, rief er erstaunt. „Nach Sibirien“, gab ich ihm zur Antwort. Seine Augen begannen zu leuchten, denn sein Leben lang hatte er davon geträumt, mit der *Transsibirischen Eisenbahn* zu reisen. Er wünschte mir eine gute Fahrt und viele schöne Erlebnisse, dann zog er weiter durch den Waggon und rief fröhlich: „Die Fahrscheine bitte!“

Einige Tage später stand ich am Bahnhof Yaroslavskaya in Moskau. Es war der 9. Mai, zehn Uhr abends. Ich wartete auf die Abfahrt des *Baikalexpress*. Schön langsam kehrte wieder Stille in Moskau ein. Tagsüber hatten in der ganzen Stadt „Siegesfeiern“ in Erinnerung an das Ende des Zweiten Weltkrieges stattgefunden. Viele Staatsoberhäupter aus der ganzen Welt waren auf Besuch. Sie sprachen von Demokratie und meinten doch nur die Erhaltung der vorherrschenden militärischen und wirtschaftlichen Machtstrukturen. Daher herrschte eine eigenartige, bedrückende Stimmung in der Stadt. Mir war keineswegs zum Feiern zumute, doch am Bahnhof war alles anders: Eine Gruppe von jungen Russinnen sang lautstark das populäre Lied „*Katjuscha*“ und viele wartende Reisende begannen zu tanzen und zu pfeifen. Bald erfüllte uns alle ein Gefühl der Gemeinsamkeit und der Freude und als schließlich der Zug einfuhr, stiegen wir frohen Mutes ein: Die 9000 Kilometer lange Reise quer durch Russland konnte beginnen.

Die endlose Weite der russischen Taiga zog am Fenster vorbei und meine Gedanken wanderten wieder zurück zu den Militärparaden in Moskau: „Warum brechen wir nicht einfach mit dem hierarchischen Denken? Warum müssen wir immer höher hinaus und gehen nicht einfach seitwärts? Wie wäre es, wenn wir bei dem Spiel, die anderen mit unseren Ideen und Gedanken beherrschen zu wollen, nicht mehr mitspielten? Unsere Welt ist doch so weit und groß und es gibt genügend Platz für unterschiedliche Ideen und Denkweisen."

Auf der elftägigen Zugfahrt von Österreich bis zum Japanischen Meer hörten Zeit und Raum zu existieren auf und verschmolzen ineinander. Birken, Tannen und Steppen zogen tagaus, tagein stundenlang am Fenster vorbei und die Landschaft änderte sich, obwohl wir uns bewegten, kaum. Waren wir stehen geblieben? Fuhren wir weiter? Die Zeitrechnung trug das ihre zu dieser Verwirrung bei, denn auf allen russischen Bahnhöfen und auch in unserem Zug zeigten die Uhren nur die Moskauer Zeit an, obwohl wir jeden Tag mindestens eine Zeitzone passierten. Ich hatte keine Uhr dabei und orientierte mich daher immer an den Bahnhofsuhren. Irgendwo zwischen Novosibirsk und Irkutsk wollte ich im Zugrestaurant Abendessen gehen. Die Uhr im Schlafwagen zeigte kurz nach acht, aber als ich zum Speisewagon kam, meinte die Dame höflich: „Es ist schon Mitternacht, wir haben bereits geschlossen!" Je weiter wir uns von Moskau entfernten, umso größer wurde die Zeitdifferenz. Da ich trotzdem noch nach der Zeit auf den Bahnhöfen lebte, aß ich mitten in der Nacht, schlief, wenn es mir gefiel, und spielte mit der Zeit – während vor meinem Schlafwagenfenster immer noch Birken und Tannen zu sehen waren. Ich merkte, dass ich viele Barrieren lediglich in meinem Kopf aufbaute und die Welt ganz anders funktionieren konnte, wenn ich nur bereit dazu war, meine Denkweise zu ändern.

Nach einigen Tagen Pause am Baikalsee reiste ich mit *Transsibirischen Eisenbahn* nach Khabarovsk. Dort traf ich Ioulia, eine russische Studienkollegin, und wir stiegen in einen Schnellzug nach Wanino zur Fährstation. Ich hatte mich bewusst nicht für die gängigere Überfahrt von Wladiwostok nach Japan entschieden, weil auf dieser Route ein Jahr vorher ein Fährschiff gekentert war. Die russische Reederei hatte auf ihrer Homepage zwar die Sicherheit des noch verbleibenden Schiffes angepriesen, doch ich vertraute dem Ganzen nicht. Nun standen wir am Hafen von Wanino und unser Schiff nach Sachalin konnte wegen Sturmwarnung nicht auslaufen. Nach einigen Stunden des Wartens hatte sich der Sturm zwar nicht gelegt, aber wir wurden trotzdem zum Schiff gebeten. Auf dem Weg durch das Hafengelände entdeckte ich ein Schiffswrack. Gerade als ich dieses fotografierte, sprach mich ein russischer Student auf Englisch an, was ich hier mache. „Ich fotografiere das Wrack." Er lächelte und meinte nur: „Das ist nichts Besonderes für die Gegend, denn hier geht jede Woche ein Schiff unter." Hatte er übertrieben? Mit einem mulmigen Gefühl im Bauch bestieg ich unser rostiges Fährschiff. Wir liefen aus dem Hafen aus, die Sirene ertönte und das Schiff fuhr wieder zurück. Es legte aufs Neue an, um nach einer Stunde des Wartens wieder auszulaufen. Dieses Mal blieben wir am offenen Meer, aber bald schon warf die Crew den Anker aus, weil eine Überfahrt bei dem starken Wind zu gefährlich gewesen wäre. Während die russischen Reisenden riesige Mengen selbstgebrannten Wodka tranken und diesen in ihrer Großzügigkeit auch mit mir teilen wollten, stahl ich mich in meine Kabine. Erschöpft schlief ich ein. Ich musste wohl lange geschlafen haben, denn als ich aufwachte, fuhren wir schon bei ruhiger See Richtung Sachalin.

Die Landung auf der Insel gestaltete sich schwierig, denn ich hatte mein russisches Visum nach meiner Ankunft in Moskau von den dortigen Behörden nicht bestätigen lassen. Der Militärpolizist auf Sachalin nahm mir deswegen meinen Pass ab und bald war ich von einem Dutzend Soldaten umringt. Ioulia rettete mich zum Glück aus meiner misslichen Lage, indem sie wild gestikulierend, aber trotzdem mit einem charmanten Lächeln die Soldaten bei Laune hielt – und bald darauf hatte ich meinen Pass wieder in der Hand. Schnell suchten wir das Weite. Wir verbrachten einige gemeinsame Tage in Sachalin, bevor ich mit der Fähre nach Japan weiterreiste.

In Japan machte ich keine durchgehende Wanderung, sondern war nur in der Umgebung von Kioto und Tokio unterwegs.

IM LAND DER AUFGEHENDEN SONNE

ZU DEN ALTEN TEMPELN JAPANS

Wo die Füße sind
Ist immer heiliger Ort
Das Haupt himmelwärts.
(Japanisches Haiku)

Ein komfortables japanisches Schiff brachte mich in das kleine Hafenstädtchen Wakkanai auf der Insel Hokkaido. Die Einreise war jedoch wieder, so wie die Ankunft in Sachalin, eine unerwartete Herausforderung. Kaum hatte mich der japanische Grenzbeamte gesehen, grinste er überlegen: Ich hatte zerzauste Haare, war wie so oft unrasiert und hielt einen großen Wanderstock in meiner rechten Hand. Tibetische Gebetsfahnen wehten von meinem riesigen Rucksack und auf meinem Einreiseformular hatte ich als Aufenthaltsadresse in Japan eine Tempelunterkunft in einem kleinen Dorf entlang eines Pilgerweges angegeben. Er zeigte sie seinen beiden Kollegen und die drei Zöllner waren sich bald einig, dass sie einen großen Fisch an der Angel hatten und mein Rucksack voll mit Schmugglerware sein musste. Zuerst hielt mir der oberste Beamte eine mehrseitige Liste mit Fotos und Beschreibungen illegaler Gegenstände unter die Nase. Als ich ihm versicherte, dass ich das alles nicht für mein Glück brauchte und nur ein einfacher Pilger war, brach er endgültig in ein schallendes Gelächter aus. Ich könne ihn nicht an der Nase herumführen, meinte er und bat mich zusammen mit seinen beiden Kollegen in ein Nebenzimmer: Die Suche konnte beginnen. Zuerst musste ich meine Schuhe ausziehen und sie wurden sogleich einer genauen Prüfung unterzogen. Schließlich kippten sie den gesamten Inhalt meines Rucksacks auf den Tisch. Während die zwei Spezialisten diesen genauestens unter die Lupe nahmen, stellte mir ihr Chef genaue Fragen über meinen Aufenthalt in den letzten Wochen. Er schrieb dabei jede größere Stadt entlang der Transsibirischen Eisenbahn auf. Während er noch überlegte, wie er wohl Irkutsk am besten schreiben sollte, hielt einer seiner Kollegen triumphierend ein kleines Säckchen in die Luft! Er war endlich fündig geworden und präsentierte sichtlich erfreut einen Plastikbeutel mit einem sehr dubiosen Inhalt: kleine Kügelchen und Samen. Da war es nun an mir, laut zu lachen. Der Kerl hatte in meiner Geldtasche jene Glücksperlen gefunden, die ich vor Jahren von seiner Heiligkeit, dem Dalai Lama, geschenkt bekommen hatte. Diese kleinen Kugeln waren den Grenzbeamten nun sehr suspekt, doch zum Glück konnte ich sie überzeugen, dass ich diese Kugeln nicht rauchen wollte und sie „nur" Glück bescherten. Schön langsam wurde mir die Suchaktion zu bunt, und als der Oberzöllner vorschlug, mich zu durchleuchten, um festzustellen, ob ich nicht doch irgendwas verschluckt hatte, konnte ich mich nicht mehr halten: Das schlug nun wirklich dem Fass den Boden aus! Bevor er jedoch den Röntgenapparat anwerfen konnte, hatte ich eine zündende Idee. Ich warf so nebenbei ein, dass täglich Hunderte Japaner_innen nach Österreich kämen und wir sie auch freundlich empfangen würden – wieso konnten sie mich nicht in Ruhe einreisen lassen? Ich erwähnte auch noch, dass ich vom „Sound of Music"-Land komme, und fragte sie, ob sie sich dessen überhaupt bewusst seien? Der Film war in den 60er-Jahren in Österreich gedreht worden und die Japaner_innen sind heute noch ganz verrückt nach diesem Streifen. Das ging sogar so weit, dass die japanischen Volkschulkinder das Titellied „Edelweiß, Edelweiß ..." auswendig lernten und überzeugt waren, dass dies die österreichische Nationalhymne sei. Schließlich erwähnte ich noch Wolfgang Amadeus Mozart. Damit hatte ich den

Zum Abschied wollte mir einer der Zöllner aus Freude, dass ich vom „Sound-of-Music-Country" kam, sogar noch seine Mütze schenken. Ich lehnte jedoch dankend ab, war sie doch zum Wandern nicht gerade praktisch.

Schlüssel zum Tor gefunden. Sesam öffne dich! Die drei riefen voller Begeisterung: „Sound of Music! Mozart! Oooohhhhh!" In der strikten japanischen Gesellschaft war „Oooohhh" der wildeste Ausruf, der geduldet wurde. Auf einmal waren sie sehr freundlich. Danke, Amadeus! Nach 1½ Stunden in dem kleinen Zimmer hatten die drei Zöllner ihre Arbeit getan. Sie schrieben einen langen Bericht über die erfolglose Suche und die mysteriösen Glückskugeln Seiner Heiligkeit, des Dalai Lama, und ich war endlich frei.

Ich hatte auf meiner langen Reise in der Transsibirischen Eisenbahn ein wenig Japanisch gelernt, aber meine Kenntnisse hielten sich trotzdem in Grenzen: „konichiwa" – „hallo", „arrigato" – „danke" und „ohayogotseimasu" – „guten Morgen" – dies ging gerade noch. Daher stand ich bald vor der nächsten Herausforderung: dem ersten Mittagessen in Japan. Anfangs umkreiste ich zögerlich ein paar Restaurants. Sollte ich wirklich hineingehen? Ich hatte jedoch Hunger und trat ein. Die Kellnerin bat mich zu einem Platz. Ich zog meine Schuhe aus, setzte mich auf den Boden neben einen niedrigen Tisch und versuchte die Speisekarte mit den vielen unverständlichen Schriftzeichen zu entziffern. Schließlich kam mir der Restaurantbesitzer mit einem Wörterbuch in der Hand zur Hilfe. Er schlug Soba vor: Nudeln. Soba, die erste Hürde war geschafft. Ich hatte das Gefühl, dass ich in den nächsten Wochen viel Soba essen würde. Schließlich noch die Frage vom Chef, wo ich denn herkäme? „Austoria, Salzburg desu!", antwortete ich kurz und bündig auf Japanisch – wobei „desu" im Japanischen für „es ist" steht. „Ooohhh, Mozart desu!", meinte er. Das Essen war gut und reichlich.

Trotz meiner wenigen Japanisch-Kenntnisse schaffte ich es, mit Schiff und Zug bis nach Kioto zu reisen. Dort angekommen, stand ich jedoch völlig verloren vor dem Bahnhof und schaute eine Stunde lang geradeaus. Alles, ja alles schien mir fremd zu sein. Ich wusste nicht, wohin ich gehen sollte, und wartete. Doch worauf wartete ich eigentlich? Irgendwann fasste ich einen Entschluss und spazierte einfach los. Die Wanderung konnte wieder beginnen und ich trat in eine für mich gänzlich neue Welt ein. Mein Redwood-Wanderstab machte auf dem Asphalt ein dumpfes „Klock, Klock, Klock …".

Die alte Kaiserstadt Kioto war groß und laut. Bald flüchtete ich in einen Zentempel: Stille. Ich saß in der Mitte des Tempelraums auf einer Strohmatte. Die Türen waren weit geöffnet und ein Windstoß blies mir ins Gesicht. In der Ferne ertönte ein dumpfer Gong. Ich dachte über die Ewigkeit nach, und wie schwer es doch für mich war, Dinge und Menschen loszulassen. Nichts im Le-

Tempel in Kioto

ben währte ewig und alles war vergänglich. Glück und Freiheit gewann ich dann, wenn ich lernte, Abstand zu nehmen, und bereit war, mich loszulösen. Ich lächelte und spazierte in den Garten hinaus, wanderte über schmale Holzbrücken und vorbei an alten Bäumen. Am Abend stieg ich in die Hügel hinter dem Tempel hinauf, um dort oben mein Nachtquartier aufzuschlagen.
Am nächsten Morgen war schon vieles einfacher als noch am Vortag. Ich hatte in einem der Hügel um Kioto einen netten Zeltplatz in einem Wald entdeckt und mich auf dem Weg dorthin auch noch mit einer großen Packung Nudeln eingedeckt. So hatte ich zu essen und einen Schlafplatz und wollte die ersten Tage ganz in Ruhe das Land und die neue Kultur auf mich wirken lassen. Nachdem ich auf meinem Campingkocher ein traditionelles japanisches Frühstück mit Misosuppe und *Soba* zubereitet hatte, folgte ich einem schmalen Waldweg, der von meinem Zeltplatz direkt zu einem großen Seerosenteich führte. Die ersten Sonnenstrahlen erhellten die Wasseroberfläche. Alles glitzerte, und dazwischen erstrahlten die weißen Seerosenblüten. Ich saß am Ufer und konnte es kaum glauben, wie schön unsere Erde war. Der Zauber des Ortes zog mich in seinen Bann.

Vom Ufer des Seerosenteiches spazierte ich zu einem nahe gelegenen Tempeltor, das weit offen stand. Es gehörte zum zen-buddhistischen *Rioan-ji*-Tempel mit seinem berühmten Steingarten. Noch war niemand unterwegs. So setzte ich mich bald darauf ganz alleine auf den Holzboden des Tempels und blickte zum Kieselsteingarten hinaus. Ein Mönch hatte dort mit einem Rechen ein einfaches Muster in die unzähligen Kieselsteine gezeichnet. Dazwischen ragten nur einige wenige große und kleine Felsbrocken heraus. Ich saß gegenüber dem größten der Steine und ließ meinen Gedanken freien Lauf. Mir war es, als ob jeder Stein ein Symbol für eine Herausforderung in meinem Leben wäre. Während die kleineren Steine in der Ferne schon von der Sonne beschienen wurden, gleich den Herausforderungen des Lebens, die ich schon gemeistert hatte, lag dieser eine vor mir noch ganz im Schatten. Mit der Zeit stieg die Sonne höher und irgendwann fielen ihre Strahlen auch auf die Spitze dieses Felsenbrockens. Die Sonne erhellte den Stein, und er bekam dadurch eine gewisse Leichtigkeit. Seine Schwere fiel ab und gab mir Hoffnung, dass alle Herausforderungen des Lebens zu schaffen waren.
Ich verließ Kioto und wanderte entlang alter Pilgerwege zum *Ominesan-ji*, einem versteckten Tempel hoch oben in den Bergen. Der Weg führte über Lei-

Der alte Zengarten im Rioan-ji-Tempel

tern und auf schmalen Wegen den Berg hinauf. Oben angekommen traf ich Shiron und Ave, die den Tempel hüteten. Ave sprach italienisch, da er ein Jahr lang in Rom gelebt hatte, und so konnte ich endlich wieder mit jemandem ausgiebig reden. Die Stunden verflogen und schließlich lud mich Shiron zu einem Spaziergang ein. Wir folgten den Spuren des Einsiedlers En-no-Goya, der in diesen Bergen vor einigen hundert Jahren meditiert hatte. Zuerst kletterten wir in das Innere eines Berges, in die *Mutter*, wie Shiron den Ort nannte, und wurden beim Verlassen des Berges auf dessen anderer Seite symbolisch wiedergeboren. Shiron wies mich an, einen Geburtsschrei auszustoßen, und daraufhin folgten wir einem Fluss, der uns zu einem neuen Leben führen sollte. Felsen und uralte Bäume umgaben den Ort und als wir schließlich um einen großen Stein bogen, standen wir einer Statue von En-no-Goya gegenüber. Der Ort strahlte eine starke mystische Kraft aus. Ich konnte nicht weitergehen, hielt meine Hand an mein Herz und spürte, wie eine gewaltige Energie in meinen Körper strömte. Selten zuvor hatte ich in meinem Leben eine so mächtige Kraft gespürt. Bald darauf kamen wir zu einer fünfzig Meter hohen Felswand und Shiron meinte, ich solle auf der oberen Kante rundherum klettern. Unter meinen Füßen gähnten fünfzig Meter Leere. Der Felsen war rutschig. Ich versuchte es einige Male, doch irgendwann war mir klar, dass ich zu feig dazu war, und machte kehrt. Shiron blickte mir tief in die Augen, als ich zu ihm zurückkehrte. Zusammen spazierten wir zum Tempel zurück, wo uns Ave bereits erwartete. Seine erste Frage: „Bist du um den Felsen geklettert?" „Nein, ich habe es nicht gewagt", gab ich ihm zur Antwort. „Du glaubst nicht an dich. Komm wieder an diesen Ort zurück, wenn du an dich glaubst." Das hatte gesessen! Er hatte recht. Ich war oft in meinem Leben zu schüchtern, zweifelte und war unsicher.

Einige Tage später kam ich zu einem weiteren Tempel. Neben dem Eingang stand ein Topf mit zusammengerollten Zetteln. Ich zog einen davon: *Wenn du schüchtern bist, wirst du nicht leben. Wenn du aber Mut hast, wirst du leben.* Der Kreis schloss sich. Warum ich wohl aus Hunderten von Zetteln, auf denen unterschiedliche Sprüche standen, genau diesen gezogen hatte?

Auf geheimnisvolle Art und Weise schienen viele meiner Erfahrungen in Japan miteinander verbunden zu sein und sie leiteten mich ganz behutsam, aber doch bestimmt auf neue Wege. Ich war an einem Kreuzungspunkt in meinem Leben angelangt und ging dabei durch ein Wechselbad der Gefühle. Ich fühlte mich stark und schwach gleichzeitig, glaubte an mich und dann doch wie-

der nicht, ich war entschlossen und plötzlich wieder verloren. Manchmal schien es mir, als würde ich nur schweben und hätte keinen Boden mehr unter meinen Füßen. Da las ich in einem Brief von meinem Freund Chrigu, der gerade mit dem Fahrrad durch Lateinamerika unterwegs war: *Dieser Weg ist außergewöhnlich. Er verläuft in Mäandern. Vielleicht schließt er sich im Kreise, doch sei es wie es sei, ich will ihn gehen.* Mir erging es ähnlich.
Ich spürte, dass ich noch einmal nach Kioto zurückkehren musste. Daher setzte ich mich in den Zug und bald darauf war ich wieder in den Tempelbergen der alten Kaiserstadt unterwegs. Es war noch früh am Morgen, als ich durch Hunderte rote Torbögen den Bergwald zu einem alten Tempel hinaufstieg. Dabei war ich ganz in Gedanken versunken. Es war ein mystischer Ort. Erstaunt stellte ich fest, dass zu dieser Zeit schon ein älterer Herr unterwegs war. Wir kamen ins Gespräch. Er stammte aus Finnland und war Professor für Indologie. Bald begann er von den alten vedischen Schriften und der Faszination, welche sie auf ihn ausübten, zu erzählen. Geschichten aus einer längst vergangenen Zeit wurden durch seine Worte wieder zu einem neuen Leben erweckt und ich spürte, dass ich wieder einen wichtigen Hinweis auf meinem Lebensweg erhalten hatte. Mir kam in den Sinn, dass sich bereits mein Großvater mit den alten Texten Indiens beschäftigt hatte, nachdem er im Zweiten Weltkrieg das Vertrauen in die westliche Zivilisation verloren hatte. Die Begegnung mit dem finnischen Professor zeigte mir, dass ich den Weg meines Großvaters weitergehen sollte. Es dauerte jedoch noch bis Neuseeland, bis ich endlich den Mut dazu fasste, denn jeder neue Weg erfordert die Bereitschaft, alte Muster gehen zu lassen.
Die Inspiration zum Loslassen kam aber noch am selben Tag. Auf meinem Weg durch Kioto spazierte ich am Museum von Kampo Harada vorbei. Spontan trat ich ein und entdeckte dort Tuschezeichnungen dieses berühmten japanischen Philosophen und Kalligrafen. Seine mit schwarzer Tinte gemalten Schriftzeichen fesselten mich. Wie angewurzelt stand ich vor ihnen. *Leben ohne Grenzen,* hatte er auf ein zartes Blatt Papier gemalt. Die Grenzen im Leben, gaben sie mich nicht immer wieder der Illusion hin, die Welt wäre real, so wie ich sie sehe? Ich dachte an die Grenzen, die ich in meinem Leben aufgebaut hatte, und wollte versuchen, einige dieser Mauern niederzureißen. Als ich vor Kampo Haradas Kalligrafie stand, schienen diese Begrenzungen bloß ein Selbstschutz für mein Ego zu sein, doch dieses war bei genauerer Betrachtung auch eine große Einschränkung. Ich begann an diesen gedanklichen Bar-

Alte japanische Tempelanlage

rieren zu rütteln und sie fielen in sich zusammen. Etwas schien mir dabei den Boden unter den Füßen wegzureißen. Gleichzeitig entstand ein Raum für Neues – ich war langsam bereit dafür.

Kampo Harada schrieb weiters:

Ohne zu nörgeln und zu schimpfen, handle.
Die Ermahnung, energisch vorzudringen wie ein Drache oder Pegasus, der über den Himmel fliegt.
Denke dreimal täglich über dich selbst nach und ändere dich.
Der Weg führt zum Himmel.

Von Kioto reiste ich weiter nach Kamakura, einer berühmten Tempelstadt in der Nähe von Tokio, um dort auf Pilgerwanderung zu gehen. Ich besuchte den *Hase*-Tempel. Gerade als ich die Treppen zum Tempel hinaufstieg, schlug ein Mönch die große Tempelglocke. Der Gong schwang in einem tiefen Ton und traf mich voll ins Herz. Im Inneren des Tempels entdeckte ich die fast zehn Meter hohe vergoldete Holzstatue der Göttin des Mitgefühls. Sie war ein Schutzengel, hörte und sah alles und konnte in 33 verschiedenen Inkarnationen in Erscheinung treten. Vorne im Raum schlug ein Mönch auf eine Klangschale und rezitierte laut seine Gebete. Dabei wurde mir klar, dass es auf dieser Welt viele gute Kräfte gab und wir es in der Hand hatten, das Gute in uns siegen zu lassen. Die guten Kräfte waren allgegenwärtig, wir mussten sie nur nützen und dann standen sie uns auch bei.

Am Abend war ich in Kamakura im japanischen Hauptquartier von *Patagonia* zu einer Party eingeladen. Die *big surfer guys* kamen auch in die Stadt und so traf ich die Malloy-Brüder, bei denen ich in Kalifornien schon auf der Couch geschlafen hatte, wieder. Diesmal war auch Gerry Lopez mit dabei. Er war einer der besten Surfer der Welt und zeigte uns Fotos, wie er mit einem breiten Grinsen im Gesicht auf zehn Meter hohen Wellen ritt. Seine Geschichten strotzten nur so vor kalifornischen *good vibrations*, Gerry schien in völliger Einheit mit der Welt zu leben. Indem er dem Fluss der Dinge und den Wellen folgte, war er frei und wir spürten, dass es so wenig brauchte, um glücklich zu sein und ein erfülltes Leben zu leben.

Nach dem Fest machte ich mich auf den Weg, um zu Fuß durch Tokio zu gehen. Es war der 17. Juni 2005. Seit ich Ende Juni 2003 in Bad Ischl losgewandert war, hatte ich davon geträumt, Tokio zu erreichen. Nun – nach zweijähriger Wanderung – wollte ich diesen Traum auch leben, was aber kein einfaches Unterfangen war. Immer wieder versperrten riesige Highways meinen Weg oder ich irrte durch die Großstadt, wenn ich wieder einmal den Weg verloren hatte und ob der undefinierbaren Schriftzeichen nicht mehr wusste, in welcher Straße ich gerade unterwegs war. In den belebten Einkaufsbezirken fand ich mich im Menschengetümmel wieder und wurde wegen meines großen Rucksacks und Wanderstocks von den einen misstrauisch beobachtet und von den anderen freundlich angelächelt.

Auf meiner mehrtägigen Wanderung durch Tokio lernte ich auch die japanische Kultur ein bisschen besser kennen. Mir fiel zum Beispiel auf, dass Japaner meist mit weißen Handschuhen arbeiteten. Ich traf Gärtner in den Tempelgärten, die mit weißen Handschuhen den Rechen schwangen, und beobachtete Mitarbeiter der Tokioter U-Bahn, wie sie morgens zu den Stoßzeiten vor den Eingängen der Züge die Menschenmassen von hinten in die übervolle Metro schoben – auch sie trugen weiße Handschuhe. Selbst als ich am Hafen vorbeikam, sah ich die Hafenarbeiter mit weißen Handschuhen an den Containern hantieren. Genauso war das Ausziehen der Schuhe weit verbreitet: ob am Eingang zum Tempel oder selbst im Restaurant inmitten von Tokio. Ich fand Gefallen an diesem Brauch, weil ich als Gast meinen Respekt erweisen konnte. Dieser Respekt kam auch in der Begrüßung zum Aus-

Zu Fuß durch Tokio

druck, denn die Japaner_innen verbeugten sich immer. Was ich allerdings als sehr skurril empfand, waren die Verbeugungen selbst bei den Telefongesprächen. In Tokio beobachtete ich ständig, wie Japaner_innen mit Handys telefonierten und sich währenddessen laufend verbeugten.
In dem modernen Tokioter Stadtteil Shibuya reihten sich riesige Konsumtempel aneinander, blinkende Leuchtreklamen säumten die Straßen, Tausende Menschen waren dem Kaufrausch verfallen und ein Meer aus Plastiktüten überschwemmte die Stadt. Ich ging in eine Bäckerei. Jedes Brötchen und jeder Keks war einzeln verpackt und darüber war dann noch ein zweiter oder sogar ein dritter Plastiksack gestülpt. Als ich wieder auf die Straße hinaustrat, begann es zu regnen. Schirme wurden rund um mich aufgespannt und zeichneten alsbald ein buntes Bild. Ich war es aber leid, im Regen zu spazieren, und trat unter das Vordach eines Einkaufszentrums. Ich wartete eine Viertelstunde am Eingang und beobachtete das Geschehen. Alle Passant_innen steckten ihre Schirme in Plastiksäcke, sodass kein Wasser auf den Boden des Geschäftes tropfen konnte. Beim Hinausgehen warfen sie diese wieder weg. Niemand verwendete einen alten Sack. Und niemand kam auf die Idee, ihn für das

nächste Geschäft mitzunehmen, nein, sie warfen ihn weg und im nächsten Laden nahmen sie wieder einen neuen. Wie viele Millionen Plastiksäcke wurden da an einem Nachmittagsregenguss über die nassen Schirme gestülpt? Mir fiel ein Zeitungsartikel ein, den ich vor ein paar Tagen gelesen hatte: Im Königreich Bhutan hatte der König kurzerhand alle Plastiksäcke verboten. Warum auch nicht? Es ging ja auch ohne.

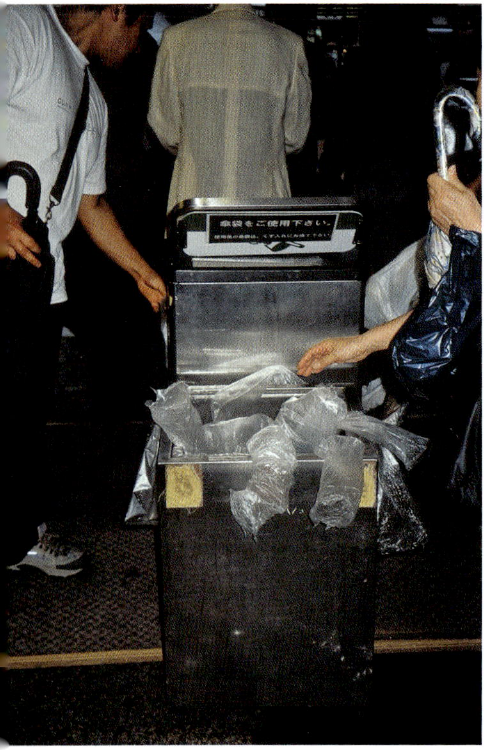

Die Japaner_innen stülpen am Eingang der Einkaufszentren einen Plastiksack über ihren nassen Schirm.

„Vor langer Zeit stellte ein Sultan, der vom Schachspiel begeistert war, dessen Erfinder einen Wunsch frei. Zur Überraschung des Herrschers wünschte sich dieser auf das erste Feld des Schachbretts ein Getreidekorn, auf das zweite zwei, das dritte vier und auf jedes weitere Feld jeweils die doppelte Menge des vorhergehenden Feldes. Der Sultan glaubte, er könnte diesem, ihm banal erscheinenden Wunsch mit einigen Säcken Getreide nachkommen. Er musste aber bald feststellen, dass er unerfüllbar war, denn das gesamte Getreide seines Landes reichte nicht aus, um die 18.446.744.073.709.551.615 Körner abzuliefern. Würden diese Körner an alle Menschen verteilt werden, die heute auf der Erde leben, dann bekäme jeder Mensch drei Milliarden Körner, das sind mehr als hundert Tonnen Weizen für jede_n.“

Warum dieses Rechenbeispiel? Es verdeutlicht den Multiplikatoreffekt. Jeden Tag, an dem wir vom Supermarkt einen Plastiksack mit nach Hause nehmen, wenn wir uns entscheiden, mit dem Auto anstatt dem Fahrrad zur Arbeit zu fahren, oder wenn wir bloß eine einzige Flasche wegwerfen, anstatt sie wiederzuverwerten, machen das zur gleichen Zeit wahrscheinlich Millionen von Menschen auf der Welt und der Effekt multipliziert sich. Diese Rechnung funktioniert theoretisch auch umgekehrt: Ich entscheide mich heute, bewusster, einfacher und verantwortungsvoller zu leben, und nehme mir ein Jahr Zeit, um diese Veränderung umzusetzen und einen anderen Menschen dazu zu inspirieren, ebenso bewusst zu handeln. Im darauffolgenden Jahr sucht sich diese_r von mir bereits Inspirierte und ich jeweils wieder eine_n andere_n, bei dem/r wir die Sehnsucht wecken, ebenso zu handeln. Jahr für Jahr setzt sich diese Geschichte fort. Dabei braucht es lediglich 33 Jahre, um die Welt zu verändern, denn 2^{33} ergibt über neun Milliarden Menschen. Sie alle leben schließlich bewusster, wobei die Veränderung von einem einzigen Menschen ausgegangen ist.

Als ich im Einkaufszentrum von Shibyua im Regen wartete, dachte ich an Kampo Harada, den berühmten Kalligrafen. Auf der Suche nach alten Schriftzeichen hatte er sich an seinem Lebensende zu einer langen Reise „durch Zeit und Raum“ aufgemacht. Zuerst folgte er der Seidenstraße, dann besuchte er Ägypten und schließlich endete seine Reise am Times Square in New York. Dort legte er einen großen Bogen Papier auf den Gehsteig, begann inmitten des Trubels eine Kalligrafie zu malen und rezitierte dabei die folgenden Worte. „Über die Wissenschaft und die Philosophie hinausgehend müssen wir einen dritten Weg finden, denn die Menschheit steht knapp davor, sich selbst auszurotten. Selbstsüchtige Politiker_innen handeln gegen das Wohl der Menschheit und der materielle Lebensstil ist nichts anderes als eine große Einschränkung. Jene von einem wahren Geist werden kommen, um die Menschheit wieder zu vereinen. Ein uralter Wind ohne Anfang und Ende strömt durch den grenzenlosen Raum und über die Erde.“ Werden wir von der Weisheit dieses Windes lernen und wird es gelingen, die Welt wieder zu vereinen?

Ich reiste mit dem Frachtschiff in zwei Wochen von Yokohama durch die Südsee nach Auckland.

MIT DEM FRACHTSCHIFF NACH NEUSEELAND

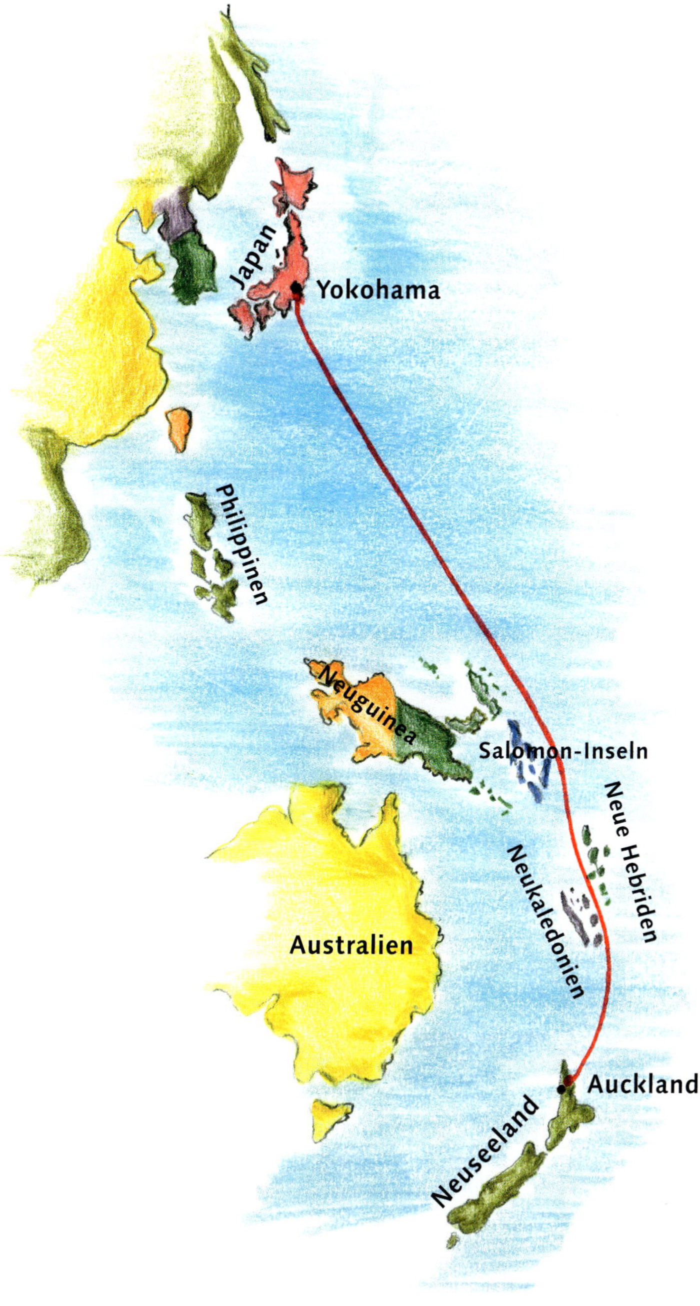

AUF HOHER SEE

„Wohin du auch gehst,
geh mit deinem ganzen Herzen."
(Konfuzius)

Es war an der Zeit, Japan zu verlassen. In Yokohama ging ich zum Hafen und bestieg das Frachtschiff, das mich nach Neuseeland, nach Auckland bringen sollte. Der erste Tag der Reise war unvergesslich. Zuerst balancierte ich auf der Strickleiter zum Schiff hinauf, wo mich der Steward empfing und zu meiner Kabine begleitete. Er sagte, es gebe gerade Mittagessen. Als ich wenig später den Salon betrat, öffnete Andrija, der kroatische Kapitän, gerade eine Weinflasche. „Plopp" war der Beginn eines legendären Nachmittags. Ich bestellte eine vegetarische Gemüsepfanne. Als der Kapitän davon Wind bekam, wies er den Koch ironisch an, doch bitte den Brokkoli rasch zu schneiden, denn dieser könne ja eine Reinkarnation eines Großmeisters sein und so solle er möglichst wenig leiden. Ob ich denn Vegetarier sei? „Ja", gab ich zur Antwort. „Uh, das ist gefährlich", meinte er. „Vegetarier müssen den Fleischverzicht immer woanders überkompensieren." Er vertrat daher in jedem Fall die Ansicht, dass keine Vegetarier in gehobenen Positionen arbeiten sollten. Wir blödelten über Vegetarier und Kannibalen und lachten vor allem über uns selbst. Schließlich der Rat des Kapitäns: „Träume niemals, denn wenn du träumst, erschießen sie dich nur. Du kennst ja genügend Beispiele aus der Geschichte. Solltest du dich in der wirklich unglücklichen Lage befinden und davon träumen, die Welt zu verändern, dann täusche zumindest vor, dass du es nicht warst, der diesen Traum hatte, sondern sag nur: ‚Er hatte einen Traum'... aber niemals: ‚Ich hatte einen Traum'. Und der wichtigste Grundsatz von allen ist: Nimm dich selbst nie zu ernst." Der Nachmittag verging in Windeseile und wir lachten, bis uns der Bauch wehtat! Es folgten Geschichten vom Seemannsleben und der Chefingenieur lehrte uns sein Lieblingswort: „Fantastic!" oder vielleicht doch „Faaaaaaaaan-

tastic!" Er hatte eine so positive Einstellung zum Leben, dass diese richtiggehend ansteckend war.
Um Mitternacht wurden die Leinen eingezogen und die Schifffahrt konnte endlich losgehen. Yokohama leuchtete in allen Farben und die große Hängebrücke über der Hafenausfahrt erstrahlte in ihrem schönsten Licht. Lotsen liefen eifrig umher, Seekarten wurden ausgerollt, das Radar summte. Ich stand draußen auf der Brücke. Eine Brise blies mir ins Gesicht. Der Mond war fast voll. Schließlich kehrte das Lotsenboot in den Hafen zurück und wir fuhren auf das offene, tiefschwarze Meer hinaus. Die Wellen rauschten. Zwei Wochen Ozean zwischen Yokohama und Auckland lagen vor uns.
Kapitän Andrija lud den Chefingenieur, Shirley, eine 65-jährige Australierin, die auch auf dem Schiff mitreiste, und mich zu einem Glas Portwein in seine Kabine ein. Kaum hatten wir auf unsere Reise angestoßen, erzählte er auch schon wieder seine Geschichten von der hohen See: „Irene Oldendorff hat ein Schiff geheißen, mit dem ich einmal unterwegs war. Sie kam aus Rumänien und war dort aus zwei Schiffen zusammengeschweißt worden. Frankenstein regierte bekanntlich in diesem Land. Alle hatten so ihre Schwierigkeiten mit dem Schiff, denn sie stand ständig knapp davor, unterzugehen.

Mein Zuhause für die zweiwöchige Reise von Yokohama nach Auckland

Um überhaupt eine Erlaubnis zu bekommen, einen Hafen auslaufen zu dürfen, mussten wir dauernd Schmiergeld bezahlen, und auf hoher See liefen die Pumpen auf Hochtouren, um das eindringende Wasser abzupumpen. Irgendwann brach dann auch noch der Motor zusammen und wir trieben langsam auf das berüchtigte Kap der Guten Hoffnung zu. Ach ja, das Kap der Guten Hoffnung – was für eine Metapher für das Leben! Aber selbst, wenn alles schiefläuft, kann ich immer noch meinen Spaß im Leben haben!“, war der Kapitän überzeugt.

Das Leben auf dem Schiff war wie in einer anderen Welt. Rundherum gab es nur Wasser und manchmal schien es mir, als wären wir nicht mehr Teil dieser Erde. Hatte sie bereits zu existieren aufgehört? Wir schufen uns eine eigene Welt: eine Welt aus netten Begegnungen und Mahlzeiten, die wir immer gemeinsam zelebrierten, wilden Tischtennismatches mit dem Chefingenieur, einem feinen Schwimmbad mit täglich frischem Meerwasser, das immer wärmer wurde, je näher wir zum Äquator kamen, Filmabenden im Kinosaal und der Freiheit, überall auf dem großen Schiff spazieren gehen zu können. Unser Frachter war 200 Meter lang und mehrere Stockwerke hoch. Oft lief ich daher stundenlang an Deck umher und verweilte gerne vorne am Bug, um auf das

Mein Lieblingsplatz auf dem Frachtschiff

weite Meer hinauszuschauen. Ich besuchte auch die Offiziere auf der Brücke und beobachtete sie bei der Navigation, studierte Seekarten und hörte Kurzwellenradio. Dabei merkte ich erst so richtig, wie weit entfernt die Welt schon geworden war, denn das Schiff verbreitete die Illusion, dass uns das Weltgeschehen überhaupt nicht mehr betraf. Wir wurden vielmehr zu unbeteiligten Beobachtern. Dafür war es umso aufregender, wenn wir wieder einmal einem Schiff oder einer Gruppe von Delfinen begegneten.

„Oh my God, it is fantastic ... I am Grandfather!", waren eines Morgens die ersten Worte des Chefingenieurs. Über das Satellitentelefon hatte er erfahren, dass seine Tochter ein Baby bekommen hatte. Der Kapitän öffnete am Abend zu Feier des Tages eine Flasche neuseeländischen Chardonnay. Shirley, die andere Passagierin, die aus Australien kam, schimpfte: „Das ist doch kein Chardonnay, kennt ihr nicht den ausgezeichneten australischen Chardonnay?" Uns war das jedoch egal und wir pfiffen auf die neuseeländisch-australischen Querelen! Immer ausgelassener feierten wir die Geburt von Ekatarina. Das Fest wurde zunehmend zu einem feucht-fröhlichen *Finnegan's Wake* – wie es das alte Volkslied aus Irland beschreibt: Finnegan, ein alter Mann, war gestorben und die Verwandtschaft hatte sich um seine aufgebahrte Leiche versammelt. Bald begannen sie Whisky zu trinken und die Totenwache wurde immer ausgelassener, bis den Verstorbenen eine Whiskyflasche traf, was ihn wieder zum Leben erweckte.

Shirley war hingegen schon am Rande der Verzweiflung, weil wir Neuseeland in den höchsten Tönen lobten. Sie war bereits seit 40 Tagen auf dem Frachtschiff unterwegs und litt offensichtlich unter dem positiven Image, das Neuseeland bei der Besatzung genoss. Auf der Hinreise war nämlich auch noch Jeremy, ein neuseeländischer „Paradiesvogel", mit auf dem Schiff gewesen und hatte immerzu gemeint: „Manchmal wache ich morgens auf und denke, ich wäre schon tot und im Himmel – aber es ist nur Neuseeland." – Neuseeland, das Paradies auf Erden. Das traf Shirley natürlich hart. Mit ihrem witzigen australisch-britischen Humor trug sie aber sehr dazu bei, dass die Schiffsreise für uns alle zu einem unvergesslichen Erlebnis wurde. Zum Ausgleich für den neuseeländischen Chardonnay drehte der Kapitän um Mitternacht noch *Radio Australia International* auf und wir hörten alle zusammen die Kennung des Radiosenders: *Waltzing Matilda.* Das Lied erzählt die Geschichte eines Swagman, eines Landstreichers, der auf die Walz geht. Shirley sang lautstark mit: *You'll come a-waltzing Matilda with me* und war wieder versöhnt.

Am nächsten Tage durfte ich bei meinem Besuch auf der Brücke das riesige Frachtschiff steuern! Das war ein gar schwieriges Unterfangen, denn alsbald waren wir auf Zickzackkurs unterwegs. Nach einer Weile fragte mich Frank, der 3. Schiffsoffizier – auf dem Schiff einfach bekannt als „der Dritte" –, ob ich etwa vorhätte, meinen Namen ins Wasser zu schreiben. Das „o" hätte dann doch zu viel Aufsehen erregt und daher übergab ich das Steuern wieder lieber dem Autopiloten. Frank meinte scherzhaft: „Der Pazifik ist eben kein Ententeich", und ich konnte ihm nur beipflichten, denn die hohen Wellen und der Wind machten das Steuern zu einer großen Herausforderung. Ein 26.000-Tonnen-Frachter ist auch schwieriger zu manövrieren als ein Elektroboot am Wolfgangsee, aber ich hatte meinen Spaß daran und werde das Gefühl, 26.000 Tonnen mit dem kleinen Finger bewegt zu haben, nicht so schnell vergessen!

Die Schiffsreise nach Neuseeland wurde zu einer unvergesslichen Erfahrung. Jeden Morgen stand ich vorne am Bug, breitete die Arme aus und spürte, wie mir der Wind sanft in die Haare strich. Ich beobachtete die fliegenden Fische, die endlosen Wellen und das tiefe Blau des Ozeans, bis wir eines Morgens wieder Land sahen: *Aotearoa*, das „Land der langen, weißen Wolke", nach dem ich mich in den letzten Monaten so sehr gesehnt hatte, erschien am Horizont. An jenem Winternachmittag, als wir in den Hafen von Auckland einfuhren, stand die Sonne bereits tief und hüllte die nahe gelegene Küste in ein mystisch anmutendes Abendlicht. Ich stand oben auf der Brücke, während der raue Wind in meine Haare blies. Die See war ein bisschen aufgewühlt und glich meinen inneren Gefühlen freudiger Erwartung, bald wieder ein neues Land entdecken zu dürfen. Auf dem Radar sah ich das Lotsenboot schnell näher kommen. Schließlich legte das Boot an unserer Seite an und der Lotse kletterte an einer eilig ausgerollten Strickleiter auf das Frachtschiff. Das alles hatte perfekt funktioniert, obwohl wir immer noch beinahe mit voller Fahrt unterwegs waren. Der Lotse hatte einen ausgeprägten neuseeländischen Akzent und das Erste, was er verlauten ließ, war, dass in etwas mehr als einer Stunde das große Rugbymatch zwischen den *New Zealand All Blacks* und den *British Lions* über die Bühne gehen sollte. Er war schon ganz aufgeregt und wollte das Schiff deshalb schnell in den Hafen lotsen. Mit großem Können gab er seine Kommandos: „Drei Grad Steuerbord. Mittschiff. Geschwindigkeit auf zehn Knoten drosseln", während langsam die Skyline von Auckland am Horizont erschien. Die feine Sichel des Mondes stand bereits am Firmament. Als wir näher kamen, wurden wir auch noch mit einem großen Feuerwerk empfan-

Im hinteren Teil des Bildes ist mein Zickzackkurs nach Neuseeland klar zu sehen, im vorderen Teil hat der Autopilot wieder das Steuer übernommen.

gen, denn das nationale Rugbymatch hatte gerade begonnen. Der Lotse eilte vom Schiff und der Zöllner, der gekommen war, meinte nur: „Das große Spiel geht gerade los und ich hoffe, ihr habt nichts zu verzollen!" Ohne eine einzige Frage bekam ich meine neunmonatige Einreisebewilligung. Kaum war der Stempel im Pass, lief der Zöllner an Land. Selten zuvor war eine Einreise in ein fremdes Land so einfach gewesen. Wenn ich da bloß an Japan dachte ...
Shirley, der Kadett, der Dritte, der Chefingenieur und ich gingen gemeinsam an Land. Wir freuten uns alle, nach zwei Wochen Seereise wieder festen Boden unter unseren Füßen zu haben. Mittlerweile war das Rugbyspiel vorbei, die *All Blacks* hatten gewonnen und Auckland glich einem Bienenschwarm. In der Innenstadt fanden wir eine sympathische belgische Bar, wo die Fans der *British Lions* versammelt waren. Noch nie hatte ich Verlierer so ausgelassen erlebt: Wir tanzten, sangen und Shirley rockte mit ihren jugendlichen 65 Jahren. Sie küsste jeden Engländer, der an uns vorbeikam. Der Chefingenieur rief immer wieder „That's fantastic!" Die ausgelassene Party endete erst um drei Uhr früh, als wir wieder zum Schiff zurückkehrten. Der Bauch tat uns weh, so viel hatten wir gelacht!

Kiwi – der Nationalvogel Neuseelands

Zu Fuß durch die Nord- und Südinsel Neuseelands

Ich begann die Tour ganz im Norden bei Cape Reinga und wanderte durch Northland bis nach Auckland. Über die Coromandel Peninsula marschierte ich weiter nach Tauranga und über die Ureweras, Ruahinis und Tararuas schließlich bis nach Wellington. Ich querte die Südinsel von Picton bis Hokitika und dann die Westküste hinunter bis nach Wanaka und Fjordland zum Duskysound.

AUF MAORIPFADEN DURCH NEUSEELAND

NEUBEGINN

Die längste Reise ist die Reise nach innen.
(Dag Hammarskjöld)

Kaum hatte ich in Neuseeland wieder festen Boden betreten, wurde mir dieser auch schon wieder unter den Füßen weggerissen – diesmal allerdings im übertragenen Sinn, denn ich konnte nach meiner Ankunft nur mehr die Scherben der Beziehung mit Emily zusammenkehren. Zu lange hatten wir uns nicht gesehen, waren seither unterschiedliche Wege gegangen und hatten ganz andere Vorstellungen aufgebaut, sodass sich mein Traum von einem gemeinsamen Leben wie eine Fata Morgana auflöste. Ich versank in eine tiefe Traurigkeit und Melancholie. Mein Lebensfaden war wieder einmal gerissen, ich hatte mich doch so sehr gefreut, hierherzukommen, und nun wollte ich nur mehr fort von hier. Aber wo sollte ich hinziehen? Selbst mein Lachen klang für eine Weile hohl und leer. Mein Kopf war voll negativer Gedanken. Ich begann materielle Gegenstände anzuhäufen und trug bald viele Bücher mit mir herum, bei denen ich Zuflucht suchte. Während die Gedanken im Kreis wanderten, hinterfragte ich vieles: Wozu wollte ich um die Welt gehen, wenn ich doch immer nur alleine umherlief? Wozu war das ständige Leben aus dem Rucksack gut, wenn ich doch nie eine Heimat finden würde? Mir kam vor, dass meine Seele vom ewigen Herumziehen schön langsam müde wurde und ich mich nach nichts mehr als einem Ort sehnte, den ich meine Heimat nennen konnte. Ich versuchte, die übrig gebliebenen Scherben zusammenzusammeln, doch es wollte trotzdem nichts Neues entstehen. Meine Energie war völlig aufgebraucht, da ich mich von Opferhaltung und Selbstmitleid steuern ließ. War es nicht scheinbar einfacher, die „Schuld" bei den anderen zu suchen, als selber die Veränderung zu leben? Als ich dies aber eine Weile praktiziert hatte, stellte ich fest, dass mich dieser Weg nicht weiterbrachte: Ich musste bei mir selber beginnen und den Tatsachen in die Augen blicken.

Eines Tages las ich die folgenden Worte: *Enttäuschung mit mir selbst muss der Erleuchtung vorausgehen.* Die zerbrochene Beziehung mit Emily war eine große Chance, alte Konzepte über Bord zu werfen, Mauern und Grenzen in meinem Denken abzubauen. Die Zeit für eine weitere Veränderung war gekommen. Ich wollte meinen gedanklichen Horizont verschieben, bewusster leben und aus dieser tiefen Enttäuschung heraus einen Schritt weitergehen. Devamrita Swami, ein vedischer Meister, gab mir einen guten Rat: *Um im Leben vorwärtszukommen, um spirituell wachsen zu können, musst du ehrlich zu dir selbst sein.* Daher wollte ich lernen, nicht mehr in einer Gedankenwelt gefangen zu sein. Mein Großvater fiel mir wieder ein, wie er stundenlang im Sessel sitzen konnte, um Atemübungen zu machen. Eines Tages beschrieb er mir sein Handeln mit den Worten: „Ich achte bewusst auf meinen Atem und denke an nichts anderes. Wenn ich zu viel nachdenke, so bekommen diese Gedanken ein zu starkes Gewicht, ich schenke ihnen Glauben und sie werden zu meiner Wirklichkeit. Das will ich vermeiden. Die Gedanken mögen weiterhin kommen, aber ich versuche, sie nicht zu beachten. Dadurch kann eine gedankliche Leere entstehen und diese schafft einen klaren Geist. Probleme, die unlösbar scheinen, lösen sich von selbst, Sorgen, die ich glaubte, nie und nimmer überwinden zu können, bedrücken mich nicht mehr."

In dieser Zeit, da ich mich mit meiner Gedankenwelt beschäftigte und herauszufinden versuchte, wer ich war und wie sehr ich mich mit meinen Gedanken identifiziert hatte, bekam ich einen weiteren wichtigen Impuls. Er gelangte in Form eines Briefes von meinem Freund Mike Ward aus Südafrika zu mir. Wir hatten zusammen an der Universität Lund studiert und uns bereits damals immer wieder inspiriert. Nachdem er erfahren hatte, wie es mir seit dem Ende meiner Beziehung zu Emily ging, schrieb er mir folgende Frage: „Gregor, kennst du die erste Regel des Lochs?" Was wollte Mike nun von mir, dachte ich, aber da las ich auch schon seine Antwort: „Wenn du in einem Loch bist, höre zu graben auf." Eine Weile lang hatte ich wirklich beständig immer eine tiefere Grube gegraben und dabei nicht einmal bemerkt, dass ich selber es war, der grub. Ich war der Meinung, ich hatte versagt, ließ mich in der Folge von Sorgen und Frust leiten und hatte die Liebe und den Glauben verloren, aber zumindest war mir noch die Hoffnung geblieben! Ich besann mich darauf, was mir in meinem Leben richtig Freude bereitet, und fand eine Tätig-

keit, die alle anderen überstrahlte: Gehen! Ich entschied mich, wieder meinen Redwoodwanderstab in die Hand zu nehmen und auf der Suche nach der langen weißen Wolke durch *Aotearoa* zu wandern. Ich war alleine, doch netten Menschen konnte ich überall begegnen und die Heimat war in mir selbst drinnen. Trug ich sie nicht ständig bei mir?
Ich begann meine Wanderroute durch Neuseeland zu planen. Bereits kurz nach meiner Ankunft war ich von Auckland nach Wellington gereist und verbrachte dort viele Tage in der Bibliothek, um auf den Landkarten einen geeigneten Weg durch die Wildnis zu finden. Dabei breitete ich die Karten aus, folgte möglichen Wegen mit dem Zeigefinger, bis ich wieder vor einem großen Fluss oder Gletscher stand und umkehren musste. Zurück bei der vorangegangenen Weggabelung versuchte ich mein Glück aufs Neue mit einer Alternativroute. Hatte ich dann eine gute Etappe gefunden, kopierte ich den Abschnitt. Zwei Wochen lang war ich jeden Tag mit dieser Arbeit beschäftigt und fast jeden Abend spazierte ich zum Meer hinunter. Dort stand neben dem Kai ein Spruch: *Not by chance you are here.* – Es war kein Zufall, dass ich hier war. Während ich auf die Bucht hinausblickte, dachte ich über die bevorstehende Wanderung nach und freute mich, bald in die Wildnis hinausgehen zu können. Es war ein Neubeginn.

WIEDER UNTERWEGS

Und nun, ihr Mönche, fasste ich den Entschluss. Nahm mein Herz, beruhigte es, festigte es, einigte es. Und warum das? Damit mein Herz nicht matt werde.
(Buddhistische Weisheit)

Wochen waren vergangen, in denen ich kaum gewandert war, und mit jedem Tag war mein Traum in weitere Ferne gerückt. Eines Abends wollte ich nicht mehr länger warten. Obwohl es bereits dunkel war in Wellington, nahm ich meinen Rucksack und trat auf die Straße hinaus. Ich hielt den Wanderstab fest in meiner Hand und spürte, wie eine starke Energie in mich zurückkehrte. Nach einer Nacht und einem Fest bei Freunden wartete ich am Straßenrand und streckte den Daumen hinaus. Bald hielt ein Auto. Der ältere Herr wollte mich nach Norden mitnehmen. Als wir ins Gespräch kamen,

konnte ich es kaum glauben: Er war mit Marama verwandt, einer von den drei jungen neuseeländischen Frauen, die ich in Peru getroffen hatte, und sie hatte ihm bereits von meiner bevorstehenden Tour durch Neuseeland erzählt. Neuseeland hatte nur vier Millionen Einwohner und bekam dadurch ein bisschen den Charakter eines Dorfes: Viele waren untereinander befreundet oder bekannt und die Neuigkeiten machten schnell die Runde. Selbst als ich Monate später wieder durch Wellington wanderte, hatte es sich bereits am zweiten Tag herumgesprochen, dass ich wieder in der Stadt sei. Freund_innen hatten mich gesehen, es anderen weitererzählt, und das alles schuf ein Gefühl der Heimat und des Willkommenseins – so auch diese Begegnung beim Autostoppen.
Als ich in Cape Reinga ankam, traf ich Gregor und Andi, zwei Autostopper aus Deutschland, und lud sie spontan zum Mittagessen ein. Bei einem Festmahl aus Nudeln und Gemüse feierten wir unsere Begegnung und meinen Auf-

Nils, Andi, Simon, Gregor und ich (von links) auf dem Ninty Mile Beach

bruch. An meinem ersten Wandertag kam ich nicht sehr weit. Hoch über den Klippen stellte ich mein Zelt auf. Die Meeresbrandung schlug wild gegen die Felsen in dieser sternenklaren Nacht. Ich war endlich wieder unterwegs und nichts konnte mich mehr aufhalten. Ich sang vor Freude und hörte den Wellen zu – war ich doch so glücklich, dass ich die schwierigen Wochen nach der Trennung von Emily hinter mir gelassen hatte und wieder zu neuen Zielen aufbrechen würde.

Nach zwei Wandertagen am Strand kam mir ein alter VW-Bus entgegen. Die Jungs hatten die Seitentür geöffnet und winkten bereits aus der Ferne. „Was ist das nun wieder für eine Bande?", dachte ich mir, doch da waren sie auch schon hier: Gregor und Andi, die ich bereits in Cape Reinga getroffen hatte, sprangen aus dem Bus und sie hatten auch ihre Freunde Nils und Simon mitgenommen. Wir freuten uns alle sehr über diese Begegnung. Schon warfen wir den Spirituskocher an, um ein köstliches Mittagsessen zu kochen, tranken ein Willkommensbier und hüpften ins Meer. Im CD-Player liefen die deutschen Schlager *Das Leben ist ein Karneval* und *Eins kann dir keiner … eins kann dir keiner nehmen und das ist die pure Lust am Leben.* Wir tanzten. Als die Sonne langsam unterging, stellten wir in den Dünen die Zelte auf, kochten wieder, erzählten Geschichten, spielten Didgeridoo und blickten staunend zu den Sternen hinauf. Dabei entdeckten wir eine großartige Sternschnuppe: Wie ein Komet zog sie einen langen Schweif nach sich und zerbarst in Tausende Stücke. Wir blickten noch lange wie gebannt in den Himmel.

Nach diesen Stunden zusammen mit guten Freunden fiel mir der Abschied besonders schwer, doch das Reisen schien mir gerade das lehren zu wollen: Abschied nehmen, Menschen und Dinge gehen zu lassen. Noch war es für mich aber eine große Herausforderung, wieder alleine weiterzuziehen, und das ewige Kommen und Gehen bereitete mir melancholische Stunden. Ich lernte aber auch, den Augenblick mehr zu schätzen: Wenn ich schöne Begegnungen hatte, genoss ich sie in vollen Zügen, und kamen diese wieder zu einem Ende, versuchte ich im Dank für die gemeinsamen Stunden in Freude weiterzugehen. Wir würden uns bestimmt wiedersehen und ich träumte davon, während mein Weg am nächsten Morgen dem einsamen Strand folgte.

Einmal blieb ich stehen und warf einen Blick auf die Wanderkarte. Eine Frau sah mich und wollte wissen, wohin ich gehe. „Nach Kerikeri", rief ich ihr zu. Sie meinte: „Du bist auf dem falschen Weg! Die Hauptstraße ist der schnells-

te und kürzeste Weg und diese verläuft auf der anderen Seite des Hügels." Ich entgegnete ihr: „Ich weiß, aber ich bin nicht auf dem schnellsten und kürzesten Weg unterwegs, denn ich habe Zeit!" Sie schaute mich verständnislos an. Ich lächelte nur und schlug dann den weniger begangenen Weg ein. Einige Stunden später hielt ein Autofahrer und wollte wissen, ob er mich mitnehmen könne. Ich lehnte dankend ab, doch bevor er weiterfuhr, meinte er noch: „Ich heiße Peter und besuche meinen Freund Paul im nächsten Ort. Wir warten auf dich, du bist herzlich willkommen!"
Während ich mich auf die Begegnung mit Peter und Paul freute, dachte ich über den Weg nach. Peter und ich hatten uns wohl gerade deswegen getroffen, weil ich auf einem Seitenweg unterwegs war und nicht die Hauptstraße entlanggewandert bin. Hier verlief eben das Leben noch langsamer und dabei fiel mir das Gedicht von Robert Frost ein, das mir ein Studienkollege aus den USA einmal geschickt hatte. Es passte wunderbar zu meiner Wanderung und ich war gespannt, wohin mich der Weg noch führen würde.

Die Straße, die ich nicht nahm

Zwei Straßen trennten sich im Herbstwald,
Und ich war es leid, dass ich nicht beide gehen konnte.
Ein Reisender, der ich war, stand ich lange
Und blickte ihnen entlang, so weit ich eben sehen konnte
Bis dorthin, wo sie im Unterholz verschwanden.

Dann nahm ich jene, auch so schön,
Aber vielleicht mit dem besseren Grund, sie zu gehen,
Denn sie war verwachsen und suchte jemanden, der ihr folgte,
Obwohl die Straßen sonst
Doch ganz ähnlich waren.

Und beide lagen an diesem Morgen gleich vor mir
Unter Blättern, die noch kein Schritt betreten hatte.
So ließ ich die erste für einen anderen Tag!
Wohl wissend, wie sich Weg an Weg aneinander reiht,
Und zweifelnd, ob ich je zurückkommen sollte.

Ich sollte die Geschichte mit einem Seufzer erzählen
Irgendwo vor vielen, vielen Jahren:
Teilten sich zwei Straßen in einem Wald und ich,
Ich folgte jener, die weniger begangen war,
Und das, ja das hat all den Unterschied gemacht.
(Robert Frost)

DIE BEGEGNUNG MIT PAUL

Ein Meister in der Kunst des Lebens unterscheidet nicht zwischen seiner Arbeit und seinem Spiel, zwischen seiner Beschäftigung und seiner Freizeit, seinem Geist und seinem Körper, seinem Lernen und seiner Erholung. Er vermag beides kaum zu trennen. Vielmehr verfolgt er ein Ziel, die Dinge gut zu machen, und überlässt es anderen, zu entscheiden, ob er nun gerade arbeitet oder spielt. Für ihn erscheint es immer, als ob er beides gleichzeitig mache.
(François Auguste René Chateaubriand)

Paul hatte große spiralenförmige Ohrringe aus Jade, wilde blonde Locken und in sein Gesicht war ihm ein breites Lachen geschrieben. Als ich nach Broadwood kam, hatte er mich bereits mit Peter erwartet. Sie tranken ein Bier im Garten. Paul rief mir zu: „Willst du auf ein Bier vorbeikommen? Du bist eingeladen!" Ich wollte an diesem Tag zwar noch einige Kilometer wandern, aber verwarf diesen Plan fürs Erste und stellte meinen Rucksack auf der Hausbank ab. Wir traten gemeinsam in die Küche. Über der Tür, die in eine Schmiedewerkstatt führte, hing eine furchteinflößende Maske aus Papua-Neuguinea. Paul meinte, sie würde unliebsame Gäste vertreiben. Als ich eintrat, blieb sie stumm, und ich setzte mich frohen Mutes an den Küchentisch – war ich doch über die willkommene Abwechslung sehr glücklich. Das Gespräch über mein Woher und Wohin, Pauls Leben als Schmied und Peters Erlebnisse als Holzfäller wurde jäh unterbrochen, als ein Sack mit Meersalz aus dem Regal fiel und die Schere, die an der Wand hing, einfach zu schaukeln begann. Wir starrten alle gebannt auf die Schere, bis sie wieder ruhig hing. Niemand sagte ein Wort. Das war doch völlig bizarr. Es schien, als ob in diesem Augenblick jemand den Raum betreten hätte und uns erinnerte: „Es ist an der Zeit, dieses Gerede zu beenden."

Die Gedanken begannen auf einmal nur so durch den Raum zu wirbeln: Paul und ich sprachen über das kollektive Bewusstsein der Welt und wie alles miteinander verbunden war; über den großen Einfluss, den unsere Gedanken und Worte auf unsere Umgebung hatten – was Paul wiederum darauf bezog, wie wichtig es war, in Beziehungen ehrlich zu sein. Dabei packte er auch noch einen Stoß Karten aus, auf denen *„The wisdom of the four winds"* (Die Weisheit der vier Winde) geschrieben war. Daneben legte er ein Horn und fragte mich, ob ich denn weiß, was es sei. „Das Horn eines Stiers?"

Zusammen mit Paul

„Nein, das ist es nicht", erwiderte er und verschwand für eine Weile in seiner Werkstatt. Er kam mit einem riesigen Kieferknochen zurück, auf dem noch einige große Zähne hingen. Es war also ein Zahn, der auf dem Tisch lag – ein Walfischzahn. Paul hatte das Gebiss am nahe gelegenen Strand gefunden. Das Meer hatte es eines Tages einfach angeschwemmt. Ich hatte noch nie einen Walzahn gesehen und wusste bisher nicht einmal, dass Wale überhaupt Zähne hatten. Schön langsam begann ich den Zauber dieses Ortes, wo ich hingelangt war, zu spüren.

Ich zog eine der Karten: *Mako*, der Hai, war darauf abgebildet. *Mako* galt als der Träger des Schattens und symbolisierte versteckte Ängste. Auf der Karte war geschrieben: *Mako lädt dich ein, zum Fluss des Lebens zu gehen und deinen tiefsten Ängsten in die Augen zu schauen. Es ist an der Zeit, das Bewusste und Unterbewusste zu vereinen und die Schattenseiten deines Ichs an das Ta-*

geslicht zu bringen. Denn jener versteckte Ort beherbergt nicht nur deine Ängste, sondern auch deinen wertvollsten Schatz. Paul meinte, ich müsse lernen, längst vergangene Schmerzen endlich zu überwinden; Schmerzen, denen ich zu viel Macht gegeben hatte und die nun Ängste und Sorgen hervorbrachten. Ich sollte mich bewusst mit ihnen auseinandersetzen, um zu sehen, wie leer sie doch waren.

Sei nicht der Sklave deiner Vergangenheit –
Springe in die Tiefe des Meeres,
tauche tief und schwimme weit,
dann wirst du
mit einem Respekt vor deiner selbst,
mit einer neuen Kraft,
mit neuen Erfahrungen zurückkommen,
die dir helfen werden,
das Alte
aus der Distanz zu betrachten
und zu verstehen.
(Ralph Waldo Emerson)

Ich wusste, dass eine große Herausforderung bevorstand, wenn ich meine tiefsten Ängste ergründen wollte – doch dieses Mal war ich bereit, die Gelegenheit zu nutzen. Paul zitierte die Hauptdarstellerin des neuseeländischen Films *Whale Rider*: „Blicke der Vergangenheit in die Augen, verändere die Gegenwart, bestimme die Zukunft."
Er verschwand wieder für eine Weile in der Werkstatt und kam mit einer großen Holzkiste zurück. Sie strahlte einen Zauber aus. Als er sie öffnete, kam das alte Fernrohr der *Rainbow Warrior* zum Vorschein – von jenem Greenpeace- Schiff, das im Hafen von Auckland vom französischen Geheimdienst versenkt worden war. Allerdings fehlte ihm der Sucher. „Unsere Welt steuert ziellos dahin", sagte Paul, „wir haben keine Ahnung, wohin wir gehen, und das Teleskop ist nur eine Metapher für den Zustand unserer Erde. Unsere Gesellschaft lebt in einer Illusion und es ist die Zeit für eine Veränderung gekommen: Aufbau lokaler Gemeinschaftsstrukturen, Loslösung vom materiellen Lebensstil, Ehrlichkeit und Mut – die Möglichkeiten für einen Neubeginn sind groß!"

Der Morgen brach schon fast wieder an, als wir zu Bett gingen, und nach einigen Stunden Schlaf wanderten Paul und ich zur *Goldenen Stiege*. Das war ein magischer Ort und schien wie ein Tor in eine andere Dimension. Wir erklommen einen steilen Hügel, stießen immer tiefer in den Wald vor und steckten im Gebüsch fest. Doch wir ließen uns nicht aufhalten, bis wir vor uralten, überwucherten Terrassen standen. Sie waren Zeugnisse einer längst vergangenen Kultur. Ich dachte an die Inkas in Peru, denn die Terrassengärten, die ich dort gesehen hatte, waren ganz ähnlich angelegt gewesen. Gab es eine Verbindung zwischen den Ureinwohnern Neuseelands und den Andenvölkern? Paul meinte, die Kartoffeln würden in der Maorisprache *Peruperu* heißen – ein weiterer Hinweis. Als wir zum Meer zurückspazierten, erzählte er mir auch noch vom Besuch des Dalai Lama in Neuseeland. Als dieser Stammesälteste von den Maoris traf und die Journalisten ihn fragten, warum er das mache, antwortete er: „Um unsere gemeinsamen Vorfahren zu würdigen." Tibet, Neuseeland, Peru – gab es in der Vergangenheit engere Verbindungen, als uns moderne Geschichtsbücher glaubhaft machen wollten? Auf einmal machte meine Route Sinn: der Weg zu den Inkas, den Maoris und irgendwann auch die Pilgerfahrt zum Dach der Welt. Bereits Kampo Harada hatte die Meinung vertreten, dass wir wieder lernen sollten, die Welt zu vereinen. Alles war miteinander verbunden, auch wenn uns einige glaubhaft machen wollten, dass wir unterschiedlich seien. Dadurch versuchten sie, einen Keil zwischen die Völker zu treiben, sodass wir um Vorherrschaft kämpften, anstatt die Gemeinsamkeiten zu leben. Wir brauchen aber nicht mehr mitzumachen und können ihre Lügen ein für alle Mal in den Wind schlagen.

Nach unserer Wanderung zur *Goldenen Stiege* besuchten wir noch Peter, mit dem wir am Vortag unser anfängliches Gespräch an Pauls Küchentisch geteilt hatten. Er wohnte in einem Wohnwagen draußen an der Küste. Sein Leben lang hatte er als Holzfäller gearbeitet und dabei immer wieder riesige, uralte Bäume umgesägt. Eines Tages saß er auf dem Baumstamm eines Baumriesen, den er kurz vorher umgeschnitten hatte und sah die Zerstörung, die er gerade angerichtet hatte. Das brach ihm sein Herz und so versuchte er nun, einen Teil der Verwüstung wiedergutzumachen. Er hatte Land gekauft, die exotischen Ginsterbüsche umgesägt und heimische Urwaldbäume gepflanzt. Peter war glücklich, uns sein kleines Paradies am Meer zeigen zu können, und freute sich sichtlich über unseren Besuch, denn er lebte ganz alleine, weit abseits vom nächsten Dorf. Zur Feier unserer Begegnung gingen wir ins Pub auf Chips und Bier.

Zum Abschied erzählte mir Paul noch eine alte Maorilegende: „Gemäß der Überlieferung der neuseeländischen Ureinwohner gab es auf der Erde nur zwei Meere: zum einen den Pazifischen Ozean, das Meer von Frieden und Harmonie, auch das *Meer der Götter* genannt, und zum anderen das *Meer der Menschen*, das alle übrigen Gewässer der Erde in einem zweiten Ozean vereinte. Dort, wo diese beiden Meere aufeinandertrafen, entsprang ein Geist von einer außergewöhnlichen schöpferischen Kraft, der Heilung und Erneuerung ermöglichte. Die beiden Inseln von Neuseeland befinden sich genau an dieser Schnittstelle der beiden Weltmeere und bereits in längst vergangenen Zeiten zogen sie jene Menschen an, die ihre Kraft erkannt hatten und sie zu würdigen wussten." In diesen Tagen zusammen mit Paul hatte ich diesen besonderen Geist von *Aotearoa* gespürt.

BEI DEN ALTEN KAURIBÄUMEN

Ich ging in die Wälder, weil mir daran lag, bewusst zu leben.
Ich wollte mich nur mit den wesentlichen Dingen des Lebens beschäftigen,
herausfinden, ob ich lernen könne, was mir das Leben lehrte,
um nicht, wenn es ans Sterben ging, die Entdeckung machen zu müssen,
nicht gelebt zu haben.
(Henry David Thoreau)

Nach drei Tagen bei Paul in dem kleinen Ort in Northland brach ich wieder auf. Unterwegs hielt ein 90-jähriger Mann sein Auto an. „Willst du mitfahren?", fragte er mich. „Nein, danke, ich gehe zu Fuß durch Neuseeland und möchte bis nach Fjordland wandern." „Bis Fjordland? Das ist aber noch ein weiter Weg. Na, da wünsche ich dir jedenfalls viel Glück. Aber eins interessiert mich noch: Was sind das für bunte Tücher, die von deinem Rucksack wehen?" „Es sind tibetische Gebetsfahnen und auf jeder steht ein Gebet geschrieben, damit die Liebe auf der Erde bestehen möge. Wenn der Wind in die Gebetsfahnen hineinfährt, trägt er diese Gedanken in die weite Welt hinaus." Der Mann lächelte und fuhr langsam weiter.
Der Weg führte immer tiefer in einen dichten Wald aus alten Kauribäumen. Da stand ich nun inmitten dieser jahrhundertealten Bäume, ging zu einem der Baumriesen, berührte seine Rinde und umarmte ihn. Dabei spürte ich

eine starke Energie durch meinen Körper fließen. Ein wohlig-warmes Gefühl erfüllte mich und schien mir ungeahnte Kräfte zu verleihen. In diesem Augenblick hatte ich das tiefe Bedürfnis, diese Freude, die daraus entstand, mit der Welt zu teilen. Je mehr ich davon aber von mir gab, umso mehr floss an mich zurück. Die Kraft wurde immer stärker und schien grenzenlos zu sein.

Ich verdanke dem Baum eine wichtige Erkenntnis: Wenn wir teilen, haben wir Zugang zu ungeahnten Kräften und können viel mehr bewegen und erreichen, als wenn wir nur an uns selber denken. Wissen und Weisheit, selbst Essen, oder einen Schlafplatz können wir teilen und dadurch gemeinsam wachsen. Auf der Welt gibt es genug, sodass wir alle gut leben können. Dieses Denken entspricht auch jenem der indigenen Völker dieser Erde: Reichtum wird geteilt und weitergegeben, während die westliche Sichtweise darauf hinausläuft, dass Reichtum gehortet oder konsumiert werden soll. Letzteres Gedankenmodell schafft natürlich Knappheit. In Neuseeland wurde ich bei meinen Begegnungen mit den Maoris das erste Mal mit der Frage des Besitzes konfrontiert, denn sie sind der Meinung, dass wir die Dinge nicht besitzen, sondern nur beschützen können. Wir Menschen sind verantwortlich für unsere Umwelt, die Dinge sind uns anvertraut, aber das Besitzdenken ist eine Illusion!

Der alte Kauribaum

Als ich unter dem alten Kauribaum stand, spürte ich eine starke Kraft wie selten zuvor und schien zu fliegen. Nichts mehr auf dieser Welt konnte mich begrenzen oder aufhalten. Als ich schließlich weiterzog, schaltete ich mein Radio ein und sang bei einem Lied von REM lautstark mit: *It's the end of the world as we know it and I feel fine.* Die Energie wirbelte mich wie ein Tornado durch die Luft und ich wusste, dass diese Welt um so viel reicher, großartiger und magischer war, als ich mit meinen Augen sehen konnte. Sobald ich bereit war, mein Herz zu öffnen, überwältigte mich all ihr Zauber.

DER GOTT DER KLEINEN DINGE

Was macht es schon, wenn man uns für Träumer hält?
(Mahatma Gandhi)

Nach tagelangen Regenfällen kam endlich wieder die Sonne hervor. Ich spazierte den *Pakiri*-Strand entlang und hörte afrikanische Trommelmusik. Die Möwen führten mir ihre akrobatischen Flugkünste vor und die Wellen rauschten. Irgendwann warf ich einfach meinen Rucksack in den Sand und begann zu tanzen, fühlte ich mich doch so glücklich. Mein Blick schweifte zum Firmament, über das gerade eine mächtige Regenwolke zog. Wenig später ging die Sonne wie ein roter Feuerball unter. Nachdem ich mein Nachtquartier vorbereitet hatte, aß ich ein Dinkelbrot mit biologischer Erdnussbutter. Dazu gab es auch noch eine köstliche Tomatensauce und einen Schuss Olivenöl. Kein Restaurant auf dieser Welt hätte mir ein besseres Abendessen servieren können und ich spürte ein starkes Freiheitsgefühl: Ich konnte überall hingehen, wohin mein Herz mich trug. „Das ist doch fantastisch!", dachte ich. „Ich bin frei von vielen Anhaftungen, die mich lange Zeit begleitet haben, und ich genieße es einfach, unterwegs zu sein!" Das war eine großartige Erkenntnis.
In den nächsten Tagen fiel der Regen kübelweise vom Himmel. Kurz vor einem Ort, in dem ich Mittagspause machen wollte, wurde ich patschnass. Dabei verlor ich meine Geduld und schimpfte auf den Wettergott: „Während du gerade genüsslich dein Mittagessen verzehrst, muss es dir schon so richtig Spaß machen, wie du mich hier unten voll einweichen kannst!" Dann musste ich lachen. Wie dumm war es doch von mir, mich wegen des Wet-

ters zu ärgern! Von nun an suchte ich mir immer rechtzeitig einen Unterschlupf unter einem Baum und wartete bei einem Stück Schokolade, bis die Regenwolke wieder vorbeigezogen war. So machte auch der Regen eine Freude!
Am Abend stellte ich mein Zelt auf. Ich war bereits todmüde, als ich mich in den Schlafsack verkroch, doch ich spürte, dass der Zeltplatz nicht gut gewählt war. Dieses Gefühl wurde immer stärker und daher kroch ich trotz leichtem Nieselregen und Dunkelheit noch einmal aus dem Zelt heraus. Ich baute es ab und stellte es fünf Meter weiter links wieder auf. Sodann schlief ich ein. Mitten in der Nacht wurde ich von einem starken Sturm geweckt, der an meinem Zelt rüttelte. Schwere Regentropfen prasselten auf das Zeltdach. Als ich am Morgen aus dem Zelt blickte, traute ich meinen Augen kaum: Genau dort, wo ich am Vorabend mein Zelt ursprünglich aufgestellt hatte, lag nun ein riesiger Ast, der von einem Baum abgebrochen war. Er hätte mich wohl erschlagen, wenn ich meinem Gefühl, dass dies kein guter Platz zum Zelten sei, nicht gefolgt wäre. Zum Glück hatte ich auf meine Intuition gehört! Sie hatte mir in dieser Nacht das Leben gerettet.

Auckland, am 30. September 2005

Im Moment sitze ich in Auckland fest, denn ich habe mir vor ein paar Tagen den Knöchel verstaucht und kann kaum mehr gehen. Meine Freunde versuchen, mir Mut zu machen, dass ich sicher bald wieder weiterziehen könne. Nur Dina Dayala meinte dazu: „Das ist ja großartig! Du hängst fest! Ich trete dir auch noch auf den linken Fuß, sodass du länger hier bleiben musst und spirituell reifer werden kannst." Ich war Dina Dayala bereits kurz nach meiner Ankunft in Neuseeland begegnet, und sie bot mir damals an, mich in die Veden einzuführen, doch ich wollte lieber wandern. Nun, da mein Fuß lädiert ist, kann ich nicht gehen und komme daher jeden Tag zu Meditation und Yoga. Endlich habe ich die Ruhe und Gelassenheit gefunden, mich mit dem spirituellen Wissen aus dem alten Indien zu beschäftigen. Auf dem Tempelberg in Kioto, als ich den finnischen Indologen getroffen habe, hatte ich davon noch geträumt, nun wurde der Traum Wirklichkeit.

SPIRITUELLE ERKENNTNISSE

Nur jemand, der sich nicht durch den ständigen Zustrom von neuen Wünschen beeinflussen lässt – die Flüssen gleichen, welche in einen ruhigen Ozean fließen –, kann Frieden finden, und nicht jemand, der versucht, solche Wünsche zu befriedigen.
(Bhagavad Gita 2:70)

Ich blieb einige Wochen in Auckland und quartierte mich bei Freunden auf dem Mount Eden ein. Wir verbrachten eine großartige Zeit zusammen. Nachmittags ging ich in den Yogaunterricht und besuchte philosophische Kurse über die Veden. Abends diskutierte ich oft bis spät in die Nacht mit Micah über die indische Philosophie. Micah und ich hatten zusammen in Schweden studiert und nun rollte ich für einige Zeit in seinem Wohnzimmer meinen Schlafsack aus. Vor dem Schlafengehen notierte ich immer die Erkenntnisse des Tages in meinem Reisebuch und einmal schrieb ich folgende Worte nieder: *Reinheit, Klarheit, Erleuchtung.* Ich war bereit, den Weg zu gehen.

Am Anfang dieses Weges begegnete ich wieder dem Gedankengut Mahatma Gandhis. Er meinte, wir sollen unser Leben als Ganzes betrachten, da jede Veränderung im Inneren mit einer Veränderung im Außen einhergeht – ein Zusammenhang, der mir endgültig klar wurde, als ich einen Instant-Cappuccino aus einem Wegwerfbecher trank. Mit dieser Handlung führte ich meinem Körper nicht nur Müll zu, sondern erzeugte auch im Außen Abfall. Erst durch die Erkenntnis, dass dieses Getränk aus löslichem Milchpulver, Industriezucker und Geschmacksverstärkern weder für meinen Körper noch für meinen Geist gesund war, entstand auch kein Bedürfnis mehr, diesen Instant-Cappuccino zu kaufen. Das hatte Folgen: keine Chemie mehr in meinem Körper, kein Müll mehr im Abfalleimer. Eine verschmutzte Umwelt entspringt eben direkt einem verschmutzten Geist. Das soll nun kein Plädoyer gegen den Kaffeegenuss sein, sondern vielmehr meinen Bewusstseinswandel und die Konsequenzen daraus illustrieren. Wie dieser Wandel für jede_n Einzelne_n ausschauen kann, darf jedoch jede_r für sich selbst beantworten!

In den vedischen Schriften steht geschrieben, dass es zwar darum geht, genug zum Essen, eine einfache Kleidung und eine bescheidene Unterkunft zu haben, aber alle weiteren Bedürfnisse sind sozialer und spiritueller Natur. Letzteres ist wahrer Reichtum. Wenn wir etwas nehmen, essen oder konsumieren, sollten wir die Gaben dankend und mit Freude annehmen, uns aber auch immer die Frage stellen, ob wir anderen etwas übrig gelassen haben: Sei es für die Erde, für die arme Bevölkerung oder für zukünftigen Generationen. Wir haben alle viel von den Lehrmeistern der Vergangenheit erhalten, sei es nun in Form von Wissen, Tradition, Religion oder Weisheit, und nun sollte es unsere Aufgabe sein, davon etwas zurückzugeben – indem wir zum Beispiel Blumen oder einen Baum pflanzen, etwas Schönes schaffen oder unsere Erkenntnisse mit anderen teilen.

Neben dem bewussten Nehmen und Geben ist in den Veden auch die Selbstkontrolle von großer Bedeutung. Wenn wir fasten oder Stille und Einkehr halten, so ist das Nahrung für die Seele. Mahatma Gandhi sprach freitags kein Wort, unabhängig davon, wie beschäftigt er war. Er hatte genügend Zeit und Willenskraft, um jede Woche einen ganzen Tag in Stille zu verbringen. Genau an diesem Punkt wollte auch ich beginnen: Ich versuchte, zur Ruhe zu kommen und unnötigen Ballast abzuwerfen, um dadurch wieder zum Wesentlichen zu finden. Ich fastete, begann die Tage des Innehaltens und der Ruhe mit Meditation und ging viel spazieren. Langsam entstand Klarheit in meinem Geist. Ungewisse Entscheidungen wollte ich nicht mehr länger vor mir herschieben, Wege zeichneten sich ab, Hindernisse schienen überwindbar und Vergangenes kümmerte mich nicht mehr so sehr. Eine Aufbruchstimmung und eine tiefe Freiheit erfüllten mich. Mir war es, als würde ich schweben. Es waren wunderbare Tage: Nicht immer einfach, aber die Freude, sie geschafft zu haben, beflügelte mich. Als nun die Tage der Einkehr vorbei waren, las ich folgende Worte von Mahatma Gandhi: *Ich kann auf das Fasten ebenso wenig verzichten wie auf meine Augen, denn was die Augen für die äußere Welt sind, ist das Fasten für die innere Welt.* Ich reinigte Körper und Geist und dadurch gelang es mir, meiner Bestimmung besser zu folgen. Diesen Weg als den einzig gangbaren Weg darzustellen wäre aber verfehlt, denn wir haben alle eine andere Bestimmung im Leben. Mein Großvater sprach in diesem Zusammenhang immer von einem Tautropfen, der im morgendlichen Sonnenlicht schimmert: Die Sonnenstrahlen treffen auf den Tautropfen und je nachdem, aus welcher Richtung ich in den Tropfen blicke, sehe ich eine andere Farbschattierung, obwohl es immer der gleiche Tropfen ist. Zu sagen, er leuchte nur rot oder nur gelb, stimmt nicht, denn es hängt von meinem Blickwinkel ab, von dem aus ich den Tropfen betrachte. So

Unterwegs am Strand in der Nähe von Auckland

haben wir, einem Tautropfen im Sonnenlicht gleich, alle unseren eigenen Weg, genauso wie wir auch unsere eigenen Sehnsüchte und Ängste haben, die in unserem Leben relevant sind. Ich spürte, wie gut es mir tat, mich mit meinen eigenen auseinanderzusetzen und meinem Weg bestimmten Schrittes zu folgen!

GEHEN UND STAUNEN

Grad heute morgen
Fiel leise und ganz heimlich
Das erste Blatt ab.
(Japanisches Haiku, Issa)

Zusammen mit Sherpa Tenzin Norgay war Sir Edmund Hillary der Erste, der am Gipfel des Mount Everest gestanden war und auch den Abstieg ins Basislager überlebt hatte. Er hatte einen Traum, lernte Herausforderungen zu überwinden und erreichte schließlich sein ambitioniertes Ziel. Seit meiner Kindheit faszinierte mich sein Leben und ich verdanke ihm die Erkenntnis, dass es wichtig war, an meine Träume zu glauben und diese auch zu verwirklichen. In Neuseeland kreuzten sich schließlich unsere Wege. Bei einer Tasse Tee teilten wir viele Geschichten und seinen Rat zum Abschied werde ich hoffentlich lernen, in mein Leben zu integrieren: „Wohin du in diesem Leben auch gehst, bringe Frieden." Das sind einfache Worte und doch sind sie manchmal so schwierig umzusetzen. Als ich nach unserer Begegnung an diesem sonnigen Morgen weiterwanderte, waren meine Gedanken noch lange bei ihm. Er hatte ein erfülltes Leben, weil er den Herausforderungen zum Trotz seine Träume und Ideale nie aufgegeben hatte. Deswegen gelang ihm auch die Erstbesteigung des Mount Everest, obwohl das zur damaligen Zeit viele für unmöglich gehalten hatten.

Genauso wie im Leben von Sir Edmund Hillary spielte auch bei meiner Wanderung die Motivation eine entscheidende Rolle. Immer wieder versuchte ich, meiner eigenen Bestimmung im Leben zu folgen. Was wollte ich in meinem Leben wirklich erreichen? Warum war ich auf der Erde? Daraus entstand schließlich der Wunsch, zu einer langen Wanderung aufzubrechen, um die Welt besser kennen zu lernen und um meinen persönlichen Beitrag zu leisten, dass wir Menschen wieder lernten, im Gleichgewicht mit unserer Erde zu leben. Mit diesem konkreten Ziel kam auch der Wille, dieses in die Tat umzusetzen, und aus dieser Handlung schöpfte ich viel Kraft. Dabei musste ich jedoch lernen, nicht mit dem Kopf durch die Wand gehen zu wollen. Ich hatte das auf meiner Wanderung anfangs oft genug praktiziert. Ich wanderte weiter, obwohl mir die Achillessehne wehtat und einige Tage Pause das Problem gelöst hätten, ich stapfte im Regen, obwohl mir das keine große Freude bereitete. Dieses Bewusstsein änderte sich jedoch mit der Zeit, denn ich spürte immer mehr, dass die Dinge leicht gehen sollen. Gelingt es mir, eben diese Leichtigkeit in mein Leben einzuladen, dann lebe ich im Fluss und folge meiner wahren Bestimmung. Mit der Freude an den Dingen geht alles leichter und sie half mir auch immer, schwierige Zeiten zu überstehen.

Trotz so mancher Herausforderungen zweifelte ich nie am Sinn der Unternehmung. Der Zweifel ist ein interessantes Phänomen und kann durchaus seine Berechtigung haben, vor allem dann, wenn er unseren Geist lebendig hält, sodass wir in unseren Ansichten nicht versteinern. Doch es gibt auch Situationen, in denen der Zweifel einfach alles zerstört. Er raubt uns das Vertrauen und den Glauben, dass wir etwas schaffen können. Wenn ich hingegen eine positive Erwartungshaltung habe, unabhängig davon, ob das Ergebnis genau meinen Gedanken entspricht oder nicht, dann geschehen Wunder. Ich erlebte sie immer wieder auf meiner Wanderung.

Ich schöpfte sehr viel Kraft von *Pachamama* – wie *Mutter Erde* in der Inkasprache heißt –, versuchte ich doch, die Schönheit dieser Welt bewusst wahrzunehmen. Es konnte eine scheinbare Kleinigkeit sein, die meine Aufmerksamkeit erregte: ein leuchtendes Blatt, eine Blume, eine Ameise, die ein Vielfaches ihres Eigengewichts trug, oder ein Schmetterling, der neben mir herflog. Das Entdecken der Schönheit brauchte genauso Zeit wie auch die Begegnungen mit Menschen. Ich versuchte, den Menschen mit Freude und Offenheit entgegenzutreten, und hatte wohl gerade deswegen auf der ganzen Welt viele schöne Begegnungen. Das Gesetz der Resonanz besagt, dass unser Umfeld immer das präsentieren wird, was wir selber ausstrahlen. Sind wir ängstlich, werden wir Angst in unser Leben einladen, sind wir aggressiv, werden wir Aggression erfahren, gehen wir hingegen den Weg der Freude, wird unser Leben auch von Freude erfüllt sein. Ändern wir unsere Sichtweise, äußert sich das auch in unserem Umfeld. Drei Dinge sind unumgänglich, wenn wir ein selbstbestimmtes Leben führen wollen: Vertrauen, Hoffnung und Liebe. Wenn wir diese drei in unserem Herzen mittragen, brauchen wir nicht zu zögern, vorwärtszugehen.

Außerhalb von Auckland wanderte ich die endlos lange Gerade einer Provinzstraße entlang, als ich aus der Ferne jemanden auf mich zukommen sah. Er trug einen alten Mantel und einen großen chinesischen Strohhut. Irgendwie schien er von einem anderen Stern zu kommen. Er ging die Straße entlang und sammelte dabei den ganzen Müll ein, den gedankenlose Autofahrer_innen aus dem Fenster geworfen hatten. Als wir uns begegneten, lächelten wir beide, verband uns doch das tiefe Verständnis, dass wir für eine gemeinsame Sache unterwegs waren, jeder eben auf seine Art.

Bald darauf hielt ein Auto an: Terry und Nelson wollten wissen, wohin ich unterwegs war. Als er die tibetischen Gebetsfahnen auf meinem Rucksack entdeckte, erzählte mir Terry, die Mutter seiner Frau

sei mit Seiner Heiligkeit, dem Dalai Lama, durch Neuseeland gereist, als dieser zu Besuch gewesen war. Sie stammte von jenem Maoristamm ab, der tibetische Vorfahren hatte. Ich entschied spontan, Terrys Familie zu besuchen. Als Elisa, Terrys Frau, und ich das Abendessen kochten, erzählte sie mir von den alten Familientraditionen der Maoris: „Da sind unsere Vorfahren, dann kommen wir und schließlich folgen uns die zukünftigen Generationen. Wenn wir in unserem Leben falsch handeln, verlieren wir unser *Mana*, unsere spirituelle Kraft oder Integrität. Deshalb muss diese durch Versöhnung und die Heilung des Familienstammbaums wiederhergestellt werden. Das erforderte nicht nur eine gute Beziehung zwischen älteren und jüngeren Generationen, um die Herausforderungen gemeinsam lösen zu können, sondern auch die Bereitschaft, Eigenverantwortung zu übernehmen. Dieser spirituelle Reinigungsprozess beeinflusst nicht nur unser Leben, sondern auch das unserer Nachfahren und ist somit unumgänglich." In der kurzen Zeit, die ich mit Terry, Elisa und ihren Kindern Nathan, Nelson, Diana und Mitchell unter einem Dach zusammengelebt hatte, waren wir sehr gute Freunde geworden.

Einige Tage später erreichte ich den Urwald der Ureweras. Dieser wurde vor Jahrzehnten, dank der *Tuhoe Nation*, vor seiner Zerstörung bewahrt. Die Tuhoes waren ein widerspenstiger Maoristamm, wurden aber trotzdem immer wieder von der Britischen Krone, Siedlern und der neuseeländischen Regierung ausgenützt und zurückgedrängt, bis Tame Iti, der *Chief* der *Tohue Nation*, meinte, es sei endgültig genug. Sie wagten den Aufstand und forderten eine Autonomie innerhalb Neuseelands. Ich solle auf keinen Fall alleine durch deren Stammesgebiet wandern, denn das sei viel zu gefährlich, wurde ich gewarnt. Doch zum Glück schenkte ich diesen Warnungen kein Gehör, denn die Tuhoe-Maoris waren sehr freundliche Menschen. Fast jede_r Autofahrer_in blieb stehen und wollte mich mitnehmen oder erkundigte sich, ob alles in Ordnung sei. Ich bekam Äpfel geschenkt und wurde zu Tee und Kuchen eingeladen.

Der Weg durch die Ureweras endete im Sumpf. Ich versuchte ihn zu durchqueren, versank aber dabei bis über die Knie im Schlamm. Während ich im Morast steckte, begann es auch noch zu regnen. Patschnass und völlig durchnässt zog ich immer tiefer in den größten Urwald der neuseeländischen Nordinsel hinein. Um Schlamm und Regen zu vergessen, sang ich mich mit John Lennons *Oh Yoko* in Trance. Da es aber langsam dunkel wurde, die Hütte jedoch immer noch einige Kilometer entfernt war, begann ich trotz des schweren Rucksacks und meiner müden Beine zu laufen. Als ich es endlich geschafft hatte, aus dem Wald auf eine Lichtung hinaustrat und selig die Tür zur Berghütte öffnete, schien ich im Paradies angekommen zu sein. Zur Feier des Tages strich ich besonders viel Erdnussbutter auf das Fladenbrot und lauschte, wie riesige Regentropfen auf das Dach hämmerten. Einfaches Leben konnte so wunderschön sein. Obwohl ich am harten Boden schlief, war ich einfach nur glücklich.

Ich wanderte durch Wälder mit jahrtausendealten Podocarpus-Bäumen, bevor ich an der Grenze des Nationalparks auf einen Kahlschlag hinaustrat. Der Urwald wurde großflächig umgesägt, um ausgedehnten Föhrenwaldmonokulturen Platz zu machen. Zwei Stunden lang marschierte ich durch das Kahlschlaggebiet, in dem kein Baum mehr stand, bis ich in einen dichten Föhrenwald trat. Der Wald war eintönig und ohne jegliche Kraft und Energie, diente er doch einzig und alleine der Gewinnmaximierung. Als ich diesen verließ, führte die Straße in ein völlig zerstörtes Tal. Die Föhrenplantagen hatten den Boden mit der Zeit so ausgelaugt, dass nichts außer Kleinbüschen mehr gedeihen konnte . Die einst mächtigen Flüsse, die durch das Tal geflossen waren, waren nun ausgetrocknet. Kein Wassertropfen war in den breiten Flussbetten zu sehen. Der Mensch hatte das Tal für lange Zeit völlig zerstört. Einst wuchsen hier uralte Bäume, der Wald war voller Leben, dann kamen die Holzfäller mit ihren Kettensägen und verarbeiteten die Baumriesen zu Kleinholz. Ich fragte mich, wie viele Urwälder noch zerstört werden müssen, bevor wir endlich aufwachen und lernen, dass wir auf dieser Erde auch eine Verantwortung haben. Die Begegnung in Patagonien mit der Tochter von Jean Giono kam mir wieder in den Sinn. Sie hatte mir von ihrem Vater erzählt, der

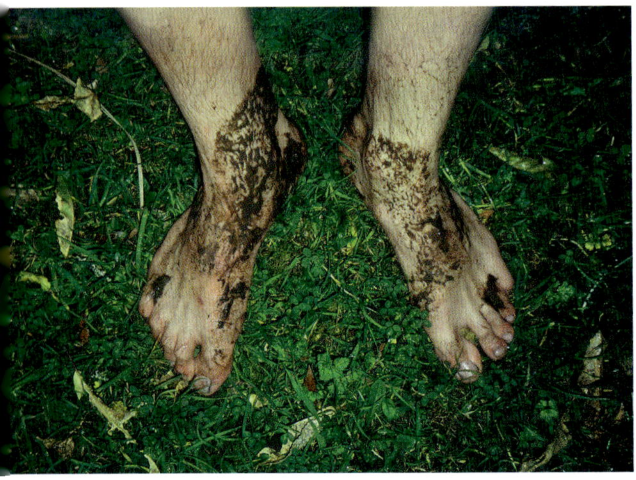

Unterwegs in den Ureweras

Im Urwald

die Geschichte über den Schäfer Elzéard Bouffier niedergeschrieben hatte: Der Schafhirte vergrub in einem verödeten und ausgetrockneten Hochtal der Provence jahrelang Eichel um Eichel, Samen um Samen. Von den hunderttausend Eicheln, Bucheckern und anderen Samen, die er ausgesetzt hatte, schlugen die meisten nie Wurzeln und viele hatten Mäuse und Hasen gefressen, aber aus einigen Tausend Samen wuchsen Eichen, Buchen und Birken heran! Monsieur Bouffier vergrub bis zu seinem Lebensende weitere Tausende und Abertausende Baumsamen und Jahre nach seinem Tod erblühte das Tal in einem neuen Zauber. Die Wüste war einem Wald gewichen, die Flüsse führten wieder Wasser, Tiere und Menschen waren zurückgekehrt. Das Wunder hatte damit begonnen, dass der Schäfer Elzéard Bouffier eine Eichel in den vertrockneten Boden gesteckt hatte und seinem Traum treu geblieben war.

IN DEN BERGEN

Nicht, um von oben in mein begrenztes Tal zu blicken,
von wo ich herkam,
sondern über seine Grenzen hinauszusehen,
um das Leuchten am Horizont,
die Dämmerung eines anderen Bewusstseins zu finden,
bin ich auf die Berge gestiegen.
Von Sehnsucht getrieben zog ich in die Welt hinaus,
um am Ende doch wieder dorthin zurückzukehren,
von wo ich herkam: zu mir selbst.
(Robert Rauch)

Ich hatte schon viele Geschichten von den beiden Mädels gehört und war mir irgendwie nicht sicher, ob ich der Herausforderung gewachsen war. Kurz vorher telefonierte ich noch mit einer Freundin und meinte scherzhaft zu ihr: „Als ob eine nicht genug gewesen wäre. Nein, es sind zwei Mädels!“ Wie auch immer, ich wollte es versuchen und mit den beiden auf Wanderschaft gehen. Die zwei waren jedoch etwas mystisch, sie verschwanden im Nebel, als ich mich ihnen näherte – fast schien es, als ob sie mir entfliehen wollten. Als ich sie schließlich das erste Mal sah, bemerkte ich aber sogleich ihre zauberhafte Schönheit. Von diesem Augenblick an waren wir eine Woche zusammen unterwegs und ich erlebte mit ihnen einige meiner intensivsten Wandertage in Neuseeland. Der Weg führte durch Wälder aus uralten Bergzedern, über einsame Hochplateaus und querte kristallklare Bergbäche. Die zwei Mädels waren jedoch etwas borstig und widerspenstig: Schneestürme bliesen mir ins Gesicht, einmal hagelte es sogar, und dann folgte ein stundenlanger Dauerregen. Aber wie könnte ich die beiden auch für das schlechte Wetter verantwortlich machen? Außerdem verkroch ich mich in der Nacht in meinen warmen Schlafsack, um neue Kräfte zu sammeln. Trotzdem stieß ich an die Grenzen meiner physischen Belastbarkeit: Der Wanderweg endete plötzlich in einem Fluss und ich musste drei Stunden lang im Bachbett weiterlaufen. Vorher hatte ich noch meine Wanderschuhe ausgezogen und war barfuß in die Sandalen hineingeschlüpft. Das Wasser war eiskalt und es begann auch noch zu schneien. Die Zehen liefen rot an, doch es half alles nichts, ich musste weiter, denn die *Colenso*-Hütte, in der ich übernachten wollte, war noch einige Gehstunden entfernt. Immer wieder versperrten Wasserfälle meinen Weg und dichtes Buschwerk machte ein Vorwärtskommen schwierig, wenn ich den Wasserfällen ausweichen wollte. Dabei schnitt ich mir an den großen Grasbüscheln meine Knie auf und Blut floss meine Beine hinunter.

Ich wusste nur, dass der Weg zur Hütte einen anderen Flusslauf nach links hinaufführen musste, aber als ich zu dem auf meiner Karte eingezeichneten Seitental kam, blieb ich verwundert stehen: Ein mächtiger Wasserfall blockierte den Eingang in das Tal. Ich kletterte trotzdem an dessen Seite hinauf, hielt mich an einem Baum fest, doch dieser war völlig morsch, brach ab und stürzte mit voller Wucht auf meinen Rucksack. Das konnte ja nicht der richtige Weg sein? Die zwei Mädels hatten auch keine Ahnung, oder doch? Als ich den Wasserfall hinter mir gelassen hatte und auf Schwemmland hinaustrat, kreuzte für eine Sekunde lang eine Rauchschwade meinen Weg. Das war meine Rettung, jemand musste in der Nähe gerade ein Feuer machen! War ich doch auf dem richtigen Weg? Ich wollte es zumindest versuchen und folgte dem Flusslauf weiter stromaufwärts. Wenige Minuten später entdeckte ich die *Colenso*-Hütte. Rauch stieg aus ihrem Rauchfang! Fast unglaublich, hatte ich ihn doch bereits einige hundert Meter von der Hütte entfernt für einen

Im Urwald der Ruahinis

kurzen Moment gerochen. Das war gerade in dem Augenblick gewesen, als ich überlegt hatte, umzudrehen. Ich spürte, dass es in unserer Welt noch eine höhere Kraft geben musste, die meinen Weg leitete und auf mich achtgab. Ich öffnete die Tür in die Hütte. Follin, ein Jäger, hatte ein Feuer gemacht, lud mich auf Spaghetti mit Tomatensauce ein und machte mir einen warmen Tee. Ich war so froh, dem eiskalten Fluss, Schnee und Dauerregen entkommen zu sein! Meine eiskalten Zehen wurden bald wärmer.

Am Ende des nächsten Tages musste ich einen Fluss durchqueren und an dessen anderem Ufer angekommen, quartierte ich mich in der dortigen Hütte ein. In der Nacht begann es zu schütten und in der Früh hatte sich der kleine Fluss neben der Hütte in einen reißenden Strom verwandelt. Ich saß somit fest. Ich aß meine Erdnussbutterbrote, trank heißes Wasser dazu und wartete. Ach, die beiden Mädels, was war nun mit ihnen geschehen? Sie waren immer noch da und werden wohl noch länger dort verweilen! Sie heißen *Ruahines* in der Maorisprache, auf Deutsch: „zwei Mädels". Die *Ruahines* sind die wildeste und abgelegenste Bergkette auf der Nordinsel Neuseelands. Ich war eine Woche lang in ihnen unterwegs und als ich auf dem Weg zur *Colenso*-Hütte stundenlang im Fluss gewatet war, hatte ich mich gefragt, was um alles in der Welt ich bloß in den *Ruahines* verloren hatte. Kaum hatte ich diesen Gedanken zu Ende gedacht, musste ich lachen: Ich war bei den *zwei Mädels* unterwegs und fühlte mich trotzdem verloren und einsam.

Als ich die *Ruahines* bereits durchquert hatte, gab es nochmals eine unerwartete Überraschung: Ich stand vor einer tiefen Schlucht und statt einer Brücke gab es nur einen wackeligen *Flying Fox* – eine an einem Seil befestigte Metallkiste, in der ich 15 Meter über der Schlucht schwebend an das andere Ufer gelangen sollte. Die *fliegende Kiste* sah nicht gerade stabil aus und ich malte mir aus, wie ich mitten über der Schlucht hängend weder vor noch zurück kam oder ob des schweren Rucksacks gar herausfiel. Sollte ich umdrehen und den Weg durch die *Ruahines* zurückwandern? Das kam auch nicht in Frage, denn mein Proviant ging schon zur Neige und in der Nacht hatte es in den Bergen außerdem stark geschneit. Daher war ich glücklich, als ich einen schmalen Weg entdeckte, der in die Schlucht hinunterführte. Unten angekommen, durchquerte ich den reißenden Fluss. Das Wasser reichte mir bis zu den Hüften und auf der anderen Seite stieg ich durch einen knöcheltiefen Sumpf wieder den Hang hinauf, doch das war immer noch besser, als hoch oben in der Metallkiste sitzend in der Mitte der Schlucht festzuhängen.

Das „Waimangaroa Hilton“

Es folgte eine weitere Gebirgskette, bevor ich nach Wellington kam: die *Tararuas*. Wilde mit Urwald bedeckte Bergrücken reihten sich aneinander und wurden nur ab und zu von reißenden Wildbächen, die sich in tiefen Schluchten eingruben, unterbrochen. Nur zwei anspruchsvolle Wege führten durch dieses einsame Gebiet und ich hatte mir einen von den beiden ausgesucht. Es schüttete aus allen Rohren und der Weg verwandelte sich alsbald in einen Bach. Immer wieder rutschte ich auf den nassen Wurzeln aus. Nachdem ich zweimal einen reißenden Wildbach durchquert hatte, verlor sich der Weg in einer Wildnis aus umgefallenen Bäumen und dichtem Buschwerk. Im Dauerregen irrte ich umher. Gerade als ich aufgeben wollte, sah ich weit oben im Fluss eine Markierung. Ich kletterte das Bachbett hinauf, stieg über umgefallene Bäume und rutschte auf Geröllfeldern ab. Mit dem schweren Rucksack kam ich kaum voran, doch dann sah ich endlich die *Cow-Creek*-Hütte, wo ich übernachten wollte. Ich stolperte den steilen Hang zur Hütte hinunter. Patschnass vom Regen und den Flussüberquerungen öffnete ich schließlich die Tür und war glücklich, als ich den kleinen Raum betrat. Es gab vier Betten, einen kleinen Kanonenofen und an der Wand stand auf einem Schild „*Welcome to the Waimangaroa Hilton*“ – die Hütte erschien mir wirklich wie ein tolles Luxushotel. Endlich im Trockenen! Ich heizte den Ofen ein, zog meine nasse Kleidung aus und fiel nach einem Stück Brot selig ins Bett.

Gut erholt brach ich am nächsten Morgen zeitig auf. Im Eilschritt wanderte ich das Tal entlang, bis ich zu einer Hängebrücke kam, die eine tiefe Schlucht überquerte. Anfänglich war ich noch begeistert gewesen über die beeindruckende Konstruktion, doch als ich schwankend in der Luft hang und das Netz der Brücke auch noch große Löcher aufwies, schwand meine Begeisterung sehr schnell. Bitte jetzt bloß keine Sturmböe! Ich tänzelte weiter. Geschafft!

Auf der anderen Talseite stellte ich meinen Rucksack ab und machte eine Pause. Nach einigen Minuten sah ich hinter den Sträuchern einen Wanderer mit einem großen Rucksack vorbeigehen und rief ihm ein lautes „Hej!“ zu. Es kam ein etwas zögerliches „Hello“ und „Wo bist du?“ zurück. „Hinter dem Strauch, komm doch her!“, rief ich. Er stellte sich vor: „Hi, ich bin Joe aus Venice Beach“. „Ach, Venice Beach, da bin ich doch vor einem Jahr vorbeigewandert, auf dem *California Coastal Trail.* Ich heiße Gregor und komme aus Österreich.“ Joe erzählte, dass er gerade das *Southern Crossing* – die südliche Durchquerung – durch die *Tararuas* hinter sich gebracht hatte und tagelang schon keinen Menschen mehr getroffen hatte. Nun waren wir beide froh, dass wir unsere Geschichten und Müsliriegel teilen konnten. Wir entschieden, gemeinsam weiterzugehen, warfen aber vorher noch einmal einen Blick auf die Landkarte: „Der Weg macht hier einen großen Umweg. Sollten wir ihn nicht besser abkürzen? Am besten da unter uns gleich über die Wiese?“, meinte Joe. „Abkürzung? Das hört sich zwar gut an, aber aus meiner Erfahrung weiß ich, dass Abkürzungen in den seltensten Fällen funktionieren. Auf meiner ganzen Tour haben vier von fünf Abkürzungen länger gedauert oder waren gefährlicher als der vermeintlich längere Normalweg“, gab ich zu bedenken. „Das ist ja interessant“, warf er ein. „Das sind eben meine Erfahrungen mit Abkürzungen. Genauso wie im Leben funktionieren sie auch beim Wandern nicht immer, aber wir können es versuchen, vielleicht klappt es diesmal.“

Wir wanderten los, doch bereits nach einigen Minuten standen wir vor einem felsigen Abhang und mussten steil zur Wiese hinunterklettern. Unten angekommen führte unser Weg durch eine Weide mit wilden Stieren und während wir ruhigen Schrittes voran gingen, äußerte Joe seine ersten Bedenken in Bezug auf unsere Abkürzung: „Ich bin gespannt, was da noch auf uns zukommt.“ Bald folgten wir den Gleisen einer Bahnlinie und kurze Zeit später kamen wir zu einem breiten Fluss. Die Schwellen und Gleise führten ohne Unterbau über die reißenden Fluten und daher machten große Zwischenräume unser Vorwärtskommen schwierig. Wir mussten aber trotzdem schnell laufen, denn ein Zug durfte uns auf der eingleisigen Brücke nicht überraschen. Auf der anderen Seite des Flusses angekommen, fielen wir uns in die Arme und lachten über die vermeintliche Abkürzung, die am Ende wieder einmal viel schwieriger als der Wanderweg auf der Staubstraße war – aber wir lernten ein für alle Mal, dass Abkürzungen im Leben nicht immer die beste Idee waren.

Joe fuhr schließlich mit dem Zug nach Wellington und ich wanderte alleine weiter. Bald führte die Straße steil einen Berg hinauf. Oben verschwand sie in einer dichten Regenwolke und fast schien sie im Himmel zu enden. Es schüttete und ich hörte Radio. Trotz der Misere trugen mich meine Gedanken in eine andere Welt, klang doch französische Akkordeonmusik aus meinen Kopfhörern und ich träumte von einem gemütlichen Abendessen mit Freund_innen in einem netten Bistro in Paris. Dabei vergaß ich ganz auf den Regen. Viele der vorbeifahrenden Autofahrer_innen winkten mir zu und einer schaltete sogar das Blaulicht ein. Abends erreichte ich das *Summit Café* auf der Passhöhe. Der Besitzer hatte mich in die warme Stube eingeladen, servierte mir Tee und Kuchen und ich konnte mich von den Strapazen der letzten Tage erholen.
Am nächsten Morgen schüttete es in Strömen, aber ich wanderte trotzdem los, denn ich hatte eine große Sehnsucht, in Wellington anzukommen. Die letzten zehn Kilometer waren ein unbeschreibliches Erlebnis, lief ich doch wie in Trance. Meine Füße schienen sich wie eine Maschine zu bewegen und mir war, als ob ich neben mir herflog und mich selbst beobachtete. Ich wanderte das Meer entlang, die Sonne schien und die Möwen führten mir ihre akrobatischen Flugkünste vor. Voller Freude kam ich nach Wellington. Die Ankunft war wie ein Nachhauskommen und ich verspürte ein ganz anderes Gefühl als noch vor ein paar Monaten, als ich gebrochenen Herzens die Stadt verlassen hatte. Neuseeland wurde immer mehr zu meiner Heimat.
Als ich in Wellington ankam, hatte ich bereits ein halbes Jahr in Neuseeland verbracht und auf meinen Wanderungen einen guten Einblick in das Land bekommen. Trotz seiner Abgeschiedenheit vom Rest der Welt schien Neuseeland in den vergangenen Jahrzehnten in vielen Belangen eine Vorreiterrolle gespielt zu haben. Bis in die frühen 80er-Jahre war es ein Wohlfahrtsstaat par excellence gewesen und hatte eine sehr ausgeglichene Gesellschaftsstruktur aufgewiesen. Roger Douglas, Finanzminister unter David Lange, bereitete dieser Politik durch den Umstieg auf eine neoliberale Wirtschaftsordnung, die kaum drastischer ausfallen hätte können, jedoch ein jähes Ende. Diese sogenannten *Rogernomics* waren bald auf der ganzen Welt als „das Experiment" bekannt, hatten sie doch zum Ziel, den Sozialstaat wie mit einem Brecheisen zu zerschlagen. Roger Douglas unterwanderte den Gemeinschaftsgeist und versuchte, eine individualistische Gesellschaft zu formen. In der Folge ging die Schere der Ungerechtigkeit drastisch auseinander. Was war von dem ausgeprägten Gemeinschaftsgefühl der Neuseeländer_innen übrig geblieben?

Auf einem Auto las ich folgenden Aufkleber, der die Lage wohl recht treffend beschreibt: *Folge mir nicht, ich weiß auch nicht, wohin der Weg führt.* Dieses Verlorensein der Gesellschaftsstrukturen hatte ich oft erlebt. Viele Neuseeländer_innen flüchteten daher in Drogen, rauchten Marihuana oder nahmen starke Designerdrogen, um zu vergessen. Beliebt war auch die Flucht in die Schein- und Parallelwelt des Fernsehens. David Lange, der ehemalige neuseeländische Premierminister, hatte erklärt, warum dieses Verhalten von der Regierung sogar noch gefördert wurde: „Früher machten sich die politischen Führer unseres Landes Sorgen, dass die Bevölkerung aufbegehren könnte, aber nun ist dies nicht mehr nötig. Die Menschen haben das Fernsehen und protestieren nicht mehr. Wir geben ihnen einfach mehr Fernsehkanäle und sie beruhigen sich." Viele Neuseeländer_innen saßen daheim im Wohnzimmer, schauten fern und ließen sich manipulieren, während draußen das Leben geschah. Es war faszinierend, wie weit verbreitet das Fernsehen mittlerweile geworden war. Ob an einem abgelegenen Fjord in Neuseeland, in einem Dorf hoch oben in den Anden oder auf dem Großbildschirm in einem US-amerikanischen oder europäischen Haushalt, überall auf der Welt wurde vor allem eine Hauptbotschaft gesendet: „Kauft!"
Aber stopp – dieser Manipulation kann ein Ende bereitet werden! Wie wäre es mit einem mutigen Schritt: Fernseher weg, vielleicht bei dieser Gelegenheit auch gleich Handy weg und Auto weg? Zumindest einmal für einen Monat. Dabei könnten wir beobachten, wie sich unser Leben entwickelt. Eine verrückte Idee? Nein, denke ich nicht, denn manchmal erfordert es im Leben drastische Schritte, um aus dem gewohnten Trott auszubrechen und neue Wege entdecken zu können.

Die meisten Menschen sind Sklaven von Verschiedenem,
zum Beispiel Komfort.
(Silvino Alves da Silva Neto)

Die Illusion hatte in Neuseeland mittlerweile System: Eine Werbung schrieb sich in meinen Gedanken fest. Ich entdeckte sie in einem *National Geographic.* Auf einem Foto war ein einsamer Fjord abgebildet und darunter standen die Worte: *100 % natürliches Neuseeland.* Teile der Nord- und Südinsel mögen diesem Ideal durchaus noch entsprochen haben, aber die Realität lief dem Werbetext oft völlig zuwider: Ein Großteil der Flüsse war von der industriellen

Landwirtschaft verschmutzt, endlose Föhrenwald-Monokulturen, die auch mit genetisch veränderten Setzlingen bepflanzt wurden, entzogen dem Boden die letzten Nährstoffe und das Holz wurde auch noch mit giftigen Chemikalien wie Zyanid behandelt, sodass es nicht so schnell verwitterte. Sondermüllgesetze waren zahnlos oder kaum vorhanden, der Energieverbrauch in den Haushalten war wegen der schlechten Isolierung der Häuser im Durchschnitt dreimal so hoch wie in Mitteleuropa und die Neuseeländer_innen hatten pro Einwohner_in die meisten Autos auf dieser Welt – sogar noch mehr als die US-Amerikaner_innen. Das *100 % natürliche Neuseeland* war ein Mythos.
Wie kann wieder ein Gleichgewicht zwischen Natur und Mensch hergestellt werden? Mit der Bereitschaft, Verantwortung für das eigene Handeln zu übernehmen, und im bewussten Wahrnehmen der Schönheit unserer Welt. Wie hatte es doch Alice Walker, eine afro-amerikanische Schriftstellerin, treffend beschrieben: *„Alles was wir lieben, kann gerettet werden.“*

IN DIE WILDNIS

Wer Angst hat, scheitert.
(Mahatma Gandhi)

Ich machte mich auf in den Süden Neuseelands. Der Weg führte vorbei an schroffen Bergen, durch einsame Täler und wilde Urwälder, entlang reißender Gebirgsbäche und zu abgelegenen Fjorden. Dabei folgte ich alten Handelsrouten der Maori, auf denen sie Jadesteine von der Westküste über die Berge getragen hatten. Der Geist jener, die schon vor mir gegangen waren, begleitete mich.
Die Wanderung auf der Südinsel war eine sehr intensive Geherfahrung, denn ich war jeden Augenblick ganz präsent, erforderte doch der Weg meine volle Konzentration. Unterwegs in die abgeschiedenen Täler folgte ich den Flussläufen und wechselte dabei immer wieder von einem Ufer zum anderen, denn die dichte Vegetation, aber auch ausgedehnte Sümpfe oder schroffe Felsen erlaubten es nicht, immer auf derselben Seite zu bleiben. Für die Flussüberquerungen gab es kaum Brücken und ich musste immer zuerst eine geeignete Stelle finden, wo das Wasser nicht zu tief und die Strömung nicht zu stark war. Trotzdem trat bei fast jeder Überquerung mindestens eine Problemstelle auf.

Der blaue See in der Gegend von Nelson Lakes

Auf meinen Wanderstock gestützt, blieb ich dann mitten im reißenden Wildbach stehen und beobachtete, wie ich am besten weitergehen sollte. Anfangs war ich angespannt, aber wenn ich spürte, dass die Ruheposition kaum Kraft kostete, da mein Wanderstock mir eine große Last abnahm, konnte ich den Augenblick richtig genießen. Rings um mich rauschte der Wildbach und das eiskalte Wasser floss um meine Beine. Dabei war mir oft, als lade mich der Bach energetisch auf. Sobald ich wieder genug Kraft gesammelt hatte, suchte ich mir einen guten Weg, wie ich aus dem Wildbach hinauskommen konnte.

Je näher ich auf meiner Wanderung dem Talschluss kam, umso schmäler wurde der

Eine der schwierigen Flussüberquerungen, bei denen mir das Wasser bis zur Hüfte stand

Unterwegs in einem der unberührten Täler

Wildbach und die Überquerungen waren einfacher, aber wenn ich erst einmal auf dem Pass angelangt war und auf der anderen Seite wieder das Tal hinabstieg, folgte ich zuerst einem kleinen Bächlein, das aber schnell zu einem rauschenden Fluss anwuchs. Dabei bildeten sich immer wieder Sorgenfalten auf meiner Stirn, vor allem wenn sich riesige Flüsse aus einem Seitental mit dem Fluss, den ich entlangwanderte, vereinten. Mitunter musste ich in diesem Fall mehrere Arme hintereinander überqueren und eines war gewiss: Bei sechs oder sieben Armen war mindestens einer dabei, der nicht nur tief war, sondern auch eine ordentliche Strömung aufwies. Diese wirbelte mich dann umher und ich kam erschöpft auf der anderen Seite an.
Die magische Landschaft entschädigte aber für die Strapazen. Ich wanderte durch Wälder wie aus einem Feenmärchen, wo lange Moosfäden vom Stamm der Bäume hingen, wo immer wieder vereinzelte Baumriesen majestätisch neben dem Weg wuchsen und der Wald in vielen Farben wie in einer Zauberwelt leuchtete. Ich fühlte mich so voll und ganz bei mir, im Hier und Jetzt und nirgendwo anders.

Abends war ich immer überglücklich, wenn ich es zu einer der Hütten geschafft hatte, die jede_r gegen einen geringen Jahresbeitrag beim neuseeländischen Naturschutzbüro benutzen durfte. Dort konnte ich mich ausruhen und Kräfte für den nächsten Tag sammeln. Manchmal waren es kleine Hütten, die nur für vier Leute Platz boten, andere Male übernachtete ich in großen Holzhütten mit einem offenen Kamin, für ein romantisches Feuer am Abend. In einigen Hütten gab es sogar eine kleine Bibliothek, wieder andere standen neben warmen Quellen und eine Hütte am Ende der Welt hatte sogar eine eigene Sauna. Meistens waren die Hütten nur einfach gebaut, aber sie hatten eben alles, was ich brauchte: ein Dach, um den Regen abzuhalten, ein Bett mit Matratze und meist auch einen kleinen Ofen, der eine wunderbare Wärme spendete. Eine der einsamsten Berghütten in ganz Neuseeland, an der ich vorbeiwanderte, war die *Dunns-Creek*-Hütte unterhalb des Newton-Sattels. In 2½ Jahren hatten hier gerade mal 45 Wanderer_innen genächtigt, was mich nicht wunderte, denn die Hütte lag so abgelegen und war umgeben von einer dichten Wildnis, dass sie nur unter großen Anstrengungen zu erreichen war. Dafür fand ich aber in der Hütte auch das spannendste und lustigste Hüttenbuch auf meiner Wanderung, denn fast alle, die es bis dorthin geschafft hatten,

Die Urwälder der Südinsel

waren mit Grenzerfahrungen konfrontiert gewesen. Hier ein kurzer Auszug aus dem Buch:
Dan Crone aus Wisconsin schrieb: „Mein Geist reicht hinauf zu den Sternen und in mein innerstes Selbst hinein. Warum bin ich hier? Warum gebe ich meinem Körper nicht genug zu essen? Warum bin ich nicht zu Hause? Die Motte, welche um die flatternde Flamme der Kerze fliegt, erzählte mir: ‚Der rationale Geist ist nicht die Quelle neuer Erkenntnis. Er kann neue Erkenntnisse zwar aufnehmen, aber unternimmt von sich aus nicht den Versuch, Neues zu lernen. Er katalogisiert und vergleicht. Er sieht nur, was er bereits in sich enthält.‘ So spazierte ich hinunter zum Bach, um den Fluss des Wassers zu erfahren. Als ich es sah, wie es über Stock und Stein floss und dann seine Reise fortsetzte, erkannte ich, das Geheimnis des Ringens ist es, obenauf zu bleiben. Das Wasser fließt nicht durch, sondern über den Stein." Diese Worte veranlassten wiederum einen anderen, daneben in großen Lettern „Schwachsinn" zu schreiben, was aber von einem ihm nachfolgenden Wanderer durchgestrichen und mit dem Kommentar „Sehr gut gesagt" versehen wurde. Es wurden also auch einige Querelen im Hüttenbuch ausgetragen.
Weil er offensichtlich viel Zeit hatte und es auch noch genügend freie Seiten im Hüttenbuch gab, schrieb jemand einen halben Roman, und am Ende notierte er als P. S. folgende Zeilen: „Es tut mir leid, dass ich so viel Platz für meine Geschichte beansprucht habe, aber machen wir uns doch nichts vor ... zu dem Zeitpunkt, an dem dieses Hüttenbuch vollgeschrieben ist, sind wir sowieso schon alle tot. Habt einen schönen Aufenthalt."
Ein schottischer Wanderer notierte: „Bin ich gar der erste Schotte in dieser Hütte? Dachte denn keiner von euch, dass der Weg von Taipo herauf die Hölle auf Erden war? Als ich die Hütte sah, war es, als ob ich einer längst vergangenen Liebe begegnen würde." Dabei war der Aufstieg von Taipo zum Dunns Creek noch der einfachste Weg, um zur Hütte zu gelangen!
Ein anderer schrieb: „Ich kam spät am Abend an, nachdem ich vom Newton-Sattel und Newton Creek geschlagen und verprügelt wurde. Ich bin völlig am Ende. Ich brauchte zwölf Stunden, um hierherzukommen" – ein Vorgeschmack auf das, was mir am nächsten Wandertag bevorstand.
Welch verrückter Wandertag – ich machte keine einzige Pause und brauchte trotzdem zwölf Stunden für sechs Kilometer. Der Weg über den Newton-Sattel wurde zum Überlebenskampf. Immer wieder glaubte ich, das Schlimmste sei schon vorbei und es könne nicht mehr schlimmer kommen, doch es kam

Der „Wanderweg" folgte dem Bachbett des Dunns Creek.

schlimmer. Zuerst wanderte ich im Bachbett des Dunns Creek in Richtung Sattel. Der Weg verlief im Wildbach und führte über Wasserfälle und riesige Steine. Manchmal versuchte ich neben dem Flusslauf zu gehen, doch das Lederholz war so dicht, dass an ein Durchkommen kaum zu denken war. Ich steckte fest und war dann fast schon wieder froh, dass ich im Wildbach wenigstens nicht hängen blieb, sondern nur patschnass wurde. Das Wasser war eiskalt! Der letzte Anstieg auf den Sattel folgte einem extrem steilen Grashügel. Der Rucksack zog mich bei jedem Schritt nach unten, doch ich wollte hinauf. Nur nicht aufgeben! Oben angekommen, gönnte ich mir ein Stück Schokolade. Herrlich!
Auf der anderen Seite des Passes gab es riesige Wasserfälle. Es war richtig furchteinflößend, oben zu stehen und hinunterzublicken. Ich hatte keine Ahnung, wie um alles in der Welt ich da hinunterkommen sollte. Ob ich nun patschnass wurde oder auf den glitschigen Felsen ausrutschte, ob der Rucksack auf die Schultern drückte, ich wollte nur mehr überleben, alles andere war mir egal. Als ich endlich vor der *Newton-Creek*-Hütte stand, konnte ich es

kaum glauben und freute mich aus vollem Herzen, dass ich diese Wanderung überstanden hatte! Auf dem einsamen Weg sah ich neun von den seltenen Blauen Enten, den Whios, und am Pass oben blühten Hunderte Edelweiß, sodass es gar nicht so einfach war, sie nicht niederzutrampeln. Ich war einem der einsamsten und am wenigsten begangenen „Wanderwege“ Neuseelands gefolgt und war nur noch müde.

Fast drei Wochen lang führte der Weg durch die Wildnis und danach hatte ich richtiggehend Schwierigkeiten, wieder in die sogenannte Zivilisation zurückzukehren: Autos, Beton, die Konsumwelt und eine andauernde Geschäftigkeit prägten das Leben. Ich wollte zurück in die Berge, doch vorerst musste ich der Küstenstraße folgen. Die Landschaft war wunderschön, aber ich stellte ein für alle Mal fest, dass Straßen gefährlich und monoton und nicht zum Wandern geeignet waren. Trotzdem wurde der Straßentrott mitunter auch von großartigen Überraschungen unterbrochen: Ein Mann mit einem grauen Rauschebart hielt sein Auto an, hüpfte heraus und schrie laut „Goisern!“ Er kam vom Wolfgangsee, der nicht weit von meiner Heimat entfernt war, und hatte in der Lokalzeitung von meiner Weltenwanderung gelesen. Er hatte sich gedacht, ich käme aus Bad Goisern, dem Nachbarort von Bad Ischl. Wir freuten uns beide so sehr über diese unerwartete Begegnung, dass wir uns umarmten. Wolfgang, so hieß er, reiste in Begleitung seines Sohnes Max durch Neuseeland, und da sie in dieselbe Richtung fuhren, in die ich unterwegs war, nahmen sie meinen Rucksack im Auto mit. Im nächsten Ort trafen wir uns wieder und feierten unsere unerwartete Begegnung.

Edelweiß auf dem Newton-Sattel

Mein Weg führte mich nach Happy Valley, einem wunderschönen Hochmoor, das einem großflächigen Kohletagbau weichen sollte. Für ein paar Tonnen

Frühstück im Happy Valley, zusammen mit meinen Freund_innen, die das Tal besetzten

Kohle und viel Profit plante *Solid Energy* dieses Kleinod und Habitat bedrohter Tierarten in ein Ödland zu verwandeln. Freund_innen von mir hatten ein kleines Zeltlager im Tal aufgebaut und versuchten durch ihre Präsenz, den Bau der Mine zu verhindern. Ich wollte sie unterstützen. Der Weg dorthin folgte wilden Schluchten und überquerte ein weitläufiges Karsthochland. Die Landschaft wurde immer magischer und nach einigen Stunden der Wanderung breitete sich das Tal von Happy Valley vor uns aus.

In den letzten Jahren war aus der *Save-Happy-Valley-Campaign* eine der erfolgreichsten Besetzungen Neuseelands geworden. Seit über drei Jahren verhinderten Umweltaktivist_innen und Wissenschaftler_innen die Errichtung der Kohlemine, indem sie tagaus, tagein bei Wind und Wetter vor Ort waren und immer wieder durch Aktionen auf die Bedeutung des Schutzes des Hochmoors aufmerksam machten.

Mein Freund Strype und ich wanderten zusammen nach Happy Valley. Als ich im Camp ankam, spürte ich den guten Geist, der von diesem Ort ausging. Wir teilten zusammen mit den Aktivist_innen ein wunderbares Abendessen, während in unserer Mitte das Lagerfeuer brannte und sich unter unserem Camp das Happy Valley erstreckte. Ich hatte nur einen Wunsch: zu bleiben. Am nächsten Tag begannen wir, eine Küchenhütte aus Schwemmholz zu bauen. Nach der erledigten Arbeit gingen wir alle zusammen in einer Schlucht schwimmen. Wir nahmen ein Sonnenbad auf den großen Steinen und hüpften von hohen Felsen in Becken mit glasklarem Wasser. In der Nacht hörten wir direkt neben unserem Zelt Kiwis singen und auch die Wekas besuchten uns jeden Tag. Diese den Kiwis ähnlichen Vögel wurden immer frecher, stahlen uns das Essen und zupften mit ihren Schnäbeln an den Saiten der Gitarre, die in der Küche an einem Pfosten hing – aber zumindest sorgten sie stets für eine gute Unterhaltung.

An meinem letzten Tag in Happy Valley bestieg ich noch den Hügel hinter unserem Zeltcamp. Die Abendsonne ging gerade unter und tauchte das Tal in ein magisches Licht. Alles leuchtete und ich spürte, wie schwer mir der Abschied fiel, doch ich spürte, ich würde wiederkommen. Meine Gedanken und meine Seele waren noch lange in Happy Valley.

Weiter im Süden begegnete ich wieder Simon und Andi, den beiden Deutschen, die ich bereits unweit von Cape Reinga getroffen hatte, und wir wanderten zusammen in die Berge. Zuerst folgten wir einsamen Pfaden durch den *Mount-Aspiring*-Nationalpark – vorbei an Gletschern und beeindruckenden Bergspitzen. Eine fantastische Landschaft begleitete unseren Weg.

Als eines Morgens eine Regenfront aufzog, blieben wir lange in der Hütte und keiner von uns dreien wollte in den Regen hinaus. Simon meinte zu einem Berliner, der wegen des Regenwetters ein bisschen verärgert war: „Nun, es gibt kein schlechtes Wetter, nur eine falsche Ausrüstung." Der Berliner murrte ein „Ja, ja" vor sich hin, als ob er den Ausspruch schon Hunderte Male gehört hätte und es müde war, nochmals darauf hingewiesen zu werden. Daraufhin Simon: „Meine Ausrüstung an Regentagen besteht aus Essen und einem warmen Schlafsack."

Bald verzogen sich die Regenwolken wieder und bei strahlendem Sonnenschein folgte unsere Wanderung einem beliebten Touristenpfad. Dieser war allerdings so populär, dass wir die Hütten schon wochenlang vorher reservieren hätten müssen. Außerdem kosteten sie noch eine Menge Geld. Das wollten wir nicht ausgeben und daher entschieden wir, den besagten *Routeburn Trail,* der auf unserem Weg nach Süden lag, statt in den geplanten drei Tagen einfach in einem Tag zu wandern. Wir hatten aber trotzdem keine Eile und gingen erst um zehn

Im Mount-Aspiring-Nationalpark

Uhr vormittags los. Einige Wanderer, die uns entgegenkamen, versicherten uns, dass unser Unterfangen unmöglich wäre, doch davon ließen wir uns nicht abhalten. Nach zwei Stunden waren wir bereits an der ersten Hütte angelangt und dort hielten wir erst einmal eine ausgiebige Mittagsrast. Von wegen unmöglich! Außerdem war der Wanderweg breit und abschnittsweise sogar mit Stufen versehen, um die Anstiege zu erleichtern. Diesen „Luxus“ hatte ich bisher in Neuseeland noch nie erlebt und so war es auch nicht verwunderlich, dass viele Wanderer_innen unterwegs waren, die sonst eher am Kurfürstendamm oder auf den Champs-Élysées anzutreffen waren. Einige Damen trugen sogar weiße Hosen, viele hatten sich einparfümiert und waren mitunter sogar geschminkt. Dagegen gab es nicht das Geringste einzuwenden, im Gegenteil, ich fand es großartig, dass auch sie in der Natur unterwegs waren – nur waren sie für uns drei, die wir aus der Wildnis kamen, doch eine recht skurrile Erscheinung.
Bei einer der Hütten füllte Andi unsere Wasserflaschen auf. Drei Damen waren gerade in ein Fachgespräch über den Weg verwickelt und schienen kaum Notiz von ihm zu nehmen. Eine der drei in weißer Hose meinte: „Vorhin hätte ich fast den Weg verloren. Da kam ich zu einer Brücke über einen Bach, doch vor der Brücke führte ein schmaler Weg zum Fluss hinunter. Ich wusste gar nicht, wo ich weitergehen sollte.“ Daraufhin die andere: „Ja, ich erinnere mich genau an diese Stelle. Es war wirklich eine sehr unklare Wegführung. Aber weißt du, wenn immer ich eine Brücke sehe, dann gehe ich einfach über die Brücke.“ Was für eine Weisheit! Aber dann gab auch noch die Dritte im Bunde ihre Meinung dazu ab: „Wenn ich mir unsicher bin, wohin der Weg führt, gehe ich im Zweifelsfall geradeaus, nur immer geradeaus, immer geradeaus.“ Andi konnte sein Lachen kaum mehr unterdrücken und stahl sich schnell mit einem freundlichen „Good bye, Ladies“ davon. Er hörte gerade noch, wie eine Dame zu den anderen meinte: „Oh, der roch aber verschwitzt.“ Wir waren wirklich nicht von oben bis unten mit französischem Parfüm eingesprüht. Simon meinte, wir hätten eben unser eigenes Parfüm dabei – das von der Marke *Holzknecht männlich, herb,* nun sogar in zwei verführerischen Duftnoten erhältlich: *kalter Schweiß* und *Doppelachsel.*
Die letzten Kilometer des *Routeburn Trails* wanderten wir im Dunklen, doch der Weg war so breit, dass wir kein Licht brauchten: das vermeintlich Unmögliche war geschafft.
Das südlichste Stück meiner Neuseelandwanderung führte durch Fjordland zum abseits gelegenen Duskysound. Dieser Weg war wieder sehr anspruchs-

Am Duskysound

voll und wild, daher war ich froh, dass mich Simon weiterhin begleitete. Bei manchen Flussüberquerungen reichte uns das Wasser bis zum Hals und einmal war die Strömung so stark, dass wir es mit unseren Rucksäcken am Rücken nicht zum anderen Ufer geschafft hätten. Daher legten wir einen umgefallenen Baum über den reißenden Fluss. Ich hüpfte in die Fluten hinein, hielt mich am Baumstamm fest und erreichte das andere Ufer. Drüben angekommen, warf ich eine Reepschnur zu Simon hinüber und zog mit ihr unsere Rucksäcke über den Fluss. Zum Glück hielt der Plastiksack, in dem ich meine ganze Ausrüstung verpackt hatte, dicht. In der Früh hatte ich ihn nochmals kontrolliert und festgestellt, dass in der Nacht eine Maus ein großes Loch hineingebissen hatte. Sie war auf der Jagd nach einer Tafel Schokolade in meinem Rucksack gewesen und hatte nicht nur diese angebissen, sondern sich durch meinen wasserdichten Sack gefressen. Hätte ich das Loch nicht gestopft, wäre der Inhalt meines Rucksacks komplett nass gewesen. Glück gehabt! Wegen des Dauerregens wurden nicht nur die Flussüberquerungen zunehmend schwieriger, sondern auch der Wanderweg stand bis zu einem halben Meter unter Wasser. Einmal schwamm sogar ein großer Aal auf unserem Weg: Im Zweifelsfall war der Weg also dort, wo das meiste Wasser stand! Draußen am Duskysound waren wir am Ziel angekommen. Ich hatte Neuseeland in seiner gesamten Nord-Süd-Länge durchquert und war vorerst am Ende meiner Weltenwanderung angelangt. Das war ein unbeschreibliches Gefühl! Freude darüber, die Tour geschafft zu haben, vermischte sich mit einer großen Dankbarkeit für die vielen unvergesslichen Erlebnisse und auch mit einer gewissen Sentimentalität, dass die Wanderung vorerst beendet war.

Wir stellten uns an den Straßenrand und stoppten nach Norden. Ich wollte die Reise langsam ausklingen lassen und wanderte zusammen mit Simon noch einmal für zwei Wochen nach Happy Valley. Wir besuchten auch Freund_innen in der Golden Bay, Wellington und Auckland. Während Simon mit dem Segelschiff nach Australien weiterreiste und seine Weltreise fortsetzte, bestieg ich ein Frachtschiff in Richtung Amerika.

Der Abschied von Neuseeland fiel mir sehr schwer: Ich hatte ein Jahr in *Aotearoa* verbracht und viele großartige Freunde kennen gelernt. Doch nun spürte ich trotzdem, dass es an der Zeit war, zu gehen. Ich stand hoch oben auf der Brücke des Frachtschiffs und blickte zurück nach Auckland. Langsam verschwand die Skyline der Stadt in der Ferne und der Kapitän hielt Kurs auf San Francisco.

DU MUSST DAS LEBEN NICHT VERSTEHEN …

Genauso wie die Wolken am Himmel nicht bemerken, dass der Wind sie weiterbläst, sind wir Menschen uns des ständigen Flusses der Zeit nicht bewusst.
(Devamrita Swami)

Mein Blick reichte hinauf zum Sternenhimmel. Es war eine klare Nacht. Rings um mich erstreckte sich die Weite des Pazifiks. Das dunkle Wasser bildete einen starken Kontrast zu den hellen Sternen. Die Wellen rauschten, der Wind blies mir ins Gesicht und noch ein letztes Mal sah ich das „Kreuz des Südens“. Ein Jahr lang hatte es mich auf meinem Weg begleitet. Nun überschritten wir bald den Äquator und wer weiß, wann ich es wieder sehen würde. Fast wehmütig blickte ich hinauf, nahm Abschied und ging dann in meine Kabine, um

zu schlafen. Als ich am nächsten Morgen aufwachte, schien mir bereits die Sonne ins Gesicht. Wir waren wieder zurück auf der Nordhalbkugel. Mein geliebtes *Aotearoa* rückte mit jeder Umdrehung der Schiffsschraube in weitere Ferne.
Tagelang waren wir durch die Südsee gekreuzt, bis wir uns schließlich der Bucht von San Francisco näherten. Bereits stundenlang vor unserer Ankunft war der Nebel so dicht, dass ich nicht einmal den Bug unseres Schiffes ausmachen konnte. Jede Minute ertönte unser Schiffshorn und unweit der *Golden Gate Bridge* war das Konzert perfekt: In allen Tonlagen und aus allen Richtungen dröhnten die Nebelhörner. Auf einmal riss der Nebel auf und die Skyline von San Francisco trat langsam aus dem Nebelmeer hervor. Die Abendsonne schien mir ins Gesicht, Möwen flogen neben unserem Schiff her und ich genoss den magischen Augenblick.
In San Francisco stieg ich in den Zug nach Chicago ein. Während ich im *California Zephyr Express* saß, zog langsam die Landschaft an mir vorbei. Ich entdeckte schroffe Berge, wilde Schluchten und reiste durch die Weite der Prärie. Als die Abendsonne über Nevada unterging und die endlose Steppe am Fenster vorbeizog, begann ich in einem Buch über buddhistische Philosophie zu blättern. Ich las folgende Worte: „Viele von uns glauben, das Glück im Leben läge außerhalb unserer selbst. Wir suchen nach einem Freund oder einer Freundin, mit der wir in Liebe unser Leben teilen können, wir streben nach einer erfolgreichen Karriere, wir wollen in einem schönen Haus leben. Sind diese Sehnsüchte erst einmal befriedigt, so glauben wir, zufrieden zu sein. Oft stellen wir fest, dass diese Wünsche aber einfach nur wieder von neuen abgelöst werden." Ich tappte auch immer wieder in dieselbe Falle, aber nun versuchte ich mich zu erinnern, in welchem Augenblick ich die schönsten Stunden im Leben hatte: Wenn keine Wünsche mein Denken beherrschten. Ich war glücklich, wenn ich einige Stunden mit Freunden teilen konnte, ohne dass ich daran dachte, ob wir uns je wieder sehen würden; ich fühlte eine tiefe Zufriedenheit, wenn ich vor einem uralten Baum stand und dessen Kraft auf mich wirken ließ; ich freute mich, wenn ich am Bug des Schiffs stand, der Wind mir die Gischt ins Gesicht blies und ich auf die Weite des Ozeans blickte. Jananananda Goswami, ein Mönch und guter Freund, teilte mit mir einmal seine Erfahrungen: „Wünsche mögen kommen, aber ich versuche, ihnen keine Beachtung zu schenken. Der Verstand versucht mir zu sagen, dass diese Wünsche Teil meiner Identität sind, doch ich schenke ihnen

kein Gehör. Ich bin schließlich nicht mein Verstand. Langsam kann ich so den Verstand zu meinem Freund machen. Ich kann meine Gedanken reinigen, selbst rein werden und bin dann nicht mehr getrieben von einem ständigen Ansturm neuer Wünsche.“

Der Zug fuhr in die Nacht hinein. Noch immer zogen die Telegrafenmasten am Fenster vorbei und mit jeden Masten rückte meine Heimkehr nach Österreich näher. Geschichten von der Tour kamen mir in den Sinn und meine Gedanken wanderten in die Weite von Feuerland, hinauf zu den schneebedeckten Bergen der Anden, zu den kalifornischen Highways und in die Urwälder Neuseelands. Begegnungen mit Menschen tauchten schemenhaft auf und ich konnte kaum glauben, dass ich all diese wunderbaren Erfahrungen erleben durfte. Das waren drei sehr intensive Lebensjahre, die gerade zu Ende gingen und Raum für einen neuen Lebensabschnitt schufen. Bald würde ich zurück sein. Zurück! Was hieß eigentlich zurückkommen?

Du musst das Leben nicht verstehen,
dann wird es werden wie ein Fest.
Und lass dir jeden Tag geschehen
so wie ein Kind im Weitergehen von jedem Wehen
sich viele Blüten schenken lässt.

Sie aufzusammeln und zu sparen,
das kommt dem Kind nicht in den Sinn.
Es löst sie leise aus den Haaren,
drin sie so gern gefangen waren,
und hält den lieben jungen Jahren
nach neuen seine Hände hin.
(Rainer Maria Rilke)

HEIMKEHR UND AUFBRUCH

Verwende auf das Ende genauso viel Sorgfalt wie auf den Anfang.
(Lao Tse, Tao Te King, 64)

Ich packte meinen Rucksack nicht aus, stellte ihn zu Hause bloß in die Ecke und reiste gleich ins Waldviertel weiter. Ich war es gewöhnt, unterwegs zu sein. Mit Freund_innen saß ich bis in die frühen Morgenstunden um das Lagerfeuer und wir tauschten Geschichten aus. Ich erzählte von meinen Erfahrungen auf der Weltenwanderung, zeigte Unterschiede, Gegensätze und Gemeinsamkeiten der Kulturen auf und sprach von meinem Traum, die verschiedenen Welten miteinander zu verbinden: Verbindungen herstellen, nicht zu trennen, die Menschen zusammenzuführen, Gemeinsamkeiten suchen – mit dem konnte ich mich am besten identifizieren. Mein Gefühl von Heimat hatte sich in den drei Jahren der Wanderung gewandelt. Ich verband Heimat nicht mehr mit einem bestimmten Ort. Sie konnte überall sein, wo ich mich mit guten Freunden austauschen konnte, und diese habe ich auf meiner Wanderung in jedem Land gefunden.

Ich versuchte, mich wieder in die Gemeinschaft zu integrieren, doch bald beschleunigte sich mein Leben so sehr, dass ich nicht mehr wusste, wo mir der Kopf stand. Beim Gehen war ich immer nur mit dem nächsten Schritt beschäftigt gewesen und dieser hatte meine ganze Aufmerksamkeit in Anspruch genommen. Als ich jedoch heimkam, wurde ich wieder in das schnelle Alltagsleben hineingeworfen. Ich nahm gleich eine Arbeit in der *Waldviertler*-Schuhwerkstatt an, obwohl ich mich noch sehr nach der Freiheit und Klarheit des Unterwegsseins sehnte. Ich war es auch gewöhnt, Entscheidungen alleine treffen zu können und Selbstverantwortung für mein Handeln zu übernehmen, denn sonst hätte ich den Weg um die halbe Welt nicht geschafft – doch im Arbeitsleben waren oft ganz andere Charakterzüge gefragt. Es dauerte eine ganze Weile, bis ich mir eingestand, dass mich die Tour völlig verändert hatte und ich nun nicht mehr so weitermachen konnte wie zuvor. Mir kam es auch seltsam vor, wenn an einem schönen Herbsttag meine Kolleg_innen ohne Widerrede im Büro saßen und arbeiteten, während ich sehnsüchtig beim Fenster hinausblickte und mich fragte: „Was um alles in der Welt machst du hier vor dem Computerbildschirm? Der Sonnentag geht vorbei und kommt nie wieder!" E-Mails von Chrigu, Igel und Paola, Miriam und Philippe, die mit Fahrrädern auf der *Panamericana* unterwegs waren, erreichten mich. Ihre Erzählungen katapultierten mich in eine andere Welt und erinnerten mich daran, dass ich meiner innersten Bestimmung treu bleiben sollte – doch irgendwie hatte ich das Gefühl, ich mache das nicht mehr. Meiner Intuition folgte ich auch immer seltener, bis diese langsam verschwand. Ich kann mich noch sehr gut erinnern, wie ich nach meiner Wanderung wieder das erste Mal in ein Auto gestiegen bin und mit einem Freund mitfuhr. Obwohl er nur mit 80 oder 90 km/h unterwegs war, hielt ich mich verängstigt am Armaturenbrett fest. Die Autofahrt war viel zu schnell für mich und meine Intuition sagte mir, dass es einfach völlig verrückt war, mit dieser Geschwindigkeit durch das Leben zu rasen. Als ich jedoch ein weiteres Mal mitfuhr, war die Stimme bereits leiser und verschwand schließlich zur Gänze. Nun konnte ich zwar wieder mit dem Auto unterwegs sein, aber das hatte einen hohen Preis: Die Intuition leitete mich kaum mehr.

Eines Tages stand er vor mir, mit zerzausten Haaren, einem Stoppelbart und in den Kleidern eines Reisenden. Bettina, meine Arbeitskollegin, hatte ihn direkt an meinen Schreibtisch gebracht. Nik kam aus der Schweiz, war Steinmetz-Wandergeselle und seit über zwei Jahren auf der Walz. Er hatte von den guten Schuhen der *Waldviertler*-Schuhwerkstatt gehört und wollte sich ein Paar kaufen. Als er von seinem Vagabundenleben erzählte, schoss mir plötzlich ein Gedanke in den Sinn: „Was mache ich hier? Meine Heimat ist die Welt und nicht der Schreibtisch." Ich entschied, wieder loszugehen.

Vorher wollte ich aber noch durch die Lande ziehen und Diavorträge über meine Weltenwanderung halten. Zuerst dachte ich, dass es vielleicht zehn oder zwanzig Vorträge werden würden, aber sie wurden der volle Erfolg, und ich zeigte meine Diashow über 100 Mal. Ständig reiste ich von einem Ort zum anderen und wieder einmal lebte ich für ein Jahr aus meinem Rucksack. Zwischen den Vorträgen lief ich von einem Radio- und Zeitungsinterviewtermin zum anderen und plakatierte mit meinem Freund Michael, um für die Shows Werbung zu machen. Stets war ich in Kontakt mit vielen Menschen und Tausende Eindrücke strömten auf mich ein. Ich war hin und her gerissen, traf ei-

ne Entscheidung, verwarf sie wieder und nahm sie dann doch wieder auf. Freunde meinten, ich würde „heute so und morgen so sagen", doch es waren sie, die ständig eine Meinung von mir wissen wollten, und ich glaubte, ich müsse immer eine Antwort parat haben.
Mit der Zeit begann ich immer mehr, außerhalb meiner selbst zu leben, und vernachlässigte mein Inneres fast völlig. Wie ein Tintenfisch streckte ich meine Tentakel überallhin aus und konnte mit der Reizüberflutung unserer modernen Gesellschaft einfach nicht mehr umgehen. Ich sehnte mich nach Klarheit und bewegte mich stattdessen immer weiter weg von ihr. Fast hätte ich meinen Weg völlig verloren, aber zum Glück hatte ich vor der Tournee schon die Entscheidung getroffen, wieder auf Pilgerwanderung zu gehen. Im Sommer 2008 zog ich los und wanderte mit Freund_innen entlang der Alpen bis nach Frankreich – dabei kam ich langsam wieder zu mir selbst zurück. Auf dieser Tour sind die großen Anstrengungen aus meinem Wanderleben verschwunden, und mit der neuen Leichtigkeit kam auch mehr Freude in das Leben. Mein Wegbegleiter Martin Weber hatte den Gedanken *Das Leben soll leicht gehen* geprägt. Leicht? Es soll leicht gehen? Das konnte es nicht sein – war ich doch in dem Gedanken aufgewachsen, dass ich mich anstrengen musste, um im Leben erfolgreich zu sein. Mit der Zeit akzeptierte ich aber, dass die Dinge leicht gehen dürfen. Tun sie das hingegen nicht, frage ich nach dem Warum und was ich dazu beitragen kann, dass die Leichtigkeit wieder in mein Leben zurückkehrt?
Ich nehme mir nun bewusst Zeit zum einfachen Leben und lasse mich immer weniger von den vielen gesellschaftlichen Zwängen beherrschen. So lebe ich ohne Auto und ohne Fernseher und freue mich, frei zu sein. Die Freiheit, hingehen zu können, wohin ich will, und Zeit zu haben, ist wunderbar. Das Leben bereitet mir eine große Freude und ich versuche, so gut es geht, mit vollem Vertrauen in die Zukunft zu blicken. Wenn das gelingt, dann geschehen Wunder – jeden Augenblick!
Denkst du, dass der Fluss fließt, weil ihm jemand sagt: „Fluss, fließe nun!"? Denkst du, dass die Elemente machen, was sie machen sollen, und nicht, was sie machen wollen? Wenn du so denkst, dann wirst du nie sehen oder verstehen, was ich damit meine, wenn ich sage: „Ich werde frei sein."
Ich will so frei sein wie ein Fluss – unreguliert und wild. Ich will so schnell und gefährlich sein wie die Stromschnellen im Fluss mit ihren unterschiedlichen Schattierungen und Farben. Ich will sein wie ein Wildbach in seiner Wildheit. (Nadja Awad, 15 Jahre alt, Sana'a International School, Jemen)

NACHWORT ZUR REISE

AUF DER SUCHE NACH DEM EINFACHEN LEBEN

Nie ist zu wenig, was genügt.
(Seneca)

Ich kann mich noch genau erinnern: David und ich fuhren gerade den *Highway No. 1* an der kalifornischen Küste entlang. Wir hatten die Talkshow für *Earth Talk Today* in Los Angeles produziert und David, der Kameramann, brachte mich zurück auf meinen Wanderweg zum *Gaviota State Park*. Er wohnte in der Nähe, und so bot sich die gemeinsame Reise perfekt an. David sprach von der Wahl George W. Bushs zum US-Präsidenten. Als seine erste Amtszeit vom Gericht bestätigt wurde, hatte er die ganze Nacht Henry David Thoreaus *Aufruf zum zivilen Ungehorsam* gelesen und am Ende des Buchs geweint, denn er spürte, dass dunkle Wolken in Washington aufzogen und er nicht viel dagegen machen konnte. Oder doch? Seine Augen begannen zu leuchten, als er seine Erkenntnis mit mir teilte: „Da gibt es noch etwas, das sie uns nie nehmen können. Henry David Thoreau hat einmal die drei wichtigsten Ziele im Leben beschrieben: vereinfache, vereinfache, vereinfache. Wir müssten wieder lernen, einfach zu leben, dann gewinnen wir unsere Freiheit zurück", und er lächelte, während die Sonne wie ein roter Feuerball im Pazifik versank.
Als ich meine Weltenwanderung abgeschlossen hatte und nach Österreich zurückgekehrt war, kamen mir Davids Worte wieder in den Sinn. In den drei Jahren, die ich unterwegs gewesen war, hatte sich meine Heimat verändert: Außerhalb von Bad Ischl mussten schöne Wiesen einem großen Einkaufszentrum mit riesigen Parkplätzen weichen und auch in anderen Orten beobachtete ich ein ähnliches Bild: Einkaufen schien zur Lieblingsfreizeitbeschäf-

tigung geworden zu sein. Der Verkehr hatte rapide zugenommen, immer mehr LKWs rollten durch das Land und die Menschen waren in größeren Autos unterwegs. Mittlerweile hatten viele schon zwei Handys und nicht selten begegnete ich jemandem, der gerade telefonierte, während ein weiteres Telefon in seiner Jackentasche klingelte. Ich beobachtete aber auch, dass viele in Eile und unausgeglichen waren. Unsere westliche Konsumwelt schafft eben nur eine scheinbare Freiheit, hat aber gleichzeitig einen hohen Preis. Eine Frage beschäftigte mich: Wo suchen wir unser Glück?

Dina Dayala hatte mir in Auckland eine Geschichte aus den alten Veden erzählt: „Ein Mann kommt bei einem Apfelbaum am Ufer eines Sees vorbei und möchte gerne einen Apfel essen. Die großen roten Äpfel spiegeln sich auf der Wasseroberfläche und er greift ohne zu zögern ins Wasser, um dort den Apfel zu pflücken – anstatt sich die Mühe zu machen, einen Apfel vom Baum zu ernten. Er versucht sein Glück in der Spiegelung und wird bitter enttäuscht."

Der Apfelbaum ist ein Symbol für unsere Lebensgeschichte: Laut den alten indischen Schriften entspricht das materielle Leben der Spiegelung im See und das spirituelle Leben dem Apfelbaum am Ufer. Beide sind miteinander verbunden, aber wir sehen meistens nur die Spiegelung und versuchen mit ihr die spirituelle Leere in unserem Leben zu füllen. Dieses Unterfangen wird jedoch scheitern, solange wir nicht den Mut haben, zur Quelle zu gehen. Mit der Zeit werden wir häufiger scheitern, das Rad wird sich schneller drehen, die Einsätze werden immer höher werden, doch es wird nichts daran ändern, dass wir den roten Apfel im See nie pflücken können. Schließlich werden wir müde und enttäuscht und stellen uns die Frage: „Wo ist das Glück, wenn es nicht in der Spiegelung ist?", und in diesem Augenblick beginnt eine spannende Reise.

Um diese Reise antreten zu können, müssen wir jedoch frei sein. Die Freiheit erlangen wir am besten, je „leichter" wir in Gedanken und Dingen unterwegs sind: Wenn uns der Arbeitgeber zu immer neuen Höchstleistungen antreibt, obwohl wir schon am Ende unserer Kräfte sind, können wir nur dann unsere Meinung frei äußern, wenn wir keinen Kredit zurückzahlen müssen und keine hohen monatlichen Ausgaben haben, ansonsten sind wir auf die regelmäßigen Einnahmen aus der Arbeit angewiesen und müssen den Anforderungen des Chefs Folge leisten. Sind wir hingegen frei, weil wir einfach leben und mit Wenigem die Erfüllung im Leben finden, dann können wir auch über unsere Zeit und unser Leben freier verfügen. Dabei geht es nicht darum, zu arbeiten aufzuhören, sondern das im Leben zu tun, was uns beflügelt, wie auch immer das aussehen mag. Wenn wir frei sind zu handeln, können wir auch unsere Integrität bewahren, denn wir können dafür einstehen, was uns wichtig ist und was wir verändern möchten: Sei es, die Arbeit zu machen, die uns Freude bereitet, mehr Zeit für uns selber und unsere Mitmenschen zu haben, sei es, uns für das Wohl unserer Erde einzusetzen oder auf eine spirituelle Reise zu gehen, um herauszufinden, wie der rote Apfel schmeckt, anstatt immer nur sein Spiegelbild zu kennen. All das können wir nur für uns selbst entscheiden und niemand kann uns diese Entscheidung abnehmen. Der erste Schritt ist schwierig, doch mit der Entscheidung, ihn gehen zu wollen, wird er leicht!

DAS HAT FOLGEN

Wir können die Welt wieder in ihr Gleichgewicht bringen, indem wir uns selber ins Gleichgewicht bringen. Wir können der Erde helfen, indem wir uns selber helfen.
(Martin Weber)

Welche Konsequenzen haben meine Handlungen? Was kann ich dazu beitragen, dass die Welt sich so verändert, wie ich es mir wünsche? Warum soll sich überhaupt etwas verändern? Mein Freund Wolfgang hatte es einmal sehr treffend ausgedrückt: „Wer will, dass die Welt so bleibt, wie sie ist, will nicht, dass sie bleibt!" „Es ist nur eine Kleinigkeit, ach, das ist doch lächerlich", mag eine Stimme sagen, aber der Stimme zum Trotz setze ich die Handlung und bringe dadurch die Veränderung auf eine persönliche Ebene. Dabei entsteht eine starke Kraft, die uns alle mitreißt, und schon wird das vermeintlich Unmögliche möglich.
In der Folge ist eine Auswahl von Möglichem vorgestellt. Die Liste ist keineswegs vollständig, denn es gibt Bücher, die das viel besser können, aber vielleicht regt der eine oder andere Ansatz zum Nachdenken und Nachahmen an. Zu Beginn steht eine Auflistung von „Gegensätzlichem", um die Bandbreite abzustecken: mitunter lustig und nicht immer ganz ernst gemeint, dann wieder klar und richtungsweisend. Es sollen keine Entweder-oder-Ausschlusskriterien sein, denn die Wahrheit findet sich nicht notwendigerweise in den Extremen, sondern die Liste soll uns helfen, unsere Handlungen zu hinterfragen und Wege aufzeigen, in denen wir uns selbst wiederfinden könnten.

Selber statt die anderen
Jetzt statt nie
Wildblumengarten statt Fernseher

Reflektieren statt Moralisieren
Mehrweg statt Einweg
Gemüsekiste statt vitaminlos und Sackerl
Rettet die Armen statt *Rettet die Banken*
Wertig statt billig
Wasserleitungen für Durstige statt Ölleitungen für Mobile
Artenvielfalt statt Betonversiegelung
Besen statt Staubsauger
Akku statt Batterie
Holz statt Beton
Ziege statt Motormäher
Menschenschutz statt Klimaschutz
Lindenblatt statt Klopapier
Wildkräuter statt hochgezüchtet
Weniger statt zu viel
Gleichgewicht statt extrem
Bahn statt Flieger
Papier statt Alufolie
Drahtesel statt Autoschlange
Schaltersteckerleiste statt stand-by
Sparlampe statt Glühbirne
Stoßlüften statt Fenster kippen
Ökostrom statt Atomstrom
Doppelseitig statt einseitig
Reparatur statt Schmeiß-weg-Kauf-neu
Gemeinsam wohnen statt alleine
Bauernmarkt statt Diskonter
Bio statt Chemie
Fair Trade statt Ausbeutung
Mut zum Schweiß statt Klimaanlage
Schilcher statt Shiraz
Regionalwährung statt Hedge-Fonds
Fahrgemeinschaft statt Egotrip
Wald statt Fitnesszentrum
Kräutergarten statt Plastikmeer
Made in Heimat statt *Made in China*

Brettljaus'n statt *McDonalds*
Regionalität statt alles global
Regenerativ statt fossil
Vermeiden statt Überschuss
Wohnungswechsel statt Dauerpendeln
United People statt *United Nations*
Segelboot statt Motorjacht
Blumenwiese statt Rasenmäher
Lebensqualität statt Lebensstandard
Aktion statt Apathie
(Mitkomponiert von n-trum und Michael Schwingshackl, Initiator der Internetplattform *findthebase*)

Im Folgenden stelle ich einige Begegnungen, Projekte und Ideen vor, die mich seit meiner Rückkehr von der Weltenwanderung bewegt und inspiriert haben.

EIN GUTES BROT ALS DIE BASIS FÜR EIN GUTES LEBEN

Helmut Gragger betreibt in Oberösterreich eine kleine Biobäckerei. Bis vor zwölf Jahren hatte er bei Nestlé gearbeitet, doch als der Vorstand des Lebensmittelkonzerns entschied, in Zukunft genetisch manipuliertes Soja in seinen Produkten zu verwenden, hatte er spontan gekündigt und begonnen, seinen eigenen Holzofen zu bauen. Das war keine leichte Entscheidung, denn viele seiner Freund_innen wollten ihn davon abhalten. Helmut ließ sich jedoch nicht beirren, denn er hatte einen Traum: Er wollte ein richtig gutes Brot backen. Dazu gehört ein gesundes Biogetreide, das den Keimling noch enthält, eine eigene Mühle, in der das Getreide schonend vermahlen wird, der Verzicht auf die sonst weit verbreiteten Backmischungen, konsequente Handarbeit und viel Zeit und Liebe, mit der jeder Laib Brot entsteht. Im Holzofen bildet sich auf dem Brot eine knusprige Kruste und die natürliche Kraft des Feuers trägt das ihre dazu bei, dass der Geschmack seines Gebäcks immer wieder neue Welten eröffnet – vor allem seit ich weiß, wie viel Arbeit es ist, gutes Brot zu backen, und ich jeden Bissen bewusst zu genießen versuche.

Helmut Gragger lebt eine Alternative zum vorherrschenden Gesellschaftsmodell, in dem ständig alles wachsen soll und stets noch billiger und effizienter gearbeitet werden muss. Indem er seiner eignen Bestimmung gefolgt ist, zeigt er auf, dass ein selbstbestimmter Weg jeden Tag aufs Neue möglich ist.

BEWUSSTE ERNÄHRUNG

Mache alle Tätigkeiten deines Lebens zu einer heiligen Handlung.
(Franz von Assisi)

In den USA fand ich in den Supermarktregalen nur „Plastikgemüse", die Tomaten, Paprika und auch das Obst sahen von der Farbe und Größe zwar wunderschön aus, aber alles schmeckte ähnlich und wies vermutlich kaum einen Nährwert auf, denn das Obst und Gemüse wurde auf riesigen Agrarflächen unter großem Chemieeinsatz angebaut. Der Boden war völlig ausgelaugt, ging es doch darum, den Ertrag immer noch weiter zu steigern und dabei der Erde die letzten Nährstoffe zu entziehen. Es wurde zwar künstlicher Dünger zugefügt, aber die Qualität des Bodens wurde trotzdem von Jahr zu Jahr schlechter. Ohne einen gesunden Boden kann es keine gesunden Nahrungsmittel geben!
In den USA war eine Fast-Food-Kultur entstanden, bei der es einzig und alleine darum ging, so schnell wie möglich das Hungergefühl zu stillen. Kaum jemand nahm sich noch Zeit, um in Ruhe zu essen. Was gegessen wurde, war nebensächlich, solange es dem gerade populären Diätansatz von wenig Fett und wenig Kohlehydraten entsprach. Die meisten Nahrungsmittel wurden industriell verarbeitet und in riesigen Mengen angeboten. Vieles davon landete jedoch im Müll. Neben den Supermärkten in Kalifornien sah ich große Müllcontainer, die bis zum Rand mit Essen gefüllt waren, und selbst in den Haushalten erlebte ich, dass viel Essen weggeworfen wurde. Eine Zeitung bestätigte schließlich meine Vermutung. Da stand: „Circa ein Viertel des US-amerikanischen Essens landet im Mülleimer." Zuerst wurden die Hektarerträge in der Landwirtschaft ohne Rücksicht auf Konsequenzen erhöht und dann der Überschuss in den Müll geworfen. Das macht auch nur in einer kapitalistischen Gesellschaft Sinn, die nach immer steigenden Gewinnen und Gier süchtig ist.

In Japan war es ähnlich wie in den USA, nur mit dem Unterschied, dass es statt Hamburger Fisch gab. An jeder Straßenecke fand ich ein Fischrestaurant und die japanischen Fangflotten fischten die Weltmeere auf der Suche nach den letzten Fischbeständen leer. Prof. William Rees von der Universität British Columbia erzählte mir bei unserer Begegnung in Vancouver, dass in den letzten Jahrzehnten bereits 90 % der lebenden Biomasse der Weltmeere verschwunden seien, und es sah fast so aus, als ob die Japaner in Kooperation mit den Europäern und US-Amerikanern alles daransetzten, auch die letzten verbleibenden Fischbestände zu fangen. Ob der vielen Fischrestaurants in Japan entschied ich, keinen Fisch zu essen. Bei dem Spiel um den letzten gefangenen Fisch wollte ich nicht mitmachen. Fleisch hatte ich schon vorher nur mehr sehr selten gegessen, weil dies für mich ein wichtiger Beitrag zum Schutz unserer natürlichen Umwelt war. Auf der Wirtschaftsuniversität in Wien hatte ich gelernt, dass die Regenwälder im Amazonasgebiet wegen des hohen Fleischkonsums in den Industrienationen verschwinden. Dort wo früher Urwaldriesen standen, wird heute Soja angebaut, das zur Futtermittelproduktion nach Europa und Nordamerika exportiert wird. Dazu hatte ich nicht mehr beitragen wollen.

Auf meiner Wanderung ernährte ich mich, wenn möglich, von lokalen und biologischen Nahrungsmitteln. Verwendete ich in Patagonien noch viel Milchpulver und Kakao, weil es leicht zu tragen und gleichzeitig sehr fettreich war, verzichtete ich gegen Ende der Tour gänzlich auf industriell verarbeitete Nahrungsmittel. Mittlerweile wurde meine Ernährung noch einfacher: So gut es geht, ernähre ich mich von vollwertigen Lebensmitteln wie Getreide, Nüssen, Linsen und Bohnen, frischem Obst und Gemüse und gutem Olivenöl. Ich habe eine kleine Handmühle dabei, um täglich frisches Getreide für den morgendlichen Frühstücksbrei zu mahlen, und ich ziehe auch Sprossen für den Salat. Vor allem die Bohnen-, Bockshornklee- und Linsensprossen haben meinen Speiseplan wunderbar bereichert, denn so gibt es unterwegs nicht nur frisches Gemüse, das leicht zu tragen ist, sondern mein Körper ist auch ausreichend mit Vitaminen, Mineralstoffen und Enzymen versorgt. Indem ich aus Bohnen, Getreide und Samen Sprossen ziehe, vervielfachen sich innerhalb weniger Tage deren verfügbare Vitamine und Mineralstoffe. Darüber hinaus habe ich mich mit essbarem Wildgemüse beschäftigt: Im Frühling schneide ich Lindenblätter in den Salat, im Sommer sammle ich Löwenzahn und im Herbst esse ich viele Beeren und Pilze. Zusätzlich dazu bereichern Mädesüß, Taubnessel, Fetthenne, Frauenmantel, Schafgarbe und vieles mehr, was am Wegesrand wächst, meine Küche. Wegen des Sammelns von Wildgemüse lerne ich auch achtsamer durch die Landschaft zu gehen.

Die Ernährung macht einen Unterschied, aber es geht nicht nur darum, was wir essen, sondern auch *was, was wir essen, isst.* Der Vorarlberger Biobauer Karl Kühne hat diesen Grundsatz auf eine sehr einfach Art und Weise zusammengefasst: „Ein gesunder Boden nährt gesunde Pflanzen, diese dienen wiederum gesunden Tieren als Nahrung. Gesunde Pflanzen und gesunde Tiere schaffen gesunde Lebensmittel und somit auch gesunde Menschen. Alles hängt zusammen."

Unterwegs interessierte ich mich nicht nur für die lokalen Essgewohnheiten, sondern auch für alternative Wege der Ernährung: So beobachtete ich, dass sich in den US-amerikanischen Großstädten Menschen zusammenfanden, die in Gemeinschaftsgärten ihr eigenes Gemüse anbauten, und selbst die *Slow-Food*-Bewegung bekam immer mehr Zulauf. *Slow Food* entstand ursprünglich in Italien, fasste aber bald darauf in den USA Fuß und dehnte sich dort von San Franciscos lokalen Bauernmärkten weiter aus. *Slow Food* fördert traditionelle Nahrungsmittel, kleinstrukturiertes Bauerntum und bietet eine gute Alternative zur industriellen Lebensmittelerzeugung. Obwohl auch in den lateinamerikanischen Städten internationale Lebensmittelkonzerne auf dem Vormarsch waren, ernährte sich die Bevölkerung in den entlegenen Andendörfern meistens von Kartoffeln, Quinoa, Bohnen, Mais, Gemüse und Obst, das sie selbst anbauten. Obst und Gemüse hatte dort noch einen guten Geschmack und ich lernte in den peruanischen Bergen, einfaches Essen wieder zu schätzen. Ich kaufte auf den lokalen Märkten ein und erfreute mich nicht nur an der Qualität der lokalen Erzeugnisse, sondern auch an den Gesprächen mit den Marktfrauen, ihren bunten Kleidern und der fröhlichen Musik, die an den Markttagen für eine gute Stimmung sorgte.

Ernährung ist ein kontroverses Thema und es gibt auch nicht die eine einzige gültige Essgewohnheit, welche für alle Menschen gleich gut geeignet ist. Schließlich sind wir alle einzigartig. Gerade deswegen ist es sinnvoll, sich über eine bewusste Ernährung selbst Gedanken zu machen, denn sie ist Voraussetzung für ein erfülltes Leben und hat auch weitreichende Konsequenzen für einen nachhaltigen Lebensstil.

Mein Freund Michael Schwingshackl verbringt heuer bereits den zweiten Sommer als Schafhirte auf der Alm. Dabei hütet er nicht nur die Schafe, sondern es bleibt auch genügend Zeit, um Brot zu backen, über das Leben zu reflektieren und um Wildkräuter und allerlei andere Köstlichkeiten zu sammeln. Er schreibt über seine Erfahrungen in den Bergen: „Am Weg zur Hütte findet man sogar auf 2100 m noch Eierschwammerl oder reichlich Heidelbeeren, Preiselbeeren und Isländisches Moos. Mit jedem Schritt, jedem Atemzug und jedem Bissen spürte ich, wie das Pflücken und Sammeln ebenso viel Kraft spendet wie das Essen, und beim Genuss einer frischen Schwarzbeerpalatschinke am warmen Holzofen ist es nicht wirklich notwendig, eine Vermisstenanzeige nach einer Mango aufzugeben." Uns verbinden seit Jahren eine tiefe Freundschaft und die Freude an einem außergewöhnlichen Lebensstil. Mitten im Winter haben wir mit Freund_innen eine große Holzbadewanne und Solarkollektoren auf den Dachstein getragen, um dort ein sonnenbeheiztes Bad zu nehmen. Damit wollten wir beweisen, dass die Sonne tagaus, tagein genügend Energie spendet, um bei Minusgraden selbst in 2100 Meter Höhe eine Dampfbadatmosphäre zu erzeugen. Wir badeten den ganzen Nachmittag, bauten schließlich wieder alles ab und transportierten das Material ins Tal hinunter. Am Berg haben wir nicht viel mehr als unsere Fußabdrücke hinterlassen und in uns ist die Gewissheit gereift, dass es Sinn macht, Sonnenenergie zu nützen: In zwei Jahren Betrieb erzeugt ein Solarpannel so viel Energie, wie für dessen Produktion aufgewendet wird, finanziell amortisiert es sich in sechs bis zwölf Jahren, während die Lebensdauer mindestens dreißig Jahre beträgt.

Ein Bad am Dachstein

Wer zu Hause keine Solarzellen aufs Dach montieren kann, hat zumindest die Möglichkeit, Ökostrom zu beziehen. Dieser kommt nicht, wie ein großer Teil des europäischen Stroms, aus Atom-, Kohle- oder Gaskraftwerken, sondern ausschließlich aus Wasserkraft, von Windrädern, Solar- und Biomasseanlagen und ist ökologisch zertifiziert. In den meisten europäischen Staaten gibt es bereits Ökostromanbieter, wie die Ökostrom AG und Alpen Adria AG in Österreich, naturemade in der Schweiz oder die Naturstrom AG in Deutschland. Der Strom, welcher aus der Steckdose kommt, ist identisch, doch wir können beeinflussen, welcher Strom ins Netz eingespeist wird. Je mehr Ökostrom gekauft wird, umso mehr können erneuerbare Energiequellen gezielt gefördert werden.

Ökostrom und Solarzellen sind aber nicht die Lösung für alle Probleme. Es geht auch darum, zu überlegen, ob ich den Strom überhaupt brauche. Der Maler und Künstler Friedensreich Hundertwasser wohnte in seinem Haus in Kaurinui in Neuseeland 30 Jahre lang ohne Strom. Das ist für viele heutzutage schwer vorstellbar, wäre aber auch eine Möglichkeit und würde vielleicht völlig neue Wege eröffnen. Wem dies hingegen zu weit geht – was ich gut verstehen kann –, sollte zumindest überlegen, welche Elektrogeräte im Haushalt verwendet werden. Brauche ich immer die neuesten Hightechgeräte, die sehr viel Strom verschwenden? Was genügt zum Leben?

Die gute alte Wäscheleine – und schon heißt es: Atomkraftwerk ade. Zu einfach? Die Lösungen sind manchmal einfacher, als wir denken.

Ein Beispiel dafür, dass wir die Kraft der Sonne direkt nützen können, anstatt die Arbeit mit Maschinen zu erledigen, ist die Wäscheleine. In den USA fiel mir auf, dass kaum jemand seine Wäsche im Freien trocknete und die Wäscheleine eine aussterbende Spezies war. In den letzten Jahren haben die Wäschetrockner Einzug gehalten und mit ihrem Siegeszug ist die bunte Kleidung aus den Gärten verschwunden. Es ging bereits so weit, dass es gar nicht mehr gerne gesehen war, wenn jemand seine Wäsche ins Freie hing.

Die Sache hat jedoch einen entscheidenden Haken: Wäschetrockner brauchen sehr viel Strom und dieser kommt auch aus Atomkraftwerken. Das hat Folgen: In den USA werden 19 % der Elektrizität mit Atomenergie erzeugt, während die Wäschetrockner 1,7 % vom gesamten Strom verbrauchen. Gäbe es in den USA keine Wäschetrockner, könnten neun der 103 Atomkraftwerke des Landes abgeschaltet werden. Ganz nebenbei spart die Wäscheleine auch noch die hohen Anschaffungs- und Betriebskosten des Wäschetrockners und schont unsere Umwelt.

UNTERWEGS MIT DEM „GEHZEUG"

Auf der Weltenwanderung wanderte ich Hunderte Kilometer entlang von stark befahrenen Straßen und dabei hatte ich viel Zeit, um über den Autoverkehr nachzudenken. Ich stellte fest, dass Fußgänger_innen fast überall auf der Welt zurückgedrängt wurden, während das Auto den öffentlichen Raum dominierte. Bereits vor Jahren sah ich in Wien auf der ersten österreichischen Zukunftskonferenz der Jugend ein *Gehzeug*. „Erfunden 1975 vom Verkehrsplaner Hermann Knoflacher, ist ein *Gehzeug* technisch gesehen nicht mehr als ein Holzrahmen mit Trageriemen, genau so groß wie ein Auto. Man stellt sich in die Mitte des Holzrahmens, hängt sich diesen mit den Trageriemen auf die Schultern und geht damit spazieren. Aber wozu soll das gut sein?
Sie haben Recht (falls Sie das gedacht haben): Es ist vollkommen verrückt! So verrückt aber auch wieder nicht, denn das Gehzeug kann Bewusstheit erzeugen. Es schärft unsere Wahrnehmung, indem es den Blick öffnet auf eine viel größere Verrücktheit, die uns in der Regel nicht auffällt, weil wir uns daran gewöhnt haben. Das Gehzeug überrascht uns, weil wir es für ‚normal' halten, dass parkende und fahrende Autos unseren Lebensraum besetzen. Plötzlich können wir sehen, wie viel Platz Autos tatsächlich verbrauchen, uns buchstäblich wegnehmen. Ein einfacher Holzrahmen zeigt uns, dass die Maschine mehr Rechte besitzt als ein Mensch. Wird es nicht

Erik Schnaitl, Gründer des Vereins „Fairkehr", unterwegs mit einem „Gehzeug"

langsam Zeit, die Orte, an denen wir das Leben feiern könnten, wieder begehbar zu machen? Nichts gegen das Auto, das gewiss nützlich ist für den einen oder anderen Zweck. Aber solange wir die Besetzung unserer Dörfer und Städte und Straßen und Plätze durch das Auto hinnehmen und solange wir nicht dafür sorgen, dass unsere Kinder da, wo wir zu Hause sind, wieder gefahrlos auch auf der Straße spielen können, so lange gehört unser Herz dem Auto, so lange ist unser Platz der Gehsteig" schreibt Moreau, einer der Initiatoren vom Verein „Fairkehr", der sich die Bewusstseinsbildung zu verkehrspolitischen Themen zum Ziel gesetzt hat.

DIE ENTDECKUNG DER LANGSAMKEIT

Schildkröten können mehr über die Straße erzählen als Hasen.
(Khalil Gibran)

Das sanfte, gemütliche Reisen kann damit beginnen, einfach die Umgebung zu Fuß oder mit dem Fahrrad zu durchstreifen. Allzu oft kennen wir zwar die weit entfernten Urlaubsdestinationen, aber die Wege in unserer Nachbarschaft sind uns unbekannt. Sollte die Reise einmal in die Ferne führen, dann gibt es viele Weitwanderwege, die ganz Europa durchziehen. Das Europäische Fernwanderwegenetz reicht von Nordschweden bis nach Gibraltar und von der Bretagne bis zum Bosporus. Daneben gibt es auch noch die Jakobswege, die aus aller Herren Länder nach Santiago de Compostela führen, den Franziskusweg nach Assisi, Pilgerwege nach Rom, Mariazell, Tschenstochau und Jerusalem. Auch in Übersee eröffnen Weitwanderwege interessante Möglichkeiten, um ein Land kennen zu lernen. Der *Appalachian Trail*, der *Pacific Crest Trail* und der *Continental Divide Trail* ziehen sich auf Tausenden Kilometern durch die Berge der USA, der *Sendero de Chile* durchquert Teile von Chile, der *Te-Araroa-Weg* führt durch Neuseeland und auf der Insel Shikoku in Japan verbindet ein Pilgerweg 88 Klöster miteinander.
Selbst bei der Anreise in die fernen Länder gibt es Alternativen zum Flugzeug. Der asiatische Kontinent ist mit der Eisenbahn und Überlandbuslinien von Europa aus gut erreichbar und Frachtschiffreedereien aus der ganzen Welt bieten Schiffsreisen über die Ozeane an. Die bekanntesten sind die deutschen Reedereien wie *Hamburg Süd*, *Rickmers* und *NSB*, die französische *CMA-CGM*

oder die italienischen *Grimaldi Lines*. Die Reedereien stellen die gewünschte Schiffsreise zusammen. Eine Frachtschiffsreise beispielweise von Lissabon nach New York dauert gerade einmal sechs Tage. Wer hingegen nicht mit dem Frachtschiff unterwegs sein will, kann auch auf Segelschiffen anheuern. Jedes Jahr fahren ab Mitte November Hunderte Segelyachten von den Kanaren in die Karibik und dann oft auch noch über den Panamakanal weiter in die Südsee. Ab März oder April geht es von der Karibik oder den USA wieder zurück nach Europa. Es gibt Internetforen, um Kontakte zu Bootseigner_innen herzustellen, und auch die Möglichkeit, die Skipper_innen in den Yachthäfen direkt anzusprechen.
Das Schöne am langsamen Reisen ist, dass man im Gegensatz zu einer Flugreise immer ganz präsent ist. Die langsame An- und Abreise selbst ist schon ein großes Erlebnis und vor Ort wird man sich auch mehr Zeit lassen, um Land und Leute kennen zu lernen, wenn der Reiseweg mit dem Schiff oder der Bahn schon viel länger gedauert hat als mit dem Flugzeug. Dabei entsteht ein Konzept von Reisen und Leben, das geprägt ist von einem langsameren und einfacheren Lebensstil.

EINE ETHISCH VERANTWORTLICHE GELDANLAGE

Es macht einen großen Unterschied, wo wir unser Geld investieren. Die meisten Banken haben keinerlei ethische oder ökologische Standards. Mit dem Geld, das wir auf unser Sparbuch legen, machen sie daher Geschäfte, die das natürliche Gleichgewicht auf unserem Planeten zerstören, sind in den internationalen Waffenhandel verwickelt und unterstützen den Ausbau der Atomenergie – um nur einige Beispiele für verantwortungslose Investitionsgeschäfte zu nennen. Das muss nicht sein und sollten wir daher mit unserem Geld auch nicht fördern. Zum Glück gibt es bereits gute Alternativen wie die *GLS Bank* in Deutschland oder die *Triodos Bank* in Großbritannien: Sie investieren nur in ökologische und soziale Projekte und haben sehr strenge Standards, die eine ethisch verantwortliche Anlage garantieren.
Hätte Josef zu Christi Geburt einen Pfennig auf die Bank getragen und zu einer 5%igen Verzinsung angelegt, wäre er heute ein reicher Mann, denn er würde ein Vielfaches des Gewichts unserer Erde in Gold besitzen. Da es aber auf unserem Planeten nicht so viel Gold gibt und sich wohl auch niemand finden würde, der es von anderswo herbeibringt, geht die Rechnung trotzdem nicht

auf. In unserer begrenzten Welt ist ein unendliches Wachstum – wie es von vielen propagiert wird – nicht möglich und trotzdem jagen wir ständig steigenden Zinseinkünften weit jenseits der 5 %-Marke nach. Wie soll das gehen und was sind die Konsequenzen dieses Handelns? Unser vorherrschendes Zinssystem führt dazu, dass diejenigen, die jetzt schon viel besitzen, in Zukunft noch mehr bekommen, und diejenigen, die arm sind, in Zukunft nur noch ärmer sind. Es hat zur Folge, dass Menschen und Umwelt immer weiter ausgebeutet werden, um die ständig steigenden Zinseszinsen zahlen zu können. Möglichkeiten, das vorherrschende System aus den Angeln zu heben, gibt es genügend und mitunter sind es ungewöhnliche Wege, die wir beschreiten könnten. Nachdem ich die Rechnung mit dem Josefspfennig verstanden und festgestellt hatte, dass auch ich mit meinem Sparguthaben das System von exponentiellem Wachstum unterstützte, schrieb ich einen Brief an die GLS Bank und bestellte die Sparzinsen auf meinem Konto und Sparbuch ab. „Ein viel zu kleiner Schritt, vernachlässigbar, sinnlos?“ Das habe ich auch vorher schon öfter gehört. Ich machte es trotzdem!

GEMEINSAM

Veränderungen erfordern nicht nur den persönlichen Einsatz, sondern oft auch die Anstrengungen der gesamten Gemeinschaft. Auf meiner Busfahrt von Patagonien nach Peru reiste ich durch Bolivien und kam in Cochabamba vorbei. Die Stadt erlangte im Jahr 2000 aufgrund des *Wasseraufstandes* weltweit Aufmerksamkeit. Als die Gemeinde die Wasserversorgung privatisierte und die Rechte an einen multinationalen Konzern verkaufte, wurde das Service schlechter und die Preise teurer. Daraufhin kam es zu spontanen Protesten und die Cochabambinos gingen schließlich so lange auf die Straße, bis sie *Vivendi*, den größten Wasserkonzern der Welt, besiegt hatten und er ihnen die Wasserrechte zurückgegeben hatte. Seither ist die Wasserversorgung wieder in öffentlicher Hand. Einige Zeit später versuchte *McDonalds* ein Lokal in Cochabamba zu eröffnen. Die Cochabambinos protestierten wieder, denn sie wollten kein US-Fast-Food in ihrer Stadt und *McDonalds* suchte schließlich auch das Weite. Am Beispiel von Cochabamba wird klar, dass wir uns als Zivilgesellschaft nicht alles gefallen lassen dürfen und die Entscheidungen nicht alleine der Politik oder Großkonzernen überlassen sollen. Regionale

Wirtschaftskreisläufe, lokales Mitbestimmen und Handeln wird unumgänglich sein, wenn wir ein zukunftsfähiges Gesellschaftsmodell schaffen wollen. Ecuador ist der erste Staat der Welt, der in seiner Verfassung, der natürlichen Umwelt und *Pachamama – Mutter Erde* – ein Recht einräumt, zu leben, zu gedeihen und sich zu entwickeln. Alle Ecuadorianer_innen waren eingeladen, sich an der Ausarbeitung einer neuen Verfassung zu beteiligen und 2008 wurde diese feierlich angenommen. Einzelpersonen, Gemeinschaften oder Völker haben seither das Recht, unabhängig davon, ob sie selbst Schaden daraus genommen haben oder nicht, auf verfassungsrechtlicher Ebene für das Ökosystem Partei zu ergreifen. Dieses Beispiel zeigt, dass es nie umsonst ist, sich für die eigenen Ideale einzusetzen, denn gemeinsam können wir viel bewegen.

Meine Weltenwanderung begann damit, dass mein Onkel einen Stein in einen See geworfen hat, um mir zu zeigen, dass unser Handeln Folgen hat, die weit über unsere Wahrnehmung hinausgehen. Das hat mich damals motiviert, loszugehen. Auf meiner Reise begegnete ich dann dem Wissen von Viktor Schauberger, der als Förster seine Erkenntnisse durch die Beobachtung natürlicher Kreisläufe gemacht hat. Dabei fiel ihm auf, dass menschliches Handeln meist auf eine Krafteinwirkung vom Zentrum nach außen hin abzielt – wie eben der Stein, den ich in den See werfe, oder auch der Versuch, jemanden vom eigenen Standpunkt überzeugen zu wollen. Die Natur hingegen funktioniert anders: Die Kräfte basieren auf Anziehung, wie ein Strudel im Wasser sehr gut illustrieren kann, und wirken von außen zum Zentrum hin. Wir können von der Natur lernen und dieses Prinzip der Anziehung in unser Leben integrieren. Bildlich gesprochen: Anstatt einen Stein von außen in den Teich zu werfen, könnten wir uns um den Teich aufstellen und gemeinsam kleine, koordinierte Wellen machen, die zum Zentrum strömen, und dabei immer mehr an Kraft gewinnen. In anderen Worten: Eine kreative Handlung entsteht aus dem Ganzen und wird nicht von außen herbeigeführt. Anstatt jemandem die alleinige Entscheidung zu überlassen, wenn es darum geht, etwas zu ändern, könnten alle mitmachen und gemeinsam eine Veränderung bewirken.

Diese Gedanken sind mir in den Sinn gekommen, während ich in den Schweizer Bergen einen Winterspaziergang machte, um einen Ausgleich zum Buchschreiben zu finden. Zu Fuß unterwegs, beobachtete ich kleine Gebirgsbäche, mächtige Eiszapfen und schroffe Schneeberge. Dabei fühlte ich mich von der Erde getragen und dachte mir, dass es noch so viel gibt, was wir von der Natur lernen können. Gehen – ankommen – staunen.

TIPPS ZUR WANDERAUSRÜSTUNG

Was nehme ich am besten auf eine längere Tour mit? Welche Ausrüstung eignet sich für welchen Einsatzzweck und welches sind aus meiner Erfahrung derzeit die besten Produkte am Markt?

SCHUHE: Alles beginnt beim Wandern mit den Schuhen. Schuhe machen einen Unterschied zwischen einem freudigen Wandererlebnis oder im schlimmsten Fall dem vorzeitigen Ende der Tour. Ich war drei Jahre lang mit *Waldviertler*-Schuhen unterwegs (www.gea.at). Dafür gab es einige gute Gründe: Sie sind aus Leder und keine *Gore-Tex*-Schuhe. In letzteren schwitze ich erfahrungsgemäß viel und sie werden im Dauerregen auch nass, brauchen aber dann sehr lange zum Trocknen. Wenn ich Lederschuhe zum Beispiel mit Bienenwachs gut imprägniere, kann ich zwei bis drei Stunden im Dauerregen unterwegs sein, bevor sie nass werden. Sind sie einmal feucht, trocknen sie beim Tragen wieder sehr schnell. *Waldviertler* sind um einiges leichter als Bergschuhe, was von Vorteil ist, denn ein halbes Kilo auf den Füßen entspricht 2½ Kilo Gepäck am Rücken. Die *Waldviertler*-Werkstätten bieten ein sehr kompetentes Reparaturservice an und unterwegs können die Schuhe ebenfalls bei einem Schuster repariert werden. Außerdem werden die *Waldviertler* in einer kleinen Schuhwerkstatt in Österreich in Handarbeit erzeugt und nicht unter schlechten Arbeitsbedingungen irgendwo in Fernost. Meiner Meinung nach sind sie der ideale Pilgerschuh im flachen oder hügeligen Gelände, die Schuhe sind jedoch im bergigen Gelände nicht sehr geeignet, denn sie haben keinen Absatz. Das ist zwar gut für die Haltung, aber schlecht auf einem steilen, rutschigen Abhang, da mich dort ein Absatz schon oftmals vor einem Sturz bewahrt hat. Waldviertler sind daher keine Bergschuhe. Für diesen Fall gibt es eine sehr gute Alternative, die ich auch getestet habe: *Meindl*-Schuhe. *Meindl* erzeugt sehr gute, qualitativ hochwertige Lederbergschuhe mit Absatz und stabiler Sohle. Die Schuhe können auf Wunsch in der Schuhwerkstatt in Kirchanschöring, in Bayern, repariert werden.

RUCKSACK: Ich habe viele Modelle getestet und bin mittlerweile nur mehr von *Arcteryx* überzeugt. Diese Rucksäcke werden in Kanada in feinster Handarbeit hergestellt, haben ein perfektes Tragesystem, sind sehr strapazierfähig und wasserfest. Der Nachteil ist, dass sie vor allem in Europa ein kleines Vermögen kosten. Eine gute europäische Alternative zu *Arcteryx* sind die deutschen *Deuter*-Rucksäcke. Für diejenigen, die keinen Rucksack tragen möchten, gibt es auch eine sehr gute Alternative: François erzeugt in seiner kleinen Handwerkstatt in der Schweiz in guter Qualität und Maßarbeit einen Wagen zum Nachziehen, der mit einem Brustgurt am Oberkörper fixiert wird. Der Wagen heißt *Carrix* (www.carrix.ch), ist geländegängig und kann mit bis zu zwanzig Kilogramm beladen werden.
WANDERBEKLEIDUNG: Ich machte bisher sehr gute Erfahrungen mit *Patagonia Sportswear* (www.patagonia.com). Sie stellen die beste Qualität bei möglichst geringen Auswirkungen für unsere Umwelt her. Vieles von der *Patagonia*-Ausrüstung, mit der ich drei Jahre lang unterwegs war, verwende ich immer noch. Auf meiner Weltenwanderung trug ich fast jeden Tag ein *Capilene*-T-Shirt und nach meiner Rückkehr fragte mich meine Mutter, ob ich mir ein neues T-Shirt gekauft hätte: Das spricht für die Topqualität von *Patagonia*. Sollte das T-Shirt trotzdem einmal kaputt werden, erzeugt *Patagonia* ein neues T-Shirt daraus. Gegen eine angemessene Gebühr reparieren sie Schäden durch Abnutzung oder Verschleiß und achten von allen Herstellern am meisten auf strenge Umwelt- und Sozialstandards. Kurzum, die ganze Unternehmensphilosophie von *Patagonia*-Gründer Yvon Chouinard ist faszinierend. Die Ausrüstung ist zwar etwas teurer als jene der Konkurrenzmarken, aber ich kann sie trotzdem voll und ganz empfehlen.
ZELT: Ein Zelt ist auf langen Touren in der Wildnis unumgänglich – außer jemand schläft lieber im Biwaksack oder unter einer Plane. Ich verwende ein Zelt von *Stephenson Warmlite* (www.warmlite.com), einem kleinen Familienbetrieb aus den USA. Mit seinen 1,2 Kilo ist dieses Zweimannzelt federleicht, darüber hinaus sturmstabil und qualitativ sehr hochwertig verarbeitet. Stephenson bietet ein kompetentes und schnelles Reparaturservice an. Was die kleine Firma außerdem sympathisch macht, ist die Möglichkeit, das Zelt nach Farbe, Größe und auf Wunsch mit zusätzlichen Seitenfenstern und Sturmstabilisatoren, individuell zusammenzustellen. Einziger Wermutstropfen ist seine Anfälligkeit für Kondenswasserbildung, weil das Zelt einwandig ist. Eine gute europäische Alternative zu *Stephenson Warmlite*, sind die Zelte von

Robert Saunders aus Großbritannien. Mr. Saunders stellt in seinem Familienbetrieb tolle, qualitativ hochwertige und leichte Einwand- und Zweiwandzelte her. Die schwedischen *Hilleberg*-Zelte kann ich auch empfehlen.

SCHLAFSACK: Er ist ein wichtiger Begleiter auf einer Wanderung. Ich verwende auch hier seit fünf Jahren das Modell von *Stephenson Warmlite*, welches in einer zweifachen Ausführung mit einer dünneren und einer dickeren Hülle geliefert wird. Dadurch kann ich die Isolierung je nach Temperaturen variieren, und sollte es wirklich kalt sein, verwende ich beide Hüllen gleichzeitig. Stephenson näht den Schlafsack in der gewünschten Größe und bietet auf Wunsch auch eine aufblasbare Unterlagsmatte an. Eine gute europäische Alternative zu Stephenson sollen die Schlafsäcke von *Carinthia* sein – doch diese habe ich selbst nicht getestet.

UNTERLAGSMATTE: Als Unterlagsmatte für den Schlafsack verwende ich *Thermarest* (www.thermarest.com). Sie wird in unterschiedlichen Stärken und Größen angeboten, bläst sich von selbst auf und ist auf der Unterseite mit einem wasserdichten Material beschichtet, um die Matte auch im Freien verwenden zu können. *Thermarest*-Matten können unterwegs leicht repariert werden und haben eine lebenslange Garantie. Das Unternehmen *Cascade Designs*, das *Thermarest* und *MSR* herstellt, arbeitet nach strengen Umwelt- und Sozialstandards.

CAMPINGKOCHER: Hier kann ich *Trangia* (www.trangia.se) empfehlen. Die schwedische Firma stellt einfach zu handhabende Spirituskocher sowie federleichte und unverwüstliche Titanumkochtöpfe her. Der Kocher hat mich auf der ganzen Wanderung begleitet und wurde nie kaputt. Er ist im Gegensatz zu den Benzinkochern sehr leise und erzeugt nicht den unnötigen Abfall an Gasflaschen wie der Gaskocher. Außerdem ist die Hitze einfach zu regulieren und ermöglicht ein langsames Kochen bei sehr kleiner Flamme, was von Vorteil ist, wenn ich etwas anrösten möchte. Auch in 5000 Meter Höhe hat der *Trangia* perfekt funktioniert, was bei einem Gaskocher nicht mehr möglich ist. Einzige Wermutstropfen: Er erhitzt Wasser nicht ganz so schnell wie ein Benzinkocher und Alkohol ist mitunter nicht in allen Erdteilen erhältlich. Als Benzinkocher kann ich *MSR* oder *Optimus* empfehlen.

Auf meinen Wanderungen habe ich ein weiteres praktisches Utensil mit dabei: eine **WARMHALTEBOX** aus einer dicken Alufolie – jenem Material, das für Aluminium-Unterlagsmatten verwendet wird. Daraus nähte mir meine Mutter eine Hülle, mit der ich den Topf isolieren kann. Ist das Wasser erst einmal er-

hitzt und gebe ich dann den ungekochten Reis hinein, „kocht“ sich dieser in der Warmhaltebox ohne anzubrennen und ohne Spiritus in ca. einer Stunde. Wie der Name Warmhaltebox bereits verrät, ist sie auch bestens dazu geeignet, um bereits gekochte Speisen oder Tee warm zu halten.
STIRNLAMPE: Als gute Stirnlampe empfehle ich *Petzl*-LED-Lampen.
Um die Batterien aufzuladen, eignet sich unterwegs ein kleines **SOLARAUFLADEGERÄT** besonders gut. Ich verwende jenes der japanischen Firma *Violetta*. Damit kann ich sowohl AAA- als auch AA-Batterien in einigen wenigen Sonnenstunden aufladen.

EINIGE SCHÖNE WANDERROUTEN ZUM NACHGEHEN

Wer wandert, erlebt Wandel, Wandlung und somit Änderung. So viele Menschen machen sich nun auf den Weg. Das schafft ungeahnte Freiräume. Oft müssen wir nicht weit weggehen, denn der Weg, der Wandel und die Veränderung können ganz nahe sein, wir müssen sie nur bewusst wahrnehmen. Wer hingegen von der Lektüre des Buches inspiriert wurde und gerne in die weite Welt hinaus möchte, dem_r kann ich einige besondere Wege vorstellen, die mir auf meiner Tour besonders gut gefallen haben. Sie laden zum Nachgehen oder einfach nur zum Träumen ein.

DIE EINSAME HOCHFLÄCHE DES AUBRAC (FRANKREICH)

Diese Wanderung führt vom berühmten französischen Pilgerort Le Puy-en-Velay durch die Ausläufer des Zentralmassivs zum romanischen Kloster von Conques. Für mich war das einer der schönsten Abschnitte des Jakobswegs, begann der Weg doch in den verwinkelten Kopfsteinpflastergassen von Le Puy und führte dann über einsame Hochflächen, durch kleine Dörfer und eine entlegene Heidelandschaft bis nach Conques. Entlang des Weges gibt es alle 15 bis 20 Kilometer gemütliche Pilgerherbergen in Privathäusern, Pfarrheimen und einmal sogar in einem alten Bauernhof aus der Zeit der Tempelritter. Der Weg endet nach ca. 200 Kilometern und einer ca. zehntägigen Wanderung im kleinen Ort von Conques, der wegen seinem romanischen Kloster berühmt ist. Die Etappen und Unterkunftsmöglichkeiten sind im *Outdoor Handbuch Frankreich Jakobsweg GR 65 Via Gebennensis und Via Podiensis* detailliert beschrieben.

DER WEG VON SANTIAGO DE COMPOSTELA NACH FINISTERRE (SPANIEN)

Die meisten Jakobswegpilger_innen steigen für das letzte Teilstück der Pilgerwanderung von Santiago nach Finisterre in einen Bus, anstatt die drei-bis viertägige Wanderung zu Fuß zurückzulegen – dabei ist der Abschnitt zum Meer hinaus ein wahrlich magischer Weg. Drei Tage dauert der direkte Weg, vier Tage mit einem Abstecher nach Muxía. Der einsame Weg führt vorbei an alten Getreidespeichern, versteckten Dörfern und durch dünn besiedelte Landstriche. Am dritten Wandertag ist es endlich so weit: der erste Blick auf den Atlantik – ein wahrhaftiges Hochgefühl auf der wochenlangen Pilgerwanderung seit den Pyrenäen! Am Kap Finisterre gibt es direkt neben dem Leuchtturm ein gemütliches Hotel mit einer herrlichen Badewanne im Zimmer, die alle Strapazen der weiten Wanderung vergessen lässt.

PARQUE PUMALIN – DER WEG ZU DEN URALTEN ALERCEBÄUMEN (CHILE)

Im Norden von Patagonien, unweit von Chaitén, befindet sich der *Parque Pumalin* – ein großer, vom *Patagonia Land Trust* geführter Naturpark direkt an der Pazifikküste. Zahlreiche Wanderwege und Meereskajakrouten führen zu uralten Alercebäumen, versteckten Fjorden und besonderen Naturschönheiten. Im Park gibt es auch eine Vielzahl gemütlicher Picknick- und Übernachtungsmöglichkeiten. Ein Aufenthalt in Pumalin zählt mit Sicherheit zu den Highlights jeder Patagonienreise. Im Mai 2008 ist allerdings der nahe gelegene Vulkan Chaitén ausgebrochen und es empfiehlt sich, vor einer Reise nach Pumalin die aktuelle Lage über den Zugang zum Park zu erfragen (detaillierte Infos über Wanderwege und Unterkunftsmöglichkeiten im Park unter www.pumalinpark.org).

SAN CARLOS DE BARILOCHE UND DER CERRO CATEDRAL (ARGENTINIEN)

Die Gegend um San Carlos de Bariloche ist ein Kleinod in Patagonien. Zwischen argentinischen Pampas und dem schneebedeckten Gebirge an der Grenze zu Chile erstreckt sich ein Gebiet aus roten Felsformationen, Seen, Urwäldern und abgelegenen Gebirgstälern. Es gibt unzählige Tageswanderungen von Bariloche aus oder auch die Möglichkeit, auf Mehrtagestouren zu wilden Wasserfällen, uralten Bäumen, Gletschern und bis in das Reich des Kondors vorzudringen. Einige Berghütten um den Cerro Catedral bieten einen gemütlichen Ort zum Übernachten. Infos über mögliche Touren gibt es im *Lonely-Planet*-Führer *Trekking in the Patagonian Andes*, vor Ort in der Toursteninformation oder in den Herbergen *1004* in San Carlos de Bariloche und im *Pueblito* in El Bolson.

AUF ALTEN INKAWEGEN DURCH DIE PERUANISCHEN ANDEN (PERU)

Der Weg führt in zwei Wochen von den Ausläufern der Cordillera Blanca, vorbei an der Cordillera Huayhuash bis an den Rand der Hochfläche von Junín. Auf der königlichen Inkastraße bewegt man sich auf der ganzen Strecke in einer Höhe zwischen 2500 und 4500 Metern durch das einsame Andenhochland. Ausgangspunkt dieser sehr anspruchsvollen Wanderroute ist der kleine Ort Castillo unweit von Huari, an der Ostseite der Cordillera Blanca. Die Route folgt dem noch immer gut erhaltenen *Capaq Ñan*. Nach mehreren Wandertagen ist die Gegend von La Union erreicht. Etwas abseits der Inkastraße gelegen, ist La Union ein guter Ort, um Essen für die nächsten Tage einzukaufen und um in den nahen Thermalquellen wieder einmal ein ausgiebiges Bad zu nehmen.

Die Ruinen von Huánuco Viejo

Vorbei an den eindrucksvollen Inkaruinen von Huánuco Pampa oder Huánuco Viejo führt der Weg über einen Pass zu den warmen Inkabädern von Baños. Sie befinden sich inmitten einer Wiese und sind noch mit originalen Felsblöcken aus der Inkazeit eingefasst. Von dort kann auch ein Abstecher zur nahe gelegenen Cordillera Huayhuash erfolgen: Queropalca ist der Ausgangspunkt für diese mehrstündige Wanderung zur idyllisch gelegenen Laguna Carhuaccocha am Fuße mächtiger Schneeberge. Die Inkastraße

durchquert südlich der *Baños del Inca* einsame Hochflächen und wilde Schluchten, bis sie schließlich Yanahuanca, unweit von Cerro de Pasco, erreicht.
Die Strecke von Castillo bis Yanahuanca ist ca. 170 Kilometer lang und weist unterwegs nur wenige Versorgungspunkte auf. Als einzige Übernachtungsmöglichkeit bleibt oft nur das Zelt. Essen sollte immer für mehrere Wandertage mitgenommen werden. Eine genaue Beschreibung der Route inklusive einer Kartenskizze findet man in *Peru and Bolivia: The Bradt Trekking Guide* (2002). Detaillierte Wanderkarten gibt es beim *Instituto Geografico Militar* in Lima zu kaufen. Wildniserfahrung ist für diese Wanderung unumgänglich. Wer sich den Weg alleine nicht zutraut, sollte sich einem lokalen Führer anschließen.

AUF DER KÖNIGLICHEN INKASTRASSE VON ACHUPALLAS NACH INCAPIRCA (ECUADOR)

Diese Zweitageswanderung im Hochland von Ecuador endet bei den eindrucksvollen Inkaruinen von Incapirca. Zu Beginn führt der *Capaq Ñan* durch ein einsames Tal auf einen über 4000 Meter hohen Pass hinauf und auf der anderen Seite erfolgt ein steiler Abstieg zu den Inkaruinen von Paredones, die oberhalb eines See gelegen sind. In der Nähe der Ruinen empfiehlt es sich, das Zelt aufzuschlagen und am nächsten Tag ausgeruht nach Incapirca abzusteigen. Die Inkastraße ist bis auf die letzten Kilometer vor Incapirca meist gut erhalten, trotzdem sollte man vorher im *Instituto Geografico Militar* in Quito unbedingt eine genaue Landkarte erwerben. Diese Wanderung erfordert Wildniserfahrung. Nachts wird es auf dem Hochland meist bitterkalt, sodass eine gute Bergausrüstung unumgänglich ist. Wer sich den Weg alleine nicht zutraut, sollte sich einem lokalen Führer anschließen.

VON SANTA CRUZ NACH SAN FRANCISCO (KALIFORNIEN/USA)

Die Wanderung kann direkt in Santa Cruz begonnen werden. Von dort folgt sie zwei Tage lang einer Straße und einer aufgelassenen Bahnlinie in den *Big Basin Redwoods State Park*. Der mehrstündige *Skyline to the Sea Trail* führt an uralten Redwoodbäumen vorbei bis zum *Waddell Beach* an der Pazifikküste. Am Meer angekommen, folgt der Weg abwechselnd dem Strand und dem *Highway No. 1* zum zwanzig Kilometer entfernten *Pigeon Point Lighthouse*

Hostel. Von dieser gemütlichen Leuchtturmherberge geht es entweder in einer langen „Weltenwandereretappe“ oder auf zwei kürzere Tagesetappen aufgeteilt zum Point Montara Lighthouse Hostel – San Francisco und die *Golden Gate Bridge* ist dort nur mehr zwei Tagesetappen entfernt.
Die beschriebene Route ist eine schöne Mehrtageswanderung, um die kalifornische Küste besser kennen zu lernen, führt aber auch durch städtisches Gebiet und folgt immer wieder dem *Highway No. 1* – daher ist es kein Wanderweg im eigentlichen Sinn. Trotzdem hat mir die Tour gut gefallen, weil sie die eindrucksvollen Redwoodbäume mit zwei Leuchtturmherbergen und der *Golden Gate Bridge* verbindet. Abgesehen von den beiden Tagesetappen von Santa Cruz in den *Big Basin Redwoods State Park* ist die Route sehr detailliert im Buch von Bob Lorenzen und Richard Nichols *Hiking the California Coastal Trail. Volume One: Oregon to Monterrey* (Mendocino 2002) beschrieben.

LOST COAST – AUF EINSAMEN KÜSTENWEGEN DURCH DEN NORDEN KALIFORNIENS (USA)

Wie der Name *Lost Coast* schon beschreibt, handelt es sich um einen sehr unzugänglichen und unberührten Küstenabschnitt. Der Weg führt in der *King Range National Conservation Area* und im *Sinkyone Wilderness State Park* durch Urwälder und entlang rauer Steilküsten. Fantastische Naturschönheiten, Einsamkeit, Stille und das Verbundensein mit den Kräften der Natur – all das bietet diese Tour! Die mehrtägige Route entlang der *Lost Coast* ist im oben genannten *California-Coastal-Trail*-Handbuch sehr detailliert beschrieben und erfahrenen Weitwanderern_innen mit Wildniserfahrung wärmstens zu empfehlen.

ZU DEN KLÖSTERN VON KIOTO (JAPAN)

In Kioto und den umliegenden Hügeln gibt es viele Tempelanlagen, die eine Pilgerwanderung wert sind. Hunderte Klöster und Schreine, die über das ganze Stadtgebiet verstreut sind, eröffnen Augenblicke der Kontemplation, Spaziergänge durch mystische Gärten und Stille in einer geschäftigen Welt – die nur ab und zu vom Schlagen eines Gongs durchbrochen wird. Genauere Infos über die Tempel erteilt das lokale Touristenbüro, die Pilgerwanderungen in und um Kioto sind im *Lonely-Planet*-Führer *Hiking in Japan* angeführt.

DIE WAIMAKARIRI HARMAN PASS-ROUTE UND DIE HARPER PASS-TOUR (NEUSEELAND)

Zwei sehr anspruchsvolle Mehrtageswanderungen für erfahrene Bergsteiger_innen führen in das Gebiet von Arthur's Pass. Wilde Flussüberquerungen, Einsamkeit und Stille, abenteuerliche Flying Foxes, versteckte Berghütten, Urwälder und Edelweiß; das alles ist auf diesen Routen in den Neuseeländischen Alpen garantiert. Detaillierte Wegbeschreibungen gibt es im *Lonely-Planet*-Führer *Tramping in New Zealand. 52 great walks,* genaues Kartenmaterial kann man in den öffentlichen Bibliotheken von Wellington und Auckland kopieren oder im *DOC Office* (*Department of Conservation* steht für die neuseeländische Naturschutzbehörde) von Arthur's Pass kaufen. Dort erhält man auch die aktuellen Infos über die beiden Routen.

ÜBER DIE CASCADE SADDLE-ROUTE ZUM REES DART TRACK (NEUSEELAND)

Von Wanaka führt der Weg über den Cascade-Sattel und den *Rees Dart Track* nach Kinloch. Diese Mehrtageswanderung führt durch weite Täler, vorbei an Gletschern und entlang rauschender Wildbäche in das Herzstück des *Mount Aspiring National Park.* Ein Mittagsschlaf inmitten einer Edelweißwiese hoch oben am Cascade Saddle gehört zu einem meiner schönsten Wandererlebnisse in Neuseeland. Die Route ist nicht so schwierig wie jene in der Gegend von Arthur's Pass, doch eine gute Bergerfahrung ist trotzdem nötig. Auskunft gibt das oben genannte *Lonely-Planet*-Trampinghandbuch und das *DOC Office* von Wanaka.

DANKSAGUNGEN

Auf meiner Wanderung lernte ich, dankbar zu sein. Ich fragte mich immer wieder: „Nehme ich die Geschenke der Erde dankbar an?" Wenn ich dankbar bin, entsteht Fülle. Es ist genug vorhanden auf unserer Erde, dass wir alle gut leben können. In einer Gesellschaft hingegen, die von Gier und Egoismus geprägt ist, herrscht Knappheit. *Alle Güter sind knapp und wir stehen in einem ständigen Wettbewerb,* las ich in den Ökonomielehrbüchern. Alles ist scheinbar knapp, doch warum gibt es diese Knappheit? Sind die Güter wirklich knapp und wem nützt es, wenn wir unser Denken und Handeln auf Knappheit aufbauen? Erst als ich diese scheinbare Knappheit hinterfragte, begann ich langsam die Fülle zu spüren und dann wurde vieles möglich. Der Schlüssel dazu ist die Dankbarkeit.

Aller Dank sei dem großen Geist, dass ich auf Wanderschaft gehen und so viele wunderbare Erfahrungen machen durfte.
Dank sei Mutter Erde, dass du meine Wanderung stets voller Güte begleitet hast.
Dank den Bäumen, dass ihr euer Holz für dieses Buch gegeben habt.
Dank den Verlagsmitarbeiter_innen, Dank den Buchhändler_innen.
Danke allen Lesern und Leserinnen, dass ihr mit eurem Kauf meine Arbeit unterstützt und ich meine Erfahrungen mit euch teilen darf.
Ein besonderer Dank gilt meinen Eltern, dass ihr mir die Freiheit gelassen habt loszuwandern und ihr mir immer wohlwollend zur Seite gestanden seid. Danke Chris McCandless alias *Alex Supertramp*. Deine Geschichte, die im Buch *In die Wildnis* von John Krakauer erzählt wird, und dein konsequenter Weg haben mich vor vielen Jahren so begeistert, dass ich mich schließlich auch entschied, meinen Rucksack zu schultern und auf unbestimmte Zeit loszuziehen.
Mein großer Dank gilt auch Gernot Neuwirth: Deine Vorlesungen über die Zusammenhänge von Wirtschaft und Umwelt an der WU Wien haben mein Interesse an Umweltthemen geweckt und dazu geführt, dass ich keinen Füh-

rerschein gemacht habe und ich aufgehört habe, Fleisch zu essen. Zwei Entscheidungen, die mein Leben grundlegend beeinflusst haben. Danke Mike und Kim Ward, Diego Brenes, Emily Brott, Maya Butron, Peter Edwards, Micah Sherman, Johanna Nordling, Uli Kirchmayr, Matti Wuori und Satish Kumar für eure Inspiration. Dank euch habe ich den Mut aufgebracht, auf Wanderschaft zu gehen! Danke Stefan Sjoström, Isabel Ramos, Carrie Dean Schulz, Martha, Hanna und Liesi für eure unzähligen Briefe, während ich unterwegs war. Eure Zeilen haben mich immer wieder ermuntert weiterzugehen. Danke Hubert von Goisern für das Jodeln und Aufgeigen zum Start der Wanderung. Du hast mir damit eine große Freude bereitet. Vielen herzlichen Dank Stefan Pointner für deine großartige Unterstützung bei der *Global-Change*-Homepage der ersten Stunde und für deine unermüdliche Hilfe im Hintergrund. Danke Moreau für deine Grafikerdienste und vielen herzlichen Dank André Schumacher für das tolle neue Design von globalchange.at und dafür, dass du mir immer als Freund zur Seite stehst.

Danke Tante Hanni für deine großzügige Unterstützung während meines Studiums und auf der Wanderung! Danke Heini und der *Waldviertler*-Schuhwerkstatt für eure Freundschaft und für die *Waldviertler*-Schuhe, die mich heil um die ganze Erde getragen haben. Danke Yvon, Malinda, Hervé, Joern, Eva-Maria, Kris und Mike von *Patagonia Sportswear* für die tolle Sportausrüstung, die mich in der französischen Sommerhitze kühlte und mich hoch oben in den Anden wärmte. Danke meinen Freunden und Freundinnen von *Nuhrovia*, Karl, Gertraud, Romeo und Noemi, für eure wunderbare Freundschaft und Hilfsbereitschaft und für die vielen unvergesslichen Stunden, in denen wir gemeinsam lachen durften. Danke Herbert Huemer von *Xolar* für deine großzügige Unterstützung, danke Bengt von der schwedischen Firma *Trangia* für den federleichten Spirituskocher. Dank dir gab es unterwegs immer ein wunderbares Essen. Danke Richard und Stefan Walch vom Sportladen *walch für bewegliche* in Bludenz für eure Freundschaft und Unterstützung. Danke der Firma *Komponenti* für die Kooperation beim Schuhsohlentest.

Danke Klaus Buttinger von den *Oberösterreichischen Nachrichten* und Mike Kraml von *Life Radio* für eure mediale Unterstützung. Ihr habt von Anfang an an mich geglaubt und das werde ich euch nie vergessen! Danke Gisela Schreiner von *Radio OÖ* für die tollen Radio- und Fernsehsendungen, die wir zusammen gemacht haben. Danke Gerhard Öhlinger von den *Salzburger Nachrichten* für deine inspirierenden Zeitungsartikel über die Tour. Danke

Alexander Savel vom *Traunspiegel*, dass ich immer wieder von meiner Wanderung berichten durfte, und danke Irmgard Strach-Kirchner vom *Südwind*-Magazin für die gute Zusammenarbeit und für den wunderbaren Namen, den du mir geschenkt hast: Seit ich bei euch die Kolumne schreiben durfte, ziehe ich als *Weltenwanderer* durch die Lande.
Nun ein herzliches Dankeschön euch allen, die mich unterwegs eingeladen und bewirtet haben, die mir einen Platz zum Schlafen gegeben und mir ihre Freundschaft geschenkt haben. Ich werde euch das nie vergessen. Ihr wart es, die den Weg erst so richtig schön gemacht haben. Danke!
Danke Michael Schwingshackl, Martin Vosseler und Erik Schnaitl für eure Freundschaft und Inspiration. Danke Martin Weber und Andreas Schifferer für die vielen spannenden Begegnungen. Eure Freundschaft ist eine Quelle der Freude und eine große Bereicherung in meinem Leben.
Danke Michael Machatschek für deine Hilfe bei der Strukturierung des Buches. Danke meiner Mutter für die tollen Landkarten und Bilder, die du mir für das Buch in stundenlanger Arbeit gezeichnet hast. Danke Julie und Martha für das Korrekturlesen und eure guten Anregungen. Dass nun dieses Buch so gut gelungen ist, verdanke ich zu einem guten Teil auch eurem unermüdlichen Einsatz! Danke Gottfried Kompatscher, Anette Köhler, Gerhard Rödlach, Monika Resler, Gerhard Bucher und Silvia Greber von *Tyrolia* für die gute Zusammenarbeit beim Verlegen des Buches. Danke der Kommune Sommerrock für den herrlichen Ort, der für einige Zeit zu meiner Heimat wurde, und danke Zotter Sepp für den Schokobrennstoff zum Schreiben! Danke Gragger Heli, dass ich in deiner Backstube in der Biobäckerei immer wieder mitbacken durfte und dadurch einen guten Ausgleich zum Buchschreiben fand. Dein konsequenter und bewusster Weg gibt auch mir immer wieder Kraft, meinem Stern zu folgen!

NACHWEIS DER ZITATE

(Viele der im Buch verwendeten Zitate sind dem Autor im Laufe seines Weltenwanderer-Daseins untergekommen, sei es in Pilgerherbergen, Nationalparkcentern oder in Büchern ohne konkrete Angaben. Daher konnten viele Quellen nicht eruiert werden.)

S. 10: Mark Twain, Quelle unbekannt.
S. 14: Lothar Zenetti, Quelle unbekannt.
S. 18: Meister Eckhart, Deutsche Predigten, Reclam 2001.
S. 22: Naomi Shihab Nye. Aus: Elizabeth Roberts und Elias Amidon (Hg.), Prayers for a thousand years: blessings and expressions of hope for the new millenium. Harper Collins 1999.
S. 44: Aus dem Buch Exodus 3,5.
S. 45: Karl Lutschitsch, Quelle unbekannt.
S. 50f: Bernardo Soares. Aus: Tina Deininger und Gerhard Jaugstetter, Pessoas Lissabon: Eine fotografische Erzählung. Ars Vivendi 1997
S. 54: Antoine de Saint-Exupéry, Quelle unbekannt.
S. 59: T. S. Eliot, Quelle unbekannt.
S. 62: Erich Fromm, Quelle unbekannt.
S. 67: Bruce Chatwin, Quelle unbekannt.
S. 68: John Muir, Quelle unbekannt.
S. 82f.: Textpassagen aus der Filmmusik zu *Alexis Zorbas* von Mikis Theodorakis.
S. 87: John Muir, Quelle unbekannt.
S. 91: Leonel Lienlaf. Aus: Hoffmann, The tragedy of the Chilean Forests.
S. 94: Hildegard von Bingen, Quelle unbekannt.
S. 100: Steven Foster und Meredith Little, Vision Quest. Sinnsuche und Selbstheilung in der Wildnis. Aurum Verlag 1991.
S. 101: Ricardo Espinosa Reyes, The Great Inca Route. La Gran Ruta Inca. El Capaq Ñan. Lima 2002.
S. 108: T. S. Eliot, Quelle unbekannt.
S. 109: Felix Gottwald, Ein Tag in meinem Leben, 2008.
S. 114: Jon Krakauer, In die Wildnis. Allein nach Alaska, 2007.
S. 122: Julia Butterfly Hill: The legacy of Luna. The Story of a Tree, a Woman and the Struggle to Save the Redwoods. Harper 2001.
S. 123: Weisheit der Sufis. Quelle unbekannt.
S. 132: Ramtha. Aus: William Arntz, Betsy Chasse und Mark Vicente, Bleep: An der Schnittstelle von Spiritualität und Wissenschaft: Verblüffende Erkenntnisse und Anstösse zum Weiterdenken. Vak Verlag 2007.
S. 138: Harry A. Frank, Vagabonding Down the Andes. Being a Narrative of a Journey, Chiefly Afoot, From Panama to Buenos Aires.
S. 140: Henry Dunant. Aus: Evelyne Hasler: Der Zeitreisende. Die Visionen des Henry Dunant. Dtv 2003
S. 146: Wilhelm Busch, Quelle unbekannt.
S. 150: Fred Alan Wolf. Aus: William Arntz, Betsy Chasse und Mark Vicente,: Bleep: An der Schnittstelle von Spiritualität und Wissenschaft: Verblüffende Erkenntnisse und Anstösse zum Weiterdenken. Vak Verlag 2007.
S. 157: David Mc Taggert, Rainbow Warrior – Ein Leben gegen alle Regeln. Die Autobiographie des Greenpeace-Gründers. Riemann Verlag 2001.
S. 158: Krishnamurti, Quelle unbekannt.
S. 168: Aus dem Film: Michael Nyqvist, Frida Hallgren und Helen Sjöholm „Wie im Himmel". Paramount Home Entertainment 2006.
S. 180: Bruce Chatwin. Aus: Joachim Ernst Berendt: Es gibt keinen Weg, nur gehen.
S. 186: Japanisches Haiku, Quelle unbekannt.
S. 194f.: Kampo Harada, aus dem Museum von Kampo Harada in Kioto.
S. 199: Kampo Harada, aus dem Film von Shokei Harada und Kenichi Oguri, „Chofu Banri, Going Afar on the Wind. Kampo Harada's Journey of Calligraphy." Kioto 1987.
S. 202: Konfuzius, Quelle unbekannt.
S. 210: Dag Hammarskjöld, Quelle unbekannt.
S. 212: Buddhistische Weisheit, Quelle unbekannt.
S. 215f.: Robert Frost: The road not taken. Aus: Selected Poems of Robert Frost. Holt, Rinehart and Winston Inc. 1967.
S. 216: François Auguste René Chateaubriand. Aus: Yvon Chouinard, Let my People go Surfing. The Education of a Reluctant Businessman. Penguin 2006.
S. 217: Barry Brailsford, The Wisdom of the Four Winds. Stone Print Press 1999.
S. 218: Ralph Waldo Emerson, Quelle unbekannt.
S. 218: Zitat von Thoreau (aus „Walden") aus dem Film „Dead Poets Society".
S. 222: Mahatma Ghandi: Wer den Weg der Wahrheit geht, stolpert nicht. Worte an einen Freund. Neue Stadt 2007.
S. 224: A. C. Bhaktivedanta Swami, Bhagavad Gita as it is. Bhaktivedanta Book Trust 1976.
S. 225: Mahatma Ghandi, Quelle unbekannt.
S. 224: Japanisches Haiku, Quelle unbekannt.
S. 232: Robert Rauch. Aus: Verwegen, dynamisch, erfolglos.
S. 238: Zitat aus einem Gespräch, das Devamrita Swami mit David Lange geführt hat.
S. 238: Silvino Alves da Silva Neto, Der Eremit: Gespräche am Rande des Meeres. Walter Verlag 1994.
S. 239: Alice Walker, Quelle unbekannt.
S. 239: Mahatma Ghandi: Wer den Weg der Wahrheit geht, stolpert nicht. Worte an einen Freund. Neue Stadt 2007.
S. 253: Rainer Maria Rilke, Quelle unbekannt.
S. 254: Feng Gia-Fu und Jane Englisch: Lao Tse, Tao Te King, Hugendubel 1986.
S. 256: Nadja Awad. Aus: Elizabeth Roberts und Elias Amidon (Hg.): Prayers for a thousand years: blessings and expressions of hope for the new millenium. Harper Collins 1999.
S. 255: Seneca, Quelle unbekannt.
S. 263: Franz von Assisi, Quelle unbekannt.
S. 266: Michael Schwingshackl, Was man als Hirte für das Leben lernen kann. Teil 2: Ernährung. Kommen und Gehen auf der Alm. Wertvolle Lebensmittel und wie ich aus der Natur satt werde. Aus: SOL Zeitschrift für Solidarität, Ökologie und Lebensstil. Nr. 135. 1/2009.
S. 268f.: Moreau, Das Gehzeug. Why don't we do it in the road? Verein Fairkehr. 2009.
S. 269: Khalil Gibran, Quelle unbekannt.

FSC
www.fsc.org
MIX
Papier aus verantwortungsvollen Quellen
FSC® C010042

Produktion mit FSC-Zertifizierung
Der Rohstoff jener Papiere, die mit dem FSC-Zeichen ausgezeichnet sind, stammt aus kontrollierten, vorbildlich bewirtschafteten Wäldern. FSC steht für ökologische, soziale und wirtschaftliche Werte in Wäldern für heute und zukünftigen Generationen.

Bibliografische Information Der Deutschen Nationalbibliothek
Die Deutsche Nationalbibliothek verzeichnet diese Publikation in der Deutschen Nationalbibliografie; detaillierte bibliografische Daten sind im Internet über http://dnb.d-nb.de abrufbar.

4. Auflage 2010

Umschlaggestaltung: Tyrolia-Verlag, nach einer Vorlage von Stadthaus 38 und unter Verwendung von Bildern von Gregor Sieböck (www.globalchange.at)
Titelbilder: großes Bild: Ein Morgen in Patagonien, kleines Bild: Kondor in Patagonien
Seite 2/3: Unterwegs auf der königlichen Inkastraße, Peru
Umschlagrückseite: Unterwegs auf dem Jakobsweg durch Frankreich
Bildnachweis: Alle Fotos stammen von Gregor Sieböck, mit Ausnahme der Fotos von S. 8 (A. Schumacher), S. 107 (Robert Krenn) und S. 268 (Erik Schnaitl). Die Zeichnungen stammen von Margarete Sieböck.
Layout und digitale Gestaltung: Tyrolia-Verlag, Innsbruck
Lithografie: digi service, Innsbruck
Druck und Bindung: Athesia Druck, Bozen
ISBN 978-3-7022-3042-5
E-Mail: buchverlag@tyrolia.at
Internet: www.tyrolia-verlag.at